やわらかな感性を育む
図画工作科教育の指導と学び

アートの体験による
子どもの感性の成長・発達

村田利裕・新関伸也 編著

ミネルヴァ書房

はじめに

　時代は，子ども一人ひとりの感性を大切にしてくれる本当によい小学校の先生の登場を
まっています。

　学校へ行くと，子どもたちが集中してノートをとる音だけがしているクラス，廊下まで
聞こえるくらいハイハイと手を上げて意見を交換しているクラス，一緒に朗読したり歌を
歌ったり楽器を奏でたりしているクラス。生きものを育てたり服を着替えて黙々と実習に
励んでいるクラス。金槌やノコギリを使う音がしているクラス。さらには楽しそうに仲間
どうしで話し合っているクラスなど，表面に出ている形は違ってもいきいきした学びの姿
がそこには見られます。小学校は，確かに知識を学びますが，あらゆる子どもが人として
いきいきと生きていくにはどうするべきかを学ぶ大切な場所であると言えるでしょう。

　大人たちの世界に目を向けると，人はますます相互の関係性が断ち切られ，不寛容や排
除が進んでいます。個と個は分離を深め，孤独や孤立を余儀なくされる状況が加速してい
ます。人の存在は断片化され，その意義が無視されるようになってきています。小学校は，
義務教育の最も基本となる学校ですが，学校教育の単なる第一段階というのではありませ
ん。人生の基本を学ぶ最重要の学校であるといえるでしょう。小学校の先生は全教科，そ
してすべての教育の機会を通して指導に当たりますが，その資質・能力に期待されるとこ
ろがかなり多いのです。

　子どものそれぞれの感性や創造性，個性や独創性を育てる教科に図画工作科教育があり
ます。新学習指導要領前文にも「一人一人の児童が，自分のよさや可能性を認識するとと
もに，あらゆる他者を価値のある存在として尊重し，多様な人々と協働しながら様々な社
会的変化を乗り越え，豊かな人生を切り拓き，持続可能な社会の創り手となることができ
るようにする……」とあり，図画工作科教育の果たすべき役割の大きさが感じられます。

　本書は，小学校の図画工作科をいかに指導していくべきか，教科特性を生かした指導はど
うあるべきかを段階を追って学べるようにしたテキストです。小学校教諭の免許取得希望者
や教育現場の図画工作科の指導法の研修や研究にお役に立てればという思いで編纂しました。

1　本書の特色

　本書の第1の特色は，図画工作科教育の学びが，将来どのようなところで生かされてい
くのか。国際化・環境などの時代の課題といかに関わることができるのかなど，時代や社
会の関わりの視点からしっかりと位置付けようとしている点です。新学習指導要領では，
「社会に開かれた教育課程」というキーワードでまとめられていますが，図画工作科の学
びの全体像を豊かな感性的イメージ生活者の育成ととらえ，その人の全人生で有効になる
コンピテンシー（資質・能力）の観点を明確に示そうとしています。

　第2の特色は，図画工作科の学習の基盤となる感性や創造性等の成長・発達を幼稚園や
保育園などの就学前から小学校へとつながる，連続発達のつながりの姿で見ていこうとし
ている点です。発達段階や成長過程のつながりを踏まえた学校段階間の接続と，子どもそ
れぞれの違いを視野に入れ，目の前の子どもの学びの姿をしっかりと見取り，いかに工夫
して教育にあたるべきか，学び手の子どもの視線で研究することを大切にしました。また，
ひとの尊厳と表現の関係等を柱とし，あらゆる子どもの成長・発達を大切にしていく視点

をしっかりと位置付けました。

第3の特色は，今日問われている「学び方の改革」「指導法の充実」の視点から，創造過程の指導方法について，はじめて「関係をつなぐ」「応答」「自己組織化の過程」「創造的カリキュラム・マネジメント」など，多角的な視点と多様な題材を示しました。

2　本書の学び方

図画工作科の学習で，作品につくらないジャンルがあることをご存知でしょうか？国際化社会への対応が議論になっていますが，日本や世界の美術，例えば陶芸や水墨画などに親しみ鑑賞の学習をしたことがあるでしょうか？図画工作科で作品につくらない体験活動を行う学習は，「造形遊び」とよばれています。昭和52（1977）年の学習指導要領で登場しました。鑑賞の理念も，表現と鑑賞という学習領域に精選してまとめられたのは同じ学習指導要領でした。図画工作科の指導法については，これまでも類書が数々出版され約40年になりますが真に図画工作科を学んでいただいたとは言えない厳しい実態があります。大学教育を含めた教師教育そのものの根本的な改革が必要であるということです。

本書の構成的な特色としては，アクティブラーニング型の学習方法を全面的に取り入れました。講義で一方向的に教え暗記するだけの学び方ではなく，読者自身が考え，思い，感じる機会をつくるテキストとしました。このアクティブラーニング型の学習では，手を実際に使って表現してみる教材研究を「学びのユニット」とよび，30以上のユニットを準備しその中に沢山の Let's Try を設定しました。また，よい図画工作科の先生を考える演習や，絵を通した子ども理解の演習，子どもの思いと意見を取りあげるスキル（傾聴技法），授業の導入のスキル，指導案の書き方など，子どもに向き合う実践的な学習方法を積極的に配置し，指導内容と方法とが有機的な関係が持てるように編成しました。

第1章～第3章までは，図画工作科教育を大きくつかんでいただくベーシックステージです。図画工作科教育の基本構造をつかむ演習と子どもの実態や現代教育実践の課題が学べるようになっています。また，「学びのユニットA」を配置して，基本となる教材が体験からしっかりと学べるようにしました。第4章は，学習指導要領や指導計画の立案から評価，題材の組み立てから舵取りなど実践的な指導方法について学びます。基本的な実践である教育実習などで戸惑わない基礎的な力がつくように考えました。第5章～6章は，一層研究として進めていくにはどういう手がかりがあるのか，実力を磨いていく方向性を示しました。第7章は，学びのユニットBとして，必要とされる題材研究を頁数の許す限り掲載しました。第5～7章で，一層高い指導力を磨いていただければと思います。

最後になりましたが，本書出版にあたり，子どもたち，保護者の皆様や学校関係の方々に並々ならぬご理解をいただきました。ケネス・バイテル氏の生没年等では，長町充家氏に貴重なご助言をいただきました。教科教育共通の見方・考え方では，大村務氏に深いご理解を賜りました。また復元画像CG掲載については東大寺様や籔内佐斗史氏（共同研究代表）・山田修氏に許諾をいただきました。作品事例では，過去の受講生の方々の作例で教材の趣旨が伝わりやすくなりました。また，塩見考次氏には各種の調整等，西岡治郎氏には校正作業にご尽力いただきました。この場を借りまして心よりお礼申しあげます。最後になりましたが，ミネルヴァ書房の浅井久仁人氏には，出版に際して種々お世話になりました。記してお礼申しあげます。

編者　村田利裕・新関伸也

目　次

はじめに

第1章　期待される小学校の先生・図画工作科を指導する先生
――主体的・創造的に生きていきたい子どもの願いに応えるために――

1. 図画工作科の中に生きる子どもの感性の素晴らしさと表現の魅力 ……………………… 2
2. 期待されるよい先生とは（ピア・ラーニングで学ぶ） …………………………………… 8
3. 急激に変化する時代に必要とされる資質・能力 ………………………………………… 10
4. 図画工作科で育成する資質・能力 －感性と創造力の未来への歩み－ ………………… 13
5. 諸環境と関わって生きていく子どもと造形教育 ………………………………………… 19
6. グローバル，グローカルの視点と造形教育 ……………………………………………… 23

第2章　子どもの感性のあり方

1. 就学前教育から小学校までの子どもの感性の学びと発達の連続性 …………………… 28
2. 幼稚園における感性的なイメージ生活の成長と「作品展」の取り組み ……………… 30
3. 小学校，図画工作科の学習にみる子どもの感性の活動 ………………………………… 36
　　－子どもが，集まり・つどう感動の場所－
4. 子どもの絵に見る感性のあり方 …………………………………………………………… 41
5. 子どもの遊びを通した自発性と主体性の成長 …………………………………………… 45
6. 一人ひとりで異なる感性の世界（心）と創造力の発達のとらえ方 …………………… 50
　　－思いや表現の自己組織化の過程を支援する教育－
7. 創造的自己表現と美的感性の発達段階 …………………………………………………… 51
8. あらゆる子どもに表現の機会を－粘土が障害児を導く知的障害児施設の実践－ ……… 56
9. どの子も唯一無二の〈いのち〉を生きている　－V.E.フランクルの思想に学ぶ－ ……… 62

第3章　題材研究「学びのユニットＡ」── 造形遊び・体験・発見・発想──

造形遊び
1. 大きな空間　「キラキラ　ふわふわ」－風や空気をつかまえよう！－ ………………… 70
2. 広い場所で　「教室いっぱい！」－材料や場所と関わる造形遊び－ …………………… 71
3. 材料から感じて　クレヨン　パス　コンテ ……………………………………………… 72
4. 材料から感じて　色水遊び「ウォーターワールド」 …………………………………… 73

色の世界
5. 色の体系と感性教育 －豊かな色体験・色を生かして使用する感性的イメージ生活－ ……… 74

絵や立体，工作
6. 発見・発想 …………………………………………………………………………………… 78
7. 材料・経験・方法からの発見・発想 ……………………………………………………… 80
8. 紙の立体化の基礎・基本 －折り目の構造－ …………………………………………… 81

| 鑑 賞 |

9．鑑　　賞 －自立的な鑑賞主体者の育成－ ……………………………………………………… *83*

第4章　図画工作科の授業実践　―題材研究，授業設計から評価まで―

1．学習指導要領「図画工作」－目標と内容－ …………………………………………………… *88*

2．① 低学年（2年生）の授業実践 ………………………………………………………………… *94*

　　② 中学年（3年生）の授業実践 ………………………………………………………………… *96*

　　③ 高学年（6年生）の授業実践 ………………………………………………………………… *98*

3．期待される先生の資質・能力と役割 …………………………………………………………… *100*

4．子どもの思いを受けとめる教科のカウンセリングマインド（傾聴技法） ………………… *104*

5．学習材への応答性 ………………………………………………………………………………… *106*

6．関係をつなぐコミュニケーションスキルアップ …………………………………………… *107*

7．絵に表す活動の楽しみ，平面の造形の可能性 ……………………………………………… *109*

　　－目の前の子どものための新しい題材づくり－

8．粘土の遊び，粘土の造形 －学びの連携・関連をはかる－ ………………………………… *112*

9．授業実践と創造的な場の構成 －系統的・発展的な学びの構築－ ………………………… *116*

10．創造的カリキュラム・マネジメントによる相互交流の促進 ……………………………… *121*

　　－個から学級へ，学級から全校へ－

11．ICTの活用 ……………………………………………………………………………………… *125*

12．指導案の書き方 －授業設計と評価－ ……………………………………………………… *127*

第5章　創造活動の中の子ども研究

1．子どもに創造の生まれるとき ………………………………………………………………… *146*

2．子どもの活動の見取りと省察 －自他の相互作用と子どもの表現－ ……………………… *151*

第6章　感性教育の理論的基盤

1．日本のアート教育の成立過程 ………………………………………………………………… *157*

2．世界のアート教育の成立過程 ………………………………………………………………… *160*

3．世界のアート教育 －歴史から学べること－ ……………………………………………… *162*

4．アメリカの小学校教育の動向 ………………………………………………………………… *163*

第7章　題材研究　「学びのユニットB」　―表現技法・多様な体験・個性的な世界への道―

| 色・形・感動 |

1．材料を編む・色を編む …………………………………………………………………………… *173*

2．色で染める ………………………………………………………………………………………… *175*

3．紙の工作　（1）飛び出す（ポップアップpop-up）カード ………………………………… *177*

4．紙の工作　（2）ペーパー・アニメーション（折り換えカード），

　　回るコマ，立体からくり ……………………………………………………………………… *179*

5．方法からの発見・発想 −「版画」− ……………………………………………………… 183

身体・形・空間

6．フィンガーペインティング ………………………………………………………………… 187

7．砂場の造形遊び ……………………………………………………………………………… 189

8．紙コップを並べる，重ねる，組み合わせるなど行為からはじまる造形遊び …………… 191

9．材料の特性（形，色，感触など）からはじまる造形遊び ………………………………… 192

10．空間や光の世界へ −オリジナルのシャボン玉をデザインしよう− ……………………… 193

イメージ・線・生活

11．ボールペンスケッチ −身近な用具で，好きなことや大切なことをとらえよう− ……… 195

12．動物イラストレーション −絵，ファンタジーやミラクルの世界，心の中で動き出す− ……… 196

13．墨の表現 ……………………………………………………………………………………… 197

イメージ・伝達・生活

14．活動の企画，文字・シンボル・マーク，メッセージのデザイン ………………………… 201

15．遊びのデザイン −ゲーム，数・文字の遊び，関係性の遊び− …………………………… 202

16．楽しい夢の家・学校・まち・建築 ………………………………………………………… 203

工作（クラフト）・工芸など

17．様々な材料と仕組みを使った工作 ………………………………………………………… 204

18．木を使った工作 −木工道具の使い方− …………………………………………………… 208

19．金属を使った工作 …………………………………………………………………………… 211

20．粘土の種類と特性 …………………………………………………………………………… 215

21．陶　芸 ………………………………………………………………………………………… 217

鑑賞

22．美術鑑賞方法の多様化と広がり …………………………………………………………… 220
　　−子どものイマジネーションを活性化させる美術鑑賞−

23．地域の美術文化と触れ合って ……………………………………………………………… 221
　　−作品理解や解釈を深める対話型美術鑑賞から様々な授業への発展へ−

24．子どもたち（小学校中学年）が取り組んだ「二人の少女」…………………………………… 224
　　−対話型美術鑑賞の対話例−

25．我が国の美術・文化財，世界の美術・文化財 …………………………………………… 228

26．旅する鑑賞人 ………………………………………………………………………………… 234
　　−グローバル・グローカル社会に自立的で新鮮な感性をみがいていく鑑賞者をめざして−

トピック

KJ法とは ………………………………………………………………………………………… 8

5種類に変わる新聞紙の帽子 …………………………………………………………………… 85

帯紙のヘリコプター（切れ目を入れて）……………………………………………………… 86

教育実践現場に向き合う教科教育共通の見方・考え方 …………………………………… 143
　　−大村はま（国語科教育）と図画工作科教育に通底する教育実践理解−

道具の紹介 ……………………………………………………………………………………… 170

執筆者紹介

編著者 （担当は本文末に明示）

村田利裕 （むらた・としひろ，京都教育大学）

新関伸也 （にいぜき・しんや，滋賀大学）

執筆者 （五十音順，担当は本文末に明示）

愛野良治 （あいの・よしはる，武雄市立朝日小学校）

宇田秀士 （うだ・ひでし，奈良教育大学）

岡田陽子 （おかだ・ようこ，常磐会学園大学）

岡本哲雄 （おかもと・てつお，関西学院大学）

門野勝也 （かどの・かつや，河南町立白木小学校）

久米昌代 （くめ・まさよ，京都市総合教育センター）

妻藤純子 （さいとう・じゅんこ，岡山理科大学）

佐藤賢司 （さとう・けんじ，大阪教育大学）

塩見考次 （しおみ・こうじ，京都教育大学，立命館大学）

高田定明 （たかだ・さだあき，大阪青山大学）

竹内　博 （たけうち・ひろし，京都教育大学名誉教授）

丹下裕史 （たんげ・ひろふみ，京都教育大学）

勅使河原君江 （てしがわら・きみえ，神戸大学）

中村和世 （なかむら・かずよ，広島大学）

平尾隆史 （ひらお・たかし，京都まなびの街生き方探究館）

松崎としよ （まつざき・としよ，大和大学）

村田　透 （むらた・とおる，滋賀大学）

吉永太市 （よしなが・たいち，元一麦寮寮長）

渡邉美香 （わたなべ・みか，大阪教育大学）

第1章　期待される小学校の先生・図画工作科を指導する先生

―主体的・創造的に生きていきたい子どもの願いに応えるために―

　子どもの造形活動や表現は，本当に素晴らしいと多くの人が指摘します。小学校の先生は，様々な教科を指導しますが，子どもの生き生きした感性や創造活動に向き合って指導をする職業でもあります。すべての子どもの感性の良さを大切にしていきたいと思うと，表現教科の指導のチャンスを生かして子どもの成長・発達を真に育んでいきたいものです。

　この章では，現代人に必要な創造的な資質・能力を根本から問い直し，子どもの輝く活動の原点にある感性活動がい

かに成長・発達を遂げるものなのか。特に幼保など就学前教育との連続発達を視野に入れながら，一生を通じてその資質・能力がいかに活躍していくのかを考えます。また，図画工作科は，どのような目標をもち，内容はいかなる構造となっているのかを押さえ，今日課題となっている環境やグローバル化に図画工作科教育がどのように貢献すべきなのか現代の基本的な課題を明らかにします。

◀写真は，造形遊び「つんだり，ならべたりしよう」，枚方市立枚方第二小学校，1年生，塩見尚子実践

1．図画工作科の中に生きる子どもの感性の素晴らしさと表現の魅力

Points 　子どもの感性と個性の輝き，ひとの尊厳と表現の表裏一体の関係，図画工作科の目標と内容構成

（1）子どもそれぞれの感性と個性の輝き

　感性の働きは，すべての人にとって重要な人間的資質・能力です。子どもは，多様な体験から感性を磨いており，豊かさが育っていく過程にあります。そして生きていく様々な段階で感性は，唯一無二のその人の人生の基盤を支えていきます。大切にしたいのは子どもの毎日の学びや遊びなどで，今活躍している感性です。子どもの心身の中にまさしくいきづいている最も重要な資質・能力だといえるでしょう。表現教科である図画工作科は，子どもの心（感性など）と創造の働きなどに関わる重要な教育の機会を与え，育てていく役割を担っています。

図1　「せんせいあのね」
（大森大和　京都市立向島藤の木小学校1年生　カラー図版 p.42）

　ここで子どもの学校生活を覗いてみましょう。小学校の参観日に，教室のうしろの展示スペースでクラス全員の子どもの作品展をすることがよく行われます。小学校1年生の保護者の方が，初めての参観日に「小学校での生活に慣れただろうか」と少し心配して授業を見に行きます。作品展示の連絡もあり自分の子どもの作品を楽しみにしています。読者も，1年生のこの保護者になったと思って，クラスを訪れて下さい。（小学校1年生の作品の一例として図1の大森さんの「せんせいあのね」をご覧いただければと思います。）

　さて，扉を開けて教室に入りましょう。するとありました。30人以上の思いの異なる作品が一堂になっているではないですか。教室の入り口から順に見ていくと，自分の子どもの作品が見つかるまでにも「この子の表現はユーモラスでいいな～」「この子の作品は独特な思いが出ている」，次の子の作品は「しっかり塗っている」などと，多くの発見や気づきがあります。発見や気づきが深まるにつれて，どこからか不思議な喜びが湧いてきて，子どもの感じ方や捉え方，取り組みの姿に思わず感心してしまいます。このように教育現場を解きほぐしてみると，小学校という子どもの学びの場とは，個性の輝きの発見が生まれる場であるといえるでしょう。

　そして，保護者の方は，自分の子どもの作品を見て，適当に取り組んだ作品だと，かなりがっかりしますが，表現技能の上手下手と言うのでなく一生懸命取り組めていると，そのひたむきな意欲に心の底から嬉しく思います。

　ひたすらな姿に嬉しさがこみ上げてくる。本当に光が作品から差してきたかのような，眩しい感じをうける方も多いことでしょう。そして，実は自分の子どもの輝きに気づくだけでなく，「クラス全体が，それぞれの子どもに応じた違う輝きに満ちた場である」，そんな思いに駆られます。そして，生きる意味や意義といった普段大人社会では得られない，何かとても重要なことに保護者自身が接していることに気づきます。

　筆者は，このような光景をしばしば小学校や幼稚園や保育園で見かけます。子どもの作品に照らされて，保護者の方の顔まで，輝くばかりに見えています。「いいね。この作品を描いたの」という言葉が口をついて出てきます。この言葉は，単なる褒め言葉ではなく，子どもとともに生きることでしか味わえない保護者自身の生きる喜びの実感そのものです。確かに，自分の子どもの作品し

か見ない方もおられます。いや増えているかもしれません。大人社会の無関心がそのまま教室に持ち込まれているのです。ところが，子どもの表現のあるところでは，特別な専門家でなくとも少しだけ丁寧に子どもの表現を見ようとするだけで，心のスイッチが入り，目の前に子どもの心の世界に触れる機会が開かれます。その機会を是非生かしていきたいものです。

（2）子どもの感性の誕生

どこかで，同じ感じがしたのではないでしょうか？子どもが生まれたときに産声を聞いたとき，同じような輝く姿に見えたかもしれません。乳児は，小さなあくびをしたり，どんな彫刻家も作れないほどの細密で柔らかな指をゆっくりと動かしたりします。これらの有様を見て保護者は，とてもかけがえなく感じられたことでしょう。泣き声には驚かされますが，安心したように寝ている姿から，大人であれば病にならないと忘れている一つの呼吸の大切さを子どもから教えられるようです。この呼吸は，言葉にもなっていきます。身体機能を評価する学問では，子どもの反射的行動と一括りにしてしまいますが，実は大切な何かがわれわれに伝わってきています。知ることができにくいにしても，その子の心が確かにそこにあり，その子にしか感じられない感性の世界があるはずです。子どもという人間存在は，色々な方向へ成長・発達する可能性のまさしく原点です。未分化な心性で体の変化が著しいときですが，その子の感性の活動は確かにたのもしく息づいているのです。

（3）視覚と感情の顕在化と探索活動

視覚に注目すると，生まれた頃には明暗がわかり，2ヶ月頃になると近くのものが見えるようになります。首が据わる頃には興味があるのでしょう，頭を上げてあたりを見渡したりします。視覚機能が成長過程にあるのですが，興味津々の視覚を「眼差し（まなざし，以下まなざしと表記します）」と呼ぶと，「まなざし」の活動がまさしくスタートしてきているのです。

実はこの時期の成長・発達には個人差がかなりありますが，2〜3ヶ月になると自分の手を顔の前に持っていき「これは何かな」と言っているか

のようにじっとみつめる仕草（ハンド・リガード，Hand regard）がみられるようになります。視覚が，手を発見するわけです。すなわち，視覚が自らの創造力（＝手）を見つける最初の瞬間と言えるでしょう。この頃から，自らの行動と外からの刺激という相互作用が活発に行われます。大人から語りかけたり，子どもの反応に言葉を積極的に返したりすることが大切となります。

4・5〜6ヶ月になると，表情も豊かになって，身近な人に大喜びの笑顔を返してくれることがあります。また，風でたなびく洗濯物などの布類をその小さな目で興味津々で見ようする場面に遭遇します。この頃の成長段階では，まだまだ視線を対象に向けることが行われにくい時期ですが，興味を持つ対象に「まなざし」を向けたり，外界に向けて何かを表す行為が生まれます。何もできないと思っているのに，自分から（自発性）ということがかなり小さな頃から見られるということです。新たな興味・関心・意欲が生み出され，外界と何らかの交換をはじめます。この時期，離乳食への移行も行われます。「おいしい！」とおぼつかない言葉で言って周りを喜ばせます。「好み」がスタートする時期といってよいでしょう。

安定して座ったり，はいはいをしたり，歩くようになると，運動行動の発達から空間認識力や興味・関心の強さが飛躍的に向上し探索活動が生まれてきます。空間の探求の始まりです。

（4）シンボル活動の開始

幼稚園や保育園の2〜4歳の保育の現場では，手を動かすことが一層，積極的に行われます。柔らかいタオルを触ったり，興味のある物を入れたり出したりや，新聞や広告をビリビリと破いたりなどします。積み木やレゴ（組み立て式玩具，デンマーク，レゴ社）なども人気です。紙を準備すると，スクリブル（点を打ったり，ぐるぐる描きなど）をすることにも少しずつ関心が向けられ，表現行為がスタートします。言葉・音楽・描画などシンボル活動の黎明期といえるでしょう。

子どもの線は，本当は，その子がその年齢でしか描けないオンリーワンの表現です。子どもの線から心の力や意欲の強さを感じて，それが嬉しくてたま

らない教育関係者や保護者は，とても大切なことをつかまえています。はたして大人も自分の年齢のオンリーワンの線が描けているでしょうか。そのように振り返ってみると，あるときの子どもの描こうとする気持ちは何気なくの場合もありますが，「思い切って描いてみよう」という思いの場合もあり，この場合大人の勇気に近いことが理解できます。

（5）造形活動の活躍期

　5〜6歳になって，子どもは，園でも様々な活動に参加するようになり，造形活動にも積極的になります。ハサミや糊が使いたい，サインペンで描きたい等の要望が出せるようになります。自らイメージを切り出したり，偶発的であれ自分の切り出した面白い形に興味が湧きます。大人の作品と違うところは多くの場合，描いたりつくったりすること，すなわちイメージを取り出したり・組み立てたりすることが楽しいので，もはや思いを介在させることができない，すなわち動かなくなった造形（＝作品，結果）にあまり興味がありません。子どもの造形行為は，大人のように見て鑑賞することがねらいではないのです。結果としての作品に過剰に反応する大人に対して，子どもは小さな声でぼそぼそと言うばかりかもしれません。そんな時，その子の良さを知ってくれている先生から，このように頑張ったんですと過程の話を教えてもらうと，保護者には，その話がどんなことよりも大切に思えます。取り上げられた子どもの特徴は，決して大きな資質・能力の必要はありません。その子の良さが見いだされ取り上げられて，まさしく子どもの価値が発見されていることが大切なのです。教育の面から見ると，人間的な行為から子どもの価値を発見することは，教師の専門職性の最も重要なことではないでしょうか。

（6）人の尊厳と表現

　これまで見てきたように，感性の成長・発達とは年齢段階でできることが異なりますが，共通して言えることは，子どもは表現することに高い興味・関心があり積極的であるという点です。大人と比較して子どもの感性活動やその所産（作品など）は，生き生き（バイタル，vital）していて，生きている実感そのものです。

この現場で保護者や教師たちは，子どもから発せられる表現にとても大きな刺激を受けることになります。この現場では，表現されることでとても大切なその人の存在（実存）に触れることになるのです。表現というものが，「人の尊厳」と表裏一体のもので，子どもと関わるということは，そのことに深く触れる貴重な機会が与えられているといえるでしょう。複数の取り組みを見ることができる感性的なイメージ表現の現場では，迫力のある群像を見るように，あらゆる子どもが異なる輝きに満ちているという驚きの体験が迫ってきます。

　図1は，「せんせいあのね（大森大和 京都市立向島藤の木小学校1年生）」の絵です。きっかけは，動物園に行った楽しい経験がありました。この作品は，写真のように外の空間をそのまま写しとってきたというよりも大森さんの思いが生きています。絵画の独自なイメージ空間の中に大森さんが入って自由に遊び，思いを関わらせていった絵というべきでしょう。大森さんが様々なモチーフを発想して登場させ，配置を考えた絵になっているのです。大森さんの思いが構図を決定することにつながっていって，先生が決めた構図をそのままに描いているのではありません。子どもが，全体像を考え判断していくという表現者の権利を先生が認めておられるところも素晴らしいのではないでしょうか。また，細部を見ると独自な表現が盛り込まれています。動物や木などが描かれますが，青いエリアや何本もの赤の線など大森さんが工夫した表現が駆使されています（カラー図版 p.42）。絵を描く活動が，とても子どもにとってチャレンジングな世界で，子どもの「こうしてみよう！」という気持ちに，絵の世界は応えてくれるのだということが分かります。あたかも大森さんがオーケストラの指揮者になったように，形や色が産み出され絶妙にコンダクトされて，楽しい世界がまとめあげられているようです。図画工作科の学びの場は，子どもの数だけこのような取り組みが見られてよい現場なのです。

　優れた教育現場では，みんながそれぞれに集中して，自分の活動にのめり込む学びの場が成立しています。大村はまは，優劣ばかりにとらわれて

学びに浸りきることを忘れた教育現場を嘆いて，現場教育が目指すべき状態を「優劣のかなたに」という言葉に代表される思想を提言し詩にもしました（2005，p.144参照）。図画工作科や造形の活動の現場は，個性や個別的な差異が許される場と言って良いでしょう。それぞれにみんなが頑張っています。あらゆる子どもを受け入れる教室といっても良いでしょう。そして，どの子も安心して伸びようと思うことのできる現場なのです。この創造教育の現場は，優劣のかなたに子どもたちを連れて行ってくれる場ではないでしょうか？その場をまさしくつくっていくのが，図画工作科を指導する先生の大切な仕事（ミッション）なのです。

大人も，このような輝く時を過ごしているでしょうか。自分の思いを存分に発揮して生きているでしょうか。特別なことでなくてもかまいません。カーテンの色や模様を選ぶことが楽しかったり，自然の豊かなところに出かけていったりすることも感性が活躍する瞬間です。特別に美術館や博物館や文化遺産などで刺激を受けることもよいかもしれません。身近な所では，小さなメモ帳かスケッチブックに自分の思いついたイラストや図や絵を描いてみる時も感性の働く時間です。そのような自分の時間を大切に過ごしているでしょうか。

はたして指導と支援のプロたる小学校の先生は，このような表現の時間を大切にして，その子の感性の基盤を育てることができているでしょうか。まさに子どもからそれが問われているのです。

（7）小学校の図画工作科

① 教育の理念との関わり

小学校の図画工作科は，このような子どもの感性や個性，表現や鑑賞の創造的学びを豊かに成長・発展させる教科です。表1は，教育基本法で教育の目標を示す第二条です。創造と文化の教科である図画工作科は，すべてに何らかのかかわりがありますが，特に一の「情操」，二の「個人の価値」「創造性を培い」，四の「生命を尊び」，「自然を大切にし」，五の「伝統と文化の尊重」などは，かなり直接的な関係があります。それゆえ未だに単なる上手に絵や工作を作る教科とされている現状には大きな問題があります。今日この趣旨に則した新たな題材や指導法の研究がますます期待されるところです。

② 学習目標

学習指導要領では，図画工作科の目標はどうなっているでしょうか。学習指導要領では，教科の目標に創造活動を行い情操を育てるという究極の目標をかかげてきました。図画工作科は，体験性の学習から情操教育をめざしている公教育でもユニークな教科です。

平成20年改正の学習指導要領をみると（表2左）暗にわかったこととしておくのではなくはじめて「感性」の働きが明文化されました。また，学習指導は，「つくりだす喜び」つまり，学びの喜びの考え方に立っています。先生が，無理に詰め込んだり，褒めると称して子どもを教師の思いの方向にコントロールするのではなく，子どもが，本当につくるって楽しいなと感じられることが重要なのです。これは，学校だけで終わる学力ではなく，一生を通じて感性の活動を大切にしていく姿勢が貫かれていると理解できます。そして，戦後の図画工作科教育は最終的にはその目標を「豊

表1　教育基本法第二条（教育の目標）

第二条　教育は，その目的を実現するため，学問の自由を尊重しつつ，次に掲げる目標を達成するよう行われるものとする。
一　幅広い知識と教養を身に付け，真理を求める態度を養い，豊かな情操と道徳心を培うとともに，健やかな身体を養うこと。
二　個人の価値を尊重して，その能力を伸ばし，創造性を培い，自主及び自律の精神を養うとともに，職業及び生活との関連を重視し，勤労を重んずる態度を養うこと。
三　正義と責任，男女の平等，自他の敬愛と協力を重んずるとともに，公共の精神に基づき，主体的に社会の形成に参画し，その発展に寄与する態度を養うこと。
四　生命を尊び，自然を大切にし，環境の保全に寄与する態度を養うこと。
五　伝統と文化を尊重し，それらをはぐくんできた我が国と郷土を愛するとともに，他国を尊重し，国際社会の平和と発展に寄与する態度を養うこと。

表2　図画工作科目標の比較

平成20年（2008年）改正（公示） 第7節　図画工作　第1　目標（平成23年4月施行　全面実施） 表現及び鑑賞の活動を通して，感性を働かせながら，つくりだす喜びを味わうようにするとともに，造形的な創造活動の基礎的な能力を培い，豊かな情操を養う。	平成29年3月改正（公示） 第7節　図画工作　第1　目標（平成32年4月施行全面実施） 表現及び鑑賞の活動を通して，造形的な見方・考え方を働かせ，生活や社会の中の形や色などと豊かに関わる資質・能力を次のとおり育成することを目指す。 （1）対象や事象を捉える造形的な視点について自分の感覚や行為を通して理解するとともに，材料や用具を使い，表し方などを工夫して，創造的につくったり表したりすることができるようにする。 （2）造形的なよさや美しさ，表したいこと，表し方などについて考え，創造的に発想や構想をしたり，作品などに対する自分の見方や感じ方を深めたりすることができるようにする。 （3）つくりだす喜びを味わうとともに，感性を育み，楽しく豊かな生活を創造しようとする態度を養い，豊かな情操を培う。

注：下線は筆者。

かな情操を養う」としてきました。すなわち人の人格的な資質の育ちを目指し，高い感性の基盤づくりをねらった教科が図画工作科だと言えます。

　情操とは，人間らしい感情や解釈や倫理的判断などを生み出す心の基盤のことです。美的な事物・事象や創造教科の題材などに出会うとよい感情等が生起しますが，一回でそれが育つというわけでありません。機会を得て良い心が繰り返し生まれ，違った角度からの学びも違った形のよい心を生みだし，ゆっくりと安定化していきます。様々なよい体験から情操は，深められていくと言うべきでしょう。

　ところで，個人の情操という世界は，一人ひとり異なった世界です。その最終像は，同じではありません。また，それが当然ですし大切にされなければならないことです。

　この道徳性とも言える学びは，他の教科の学びでも生じますが，図画工作科のような感性や創造活動を重視する教科で十分伸ばすことが期待されるべき内容なのです（表2）。

　平成29年改正の学習指導要領の目標を比較すると（表2），平成20年度改正までは，目標に細かな資質・能力論を持ち込んでいませんでしたが，今回の改正で，全教科で次の3つの資質・能力を謳うことになりました。（1）知識及び技能が習得されるようにすること〈知識・技能〉，（2）思考力，判断力，表現力等を育成すること〈思考力，

判断力，表現力等〉，（3）学びに向かう力，人間性等を涵養すること〈学びに向かう力，人間性等〉です（〈　〉内は略される場合）。大杉昭英は，学習指導要領を方向付けた中央教育審議会答申の基本コンセプトを「コンテンツ・ベースからコンピテンシー・ベースへと変換」と形容しています。どうしても小学校教科英語や特別の教科道徳の新設（正確には平成27年改正）などに目が行きやすいところですが，学力の再定義という大きな変革の視野から見ると，新たに出てくる教育内容に対応するというよりは，子どもに身につく本当の資質・能力をめざした大改革の流れだと理解すべきなのかもしれません。資質・能力の詳細は，「第4章1．学習指導要領」で研究します。

③　学習領域の基本構造　−2領域構成−

　では，はたしてどのような内容が，図画工作科で教えられているのでしょうか。教科内容の大きな枠組み（カテゴリー）は学習領域と呼ばれていますが，昭和52年から今回の改正まで一貫して「A　表現」と「B　鑑賞」の2領域構成というシンプルな構造なのです。子どもから見て内面を外に出す内容（Output）が「A　表現」です。外から受容して入ってくる内容（Input）が，「B　鑑賞」です。

　この2領域構成は，「絵画」「彫刻」「デザイン」「工芸」という美術文化の分類ではなく，図画工作科の学習領域の構成概念は，学習主体（＝子ど

図3　造形遊び「つんだり，ならべたりしよう」
１年生塩見実践

　１～２個を積んでいるときは，「積む」という行為の真価は見えていません。中段を過ぎる頃には，場が変わったように「積む」楽しさが広がっていきます。先生に子どもの活動を見守る気持ちが必要となります。

も）の側から見た分類となっています。

　平成29年度改正の学習指導要領では，「Ａ　表現」は，「(1) ア，(2) ア」の「造形遊びをする活動」と，「(1) イ，(2) イ」の「絵や立体，工作に表す活動」の２つの内容に大別されています。アの造形遊びは，ひとつの作品にする必要がない体験の学習です。思いついたりどのように活動するのかを考え，材料的・空間的体験を広げていく学習なのです。前出の２領域への精選の学習指導要領から幼稚園との接続を趣旨として，1977（昭和52）年に登場しました。これまで教育現場では，作品づくりだけを指導してこなかったでしょうか。作品づくりをしない体験学習が十分なされてきたでしょうか。

　造形遊びの学習（アの学習）を見ていくと，図３は，広い場所で箱を積む造形遊びの学習です。行為が重視され，子どもは体全体で箱を友達と並べたり・積んだり・つなげたりします。材料・空間・人などとの関わりから，気づきや思いなど自分の感覚や気持ちを出して，能動的に行動にうつしてみることが重視されます。この学習は，家やタワーをつくろうなどの学習ではありません。ある子どもが，作品になってしまっても構わないのですが，先生が積極的に作品づくりをめざしません。一般的にいわれている完成度を重視した「作品」にする学習領域ではないのです。

　イは，自分の思いをしっかりと「作品」に表現します。色々な発想やアイディアが出ても，一つに絞り込んでいきます。その面では，集中的な思考と呼べるでしょう。絵や版画，粘土や紙や木の造形，陶芸などがあります。染色をしたり，ビニール袋で服を作ってファッションショーを行う教材や，ビー玉を転がすゲーム教材もあります。

　また，早くからあったのですが実施実績が少なかった内容に鑑賞の学習があります。鑑賞の基本には，感受といった，見たり聞いたり触ったりする直接的な知覚活動があります。そこに，よい・好き・美しいなどの認識や嬉しいや達成の充実感などの感情が随伴し価値感情が生じます。近年注目されている日本や世界の美術文化の世界観は，単なる形の問題ではなく，思想性や精神性に関わる特質と言えます。文化財の見方も研究が進み新しい世界が開かれることがあります。例えば，縄文時代の遺跡で青森県の三内丸山遺跡で，クリの巨木を使った大型堀立柱建物跡（おおがたほったてばしらたてものあと）が発見されました（1994）。森とのつきあい方や独特の造形物など，持続可能社会がどうあればよいか我々に投げ掛けるものでした。このように，時間数の割に大切な内容が多いのが実情です。学習効果を視野に入れ教科の関連を考えて，教科横断的な工夫をして取り組む力量が先生に問われると言っていいでしょう。

参考文献

大村はま（2005）『教室に魅力を』国土社，人と教育双書，表・裏見返し

刈谷夏子（2012）『大村はま　優劣のかなたに──遺された60のことば』ちくま学芸文庫，pp.251-225

大杉昭英（2017）『平成28年度版　中央教育審議会答申全文と読み解き解説』明治図書

文部科学省（2018）『小学校学習指導要領（平成29年告示）解説　図画工作編』日本文教出版

（村田利裕）

2．期待されるよい先生とは（ピア・ラーニングで学ぶ）

Point　一人ひとりを大切にする小学校の先生，先生の人間力，図画工作科で指導する先生の資質・能力

（1）子どもの感性等を大切にする先生をめざして

　子どもは，ものを作る喜びにあふれています。自分でチャレンジすることが好きで，大切な話には食い入るように聞き入っています。意見も出し合い，どうすべきかと問えば一生懸命考えていく姿勢があります。大人は5〜6年間の期間に自己変革を得て大いに成長する人はまれです。ところが，あらゆる子どもが，小学校の在籍期間で急成長を遂げるのです。子どもはまさしく伸びていこうとする命の輝きと言えるでしょう。

　小学校の先生はこのような伸びようとする子どもに向き合い，かなり性格の異なる全ての教科を教え，あらゆる機会を捉えて子どもを育てていこうとします。小学校教育の最大の原動力は何かと問われれば，先生の人間力と答えるべきでしょう。ですので職業名は，教師・教諭といわれますが，子どもからは，先生と尊称で慕われます。そして子どもの一生で，一番記憶に残る思い出の先生は小学校など初等教育の先生ではないでしょうか。

　では，あらためて問うてみたいと思います。小学校の良い先生とはどのような先生でしょうか？子どもの期待に応える先生とは，どのような人を指すのでしょうか？

　ここで小学校の教科指導に目をやると，達成目標に知識習得をかかげている教科が多いことに気づきます。一人ひとりを大切にしたくても許されない場合が多いのです。子ども一人ひとりの感性や個性，創造力に向き合う学びは，すべての教科で取り組まれるべきですが，コア（核）となる教科として図画工作科があります。この教育のチャンスにあなたはどのような先生でありたいと思いますか？

　なりたい先生像は，教職に関わろうとする方にとっては，「なりたい」自己像ですし，「目指していきたい」大切な姿でもあります。子どもにとっては，毎日を過ごす指導者の資質・能力がどうあ

るべきかという問いでもあります。一般の職業は，見習いのような期間が長く，段階を追って経験を積む道を歩みます。ところが，小学校の先生は，かなり早い時期からクラスの舵取りを任されます。それなので早くから考え始めることが必要です。細かな知識は，その時その場所で研修すればよいことも多いのですが，それらを総合的に束ねていく考え方は継続的に育てていく必要があります。一度に全ての答えを出すことは難しいかもしれませんが，様々なところで機会を得て考えを深めていきたいものです。最終的には先生それぞれで確立していくべきものですが，グループで視野を広げたりヒントを得たりすることも有効です。

（2）人の成長・発達を支える志（こころざし）

　教育実習生の場合を考えると，子どもにとって教育実習生も大切な先生です。先生の心の中の責任ある志（こころざし）は，どの先生にとっても大切と言えるでしょう。一般に経験豊富という点では，年齢の高い先生がよい先生かもしれません。ところが子どもは，若い先生が大好きです。大好きな先生の内面にこそしっかりした志や教師の心がいきづいていることが必要です。法令上も教育職員免許法施行規則の第二欄教職の意義等に関する科目で学ぶことになってはいますが，本当の教育とは何か。どのように人を育てるべきか。一人ひとりを人として大切にしていくにはどうすべきかなど，自分のこととして考えてみる必要があります。

　教職に就いている先生も，教職歴を重ねる中で本当になりたい自分になれているか考えてみることが重要です。また，自分自身の学問や各ジャンルの専門的知識やスキルが高いだけでなく，子どもに向き合ったときに発揮される真に教職の専門性というべき力量の充実に努められているかどうかを問う必要があります。現在，教育職のキャリア形成に注目が集まってきていますが，この視点

> **トピック KJ法とは？**
>
> 　川喜田二郎の開発した集約分類法。仮説を抽出し考えを取り出す方法。探索的な検討に対して，探検的と呼ばれている。
> （1）情報の単位化：気付いたことをカードに，書き出す。（2）カードを読む：すべてのカードをしっかり読む。（3）グループ化：同じグループと思われるカードをまとめていく。輪ゴムでとめてまとめる。（4）そのグループに名前をつける。注意点：グループ化できないカードは，無理にまとめてはいけないというのがポイント。（5）グルーピングできたら，そのグループにタイトルをつける。わかりやすい内容をよく表す名称が推奨される。コピーライターになったようにつけたい。（6）それを一枚の模造紙に並べて，同一グループという判断でよかったか確かめながらグルーピングする。これはA型図解法と呼ばれている。できあがると分析対象の全貌がそこに現れている。　準備物：カード型紙片もしくは，付箋，模造紙，サインペン，輪ゴム，分析結果を撮影するカメラ（スマートフォン可）
> 川喜田二郎（1967）『発想法──創造性開発のために』中央公論新社，中公新書，2017年改訂版

は，教職生活の根底をなすこととして極めて重要なことと言えるでしょう。

Let's try！　小学校の良い先生とはどんな先生でしょうか？図画工作科の良い先生はどんな先生でしょうか？グループで意見を出し合いましょう！

【グループ学習A方式：KJ法利用のカード活用法】

　考える方法としてグループで刺激しあって深めていく方法（グループでのKJ法）を取り上げたいと思います。まず，4人程度のクループをつくります。第一段階は，考えの抽出の段階（KJ法では，単位化と言っています）です。班長の「良い先生とは，どんな先生でしょうか？自分自身の考えを付箋に書いて下さい！」の問いかけから始めます。「良い先生とは？」という問いに，自分の内部を探りそれを文字にします。あとで組み立てやすいようにカードか糊付き付箋（ポスト・イット　3M登録商標）に書きます。講義室など狭い机しかない場合は，カードが飛散する場合があるので糊付き付箋が便利です。考えられるすべてをあげてみる方法もありますが，3枚等と枚数を決めて検討してもかまいません。

　第二段階は，自分の考えをメンバーに紹介しながら大きな紙（模造紙など）に貼っていく段階で

す。書いた内容をしっかりと読み上げながら模造紙に貼っていきます。自分の考えを班のメンバー全員に理解してもらおうと思って話しましょう。順番に自分の考えを披瀝し，他のメンバーは話し手の話を傾聴します。2人目の発表者からは，前の発表者の内容に近い関係のものは近くに，遠い関係の内容は遠い場所に貼ります。すべてのメンバーが，自分の意見を述べて配置します。ですのでさしずめ当該班の意見空間とも呼べる班の思考マップが目の前に展開されていきます。

　最後に，班の構成メンバーの意見空間がどのようになっているか全員で考えます。模造紙上に展開されている関係をじっくりと眺め，サインペンかフェルトペンなどで，円で囲むなどしてグループ化しネーミングして書き込みます。班長が，全体の流れを作るようにしますが，班長任せにしないで，メンバーすべてが，「このようにまとめられるのではないか」と積極的にアイディアを出すようにしましょう。KJ法の大きな特徴ですが，共通性の高いものをグループ化しますが，異なるものはたとえ一つでも無理にグループに入れず，単独扱いとします。この結果は，全体に向かって発表する場合や，後で見直せるように写真にためていく方法があります。自分の学びは，貴重な財産です。機会を見つけて見直し積み上げていきましょう。

【グループ学習B方式：ピア・フリートーク法】

　同じ立場のもの同士（ピア）が集まって，疑問点を出し合ったり，子どもや教材についての意見をフリートークしてみましょう。同じ立場のもの同士が話すと言えば，臨床心理学の「ピア・サポート（peer support，ピア（peer）は仲間の意）」があります。同じ問題を抱える者が，互いに支援しあう活動です。当事者同士は「思いが分かってもらえる同士」です。理論家や経験者だけの研修では，上からものを言われただけに感じたり，本音が語りにくかったり，遠慮をしたりします。教育実習，初任者，教職歴10年目など，同じ立場のもの同士が，真摯に向き合って話してみる教育交流会が重要なのは，胸襟を開いて自然に学べる点にあります。

（村田利裕）

3．急激に変化する時代に必要とされる資質・能力

Points 急激に変化する時代，必要とされる資質・能力の洞察，予測困難な時代に，一人一人が未来の創り手となる

（1）急激に変化する時代

不安定で変化の激しい時代が到来しています。世界は，「ベルリンの壁崩壊」（1989）や「9.11同時多発テロ」（2001）などで象徴されるような想像を絶する展開を経験してきました。経済界も，「リーマンショック」（2008）を発端とした国際的な金融危機が起こり，この危機は世界的連鎖を起こして銀行のような巨大安定システムをも押しつぶしていきました。経済が世界的に動くようになり，変化の激しさは身近な生活に打撃を与え予断を許さなくなっています。政治や経済をマクロ的に相互関係のある世界環境と見た場合，世界環境が急激な変化に翻弄される時代にさしかかっていると言えるでしょう。

変化の激しい時代に，我々教育界が教え育てている子どもたちは，どのような未来を歩んでいくのでしょうか。また，子どもたちは，これから，いかなる資質・能力を必要とするのでしょうか。

さらに子どもたちを取り巻く変化の激しい状況として，今日の地球環境があります。温暖化対策は，地球規模で取り組みを必要としており，まさしくまったなしの状況です（COP3 京都議定書合意（1997），COP21 パリ協定（2015）など）。また，各地で起こる火山活動や地震の被害，気候変動は深刻度を増すばかりです。自国・他国を問う前に，地球規模で安全や健康的な生活が確保される必要のある時代となっています。

（2）過去の激動期に立ち上がる近代教育学
－自由の思想と人間教育の思想－

ここで，近代教育学が成立してきた過去の激動期を振り返ってみたいと思います。図画工作科教育は，人間教育や全人教育と総称される教育の一翼を担うもので，このような文化的な取り組みやその教育は，平和的で安定した穏やかな社会や時代に誕生したと思われる方も多いことでしょう。

またそのように考えても不思議ではありません。ところが，図画工作科教育の成立をみると3つほどに大別できますが，そのひとつである「工作教育（手工教育）」は過去の大激動期，特に悲劇的ともいえる社会や時代に誕生したのです。

工作教育（手工教育）を職業教育ではなく，人間の全人格陶冶に資する普通教育に貢献するものとして，世界で初めて初等教育の教科にしたのは北欧の国フィンランド（Suomen tasavalta）でした。フィンランド公立学校の父でユヴァスキュラ大学の初代校長（ルーツである教師養成学校）のウノ・シグネウス（Uno Cygnaeus, 1810-1888）が主導しました。近代教育学の先導的な教育理論には，ペスタロッチ（Johann Heinrich Pestalozzi 1746-1827）の直観教授，開発教授，労作教育の思想やフレーベル（Friedrich Wilhelm August Fröbel, 1782-1852, 幼稚園の創始者）の創造的衝動の重視や遊びの原理などがあります。当時，子どもを労働力とみて教育を受ける権利を認めなかったり，教育しても指導方法は注入教育主義が主流でした。それに対してこれらの教育者達は，諸力の調和のとれた発達をめざすべきであるなどの人間教育の考えを提唱したのです。シグネウスは，それまでの経験や丹念なヨーロッパ各地の調査研究からこれらの考え方に信頼と確信を持ちましたが，初等教育で実現する国がありませんでした。そこで小学校を提言する役職に就任したシグネウスは，フィンランドに手仕事（slöjd；スロイド）の伝統があることを背景に，人間教育の思想を自国の小学校教育で実現しようとし，1866年フィンランド小学校法で実現されました。ここにみるように，近代の人間教育の思想と高緯度の森や水環境などで営まれた生活実践とが一つになったところから，公教育の手工教育が成立しました。

ペスタロッチはルソー（Jean-Jacques Rousseau,

1712-1778）に強く影響を受けていたと言われています。ルソーはフランス革命（1789）に大きな影響を与えた人物で自由の思想を提唱しました。また，教育書『エミール』（1762）の中で「よい先生」として，「事物の先生（子どもが現実のさまざまな事物・事象に出会ってそこから学ぶこと）」の有効性を押さえ，自然人の発達思想で一人の子どもを自立した人間として育てる構想を示しました。ルソーの自由思想と事物の先生や自然人の教育の思想，人の感性を活躍させて諸力を調和的に教育するペスタロッチの考え方，創造的人間を人の一番重要な姿とするフレーベルの考え方は共鳴し合いました。

一方時代は，ヨーロッパでは七年戦争（1756〜63）や世界規模での植民地争奪戦が勃発し，17世紀後半からイギリスとフランスの間では，約200年に及ぶ領土の奪い合いが生じ，宗教による激しい対立が起こりました。人々は翻弄され，人命ですら軽々しく扱われました。このような時代に人間教育が成立してきたのです。

さらに，ここで1755年に生じた地球規模の自然災害について触れたいと思います。18世紀中頃のポルトガルの首都リスボンは，ヨーロッパ西端の港町で大航海時代に繁栄を誇った都市でした。ポルトガル南西部に激しい地震が発生し，西ヨーロッパを中心に揺れが広がりました。そして地震発生に伴う巨大津波がリスボンの街を襲ったのです。リスボンの80パーセントの建築物が倒壊するほどの壊滅的な打撃を被ったと言われています。モロッコなど被害は広範囲に及びました。

この地球的規模の衝撃は，その当時を生きた哲学者カントやヴォルテール，そしてまたゲーテやシラーなど啓蒙主義的な人文学者たちに，「人はどういう存在なのだろうか」という根底的な問いかけを与えたと言われています。そして様々なものを巻き込んで歴史は1789年のフランス革命へと進んでいきました。

近代教育学が成立するこの時代に，人々は何も頼りにできない，信じるものすべてが瓦解し崩壊する時代にさらされたのでした。本当の自由とは何か，生きるとは何かという問題意識に直面して

いたのです。

（3）今日にみられる断絶の時代の到来
　　－高まる学校教育への期待－

現代に視点を戻すと今日，時代のページがめくられるような大きな変革期を迎えているとする考え方が提唱されます。経済・経営学分野のマネジメントの父と言われるP・F・ドラッカー（Peter Ferdinand Drucker 1909-2005）は，『断絶の時代』（1969）で，1965年頃始まり2025年頃まで続く断絶とも言うべき大きな変化に備えよと考えています。明日の予測ではなく，今日起きていることから「明日のために今日どう取り組むか」を問いたいとし，断絶が，4つの分野でみられると指摘します。「第一は今日の重要産業が陳腐化し，新技術・新産業が生まれる。第二に，国境・言語・イデオロギーを超えた世界経済へと変わっていく（グローバル経済）。第三は，社会や経済の多元化が進み，あらゆる現実を託してきた中央集権組織である政府に対する幻滅がひろがり，能力が疑問視される。第四は，最も重要としている点で，今日の重要産業に変わるものとして，知識が，中心的な資本，費用，資源となる。」としています（筆者の要約）。特に，産業構造が，財の経済から知識の経済へ移行している（p.272）とし，鉄生産などを代表とする産業から知識の時代に突入すると考え，「教育革命の必然」という章（p.312）を割いて，学校教育が大きな役割を果たさなければならない時代に備えていくよう訴えています。

（4）新学習指導要領を方向付けた中央教育審議
　　会答申の時代予想　－予測困難な時代に，一
　　人一人が未来の創り手となる－

学習指導要領が改正（2017）され，「第1章 総説（1 改訂の経緯及び基本方針（1）改訂の経緯）」では，「今の子供たちやこれから誕生する子供たちが，成人して社会で活躍する頃には，我が国は厳しい挑戦の時代を迎えていると予想される。生産年齢人口の減少，グローバル化の進展や絶え間ない技術革新等により，社会構造や雇用環境は大きく，また急速に変化しており，予測が困難な時代となっている。」と位置づけました。その基礎になった中央教育審議会答申（2016）でも，第

2章の「2030年の社会と子供たちの未来－予測困難な時代に，一人一人が未来の創り手となる－」の中で，21世紀が知識基盤社会に向かうこと。変化の早さが加速度的であり，人間の予測を超えて進展するようになっていること。インターネットの登場でグローバル化が顕著になる。また第4次産業革命ともいわれる人工知能が社会や生活を大きく変えていく。"人工知能の急速な進化が，人間の職業を奪うのではないか"，"今学校で教えていることは時代が変化したら通用しなくなるのではないか"という懸念が広がっている等を指摘して，「予測困難な時代であればあるほど，直面する様々な変化を柔軟に受け止め，感性を豊かに働かせ，自ら考えながらながら未来を創っていくことが求められている」と提言しています（pp.9-12）。

一方，第1部第1章の「子供たちの現状と課題」では，「子供たちが活躍する将来を見据え，一人一人が感性を豊かにして，人生や社会の在り方を創造的に考えることができるよう，豊かな心や人間性を育んでいく観点からは，子供が自然の中で豊かな体験をしたり，文化芸術を体験して感性を高めたりする機会が限られているとの指摘もある。……」（第1部　第1章p.7）との現状分析もしており，どのようにしていけるかは，今後の実践に託されていると言えるでしょう。

（5）未来の子どもに必要とされる資質・能力の洞察とますます高まる教育実践の重要性

ここで今ひとつ注目したい見方は，ジャン＝フランソワ・リオタール（1924～1998）の《ポストモダン》のものの見方です。リオタールは，『ポストモダンの条件』（1986年，小林康夫訳，水声社，pp.8-9）で，富の発展（資本主義），理性的主体の支配（啓蒙主義），労働者の解放（共産主義）など，絶対的・普遍的とみなされてきた説明原理が単なる「大きな物語（メタ物語，meta-recits）」であって，ポストモダンの時代は実は神話ともとれるメタ物語の終わるときなのだと言うのです。哲

学的理念が現実に追い越される時代となり，トップダウン的に理念が現実をつくると信じていた時代は過ぎ，ボトムアップ的に，実践から理念が突き動かされる意義を考えようとするのです。もし，リオタール的に捉えると，現実にしっかりと向き合って，複雑性をはらみ予測不可能な事態に，パワーを出して現場の問題解決にしっかりと向き合う姿こそ，現代が最も信頼する姿であるといえましょう。

今回の学習指導要領では，カリキュラム・マネジメントが導入されました。小学校の教師は，教科書をこなしていくだけでなく目の前の学校や地域で，一人の教師としても自らの目で子どもを見て，次の時代を生きる子どもたちをいかに教育するべきか，子どもが生きる時代に，いかなる資質・能力が必要となるのかなどについて考えることが必要なのです。特に，大きな時代的な変化を受けるとき，「子どものために，何を基礎として位置付けるべきなのか」という問いは，かなり重要であると思われます。

一般に，現場の教師には，毎日の実践を着実に積み上げるミクロな視点に注目が集まりがちですが，時代に翻弄されないようにするには，時代状況を見据えて舵取りしていくマクロな視点を持ちながら，日々の実践を見つめ直していくことが是非必要になると言えるでしょう。

参考文献

P・F・ドラッカー，上田惇生訳（1969）『断絶の時代』ダイヤモンド社，iii～vi，pp.312-353

星野慎一（1981）『ゲーテ』清水書院，pp.51-52

ジャン＝フランソワ・リオタール，小林康夫訳（1986）『ポストモダンの条件』水声社

中央教育審議会（2016）「幼稚園，小学校，中学校，高等学校及び特別支援学校の学習指導要領等の改善及び必要な方策等について　答申」平成28年12月21日公表　中教審第197号

Q：急激な変化の大きな時代に，人の創造力や表現力，感性の豊かな資質・能力は，どうあるべきか考えてみましょう。

（村田利裕）

4．図画工作科で育成する資質・能力
－感性と創造力の未来への歩み－

Points　3つの創造力の必要な時代，豊かな感性的イメージ生活者の実現

前の章に見るように，急激な変化のある時代では，目の前の時々刻々変化する状況に真剣に取り組む姿そのものが人にとって重要となります。また，ドラッカーも指摘するように，何度も学び直しながら新たな時代をしっかりと生きていくことがのぞまれます。この変化の大きな時代には，人はこれまでよりも一層多くの創造力が必要とされるでしょう。ここで図画工作科で大切とされる創造力を3つの点から考えてみたいと思います。

（1）自らの感覚や知覚にもとづく感性を基盤とした創造力

① 感覚・知覚・感情など感受性の世界
－直接見ること等，そして視覚の深まりへ－

第一は，自らの感覚や知覚にもとづく感性を基盤にした創造力です。我々を取り囲む現代の世界は，多様で複雑性にとんでいます。急激な変化が起こる時代なので，子どもたちは自分の目で現象をしっかりみつめ，自分の判断をかなり頼りにして道を切り開いていく必要が出てきます。

感覚や知覚は，それ自体も傍観者のように働くのではなく，自発的な内面化を本質としています（脳科学：フリーマン1999，浅野2014など）。視覚を例に取り上げてみると，しっかり見ようと努めているのですが，視覚は，単純な機械的なシステムではなく，人間の心と全身を支えとした感覚システムといえるでしょう。見たはずなのに，なぜか見逃してしまったことはありませんか。実は，我々は見ることがかなり苦手なのです。微細な現象に目を向けると視覚は，視覚的探索活動を行ってやっとそれと認知しています。

また，絵を描くときなどに現実に生じますが，表現しようとして何らかの関わりを積み重ねるとあるとき「本当に見えた」と言う瞬間がおとずれます。この視覚の性質をドイツの美学者・芸術学者コンラート・フィードラー（1841-1895）は純粋視覚性とよびました。大人でも，しっかりと関わ

る意識を持って見ないと，表面だけを大まかに撫でただけに終わってしまいます。つまり，視覚が深まる特性を学んでおく必要があるわけです。

② 生き生きと感覚が活躍し，材料や空間など様々な世界との関わりで開かれる心のあり方

子どもは，手や体全体や行動などの活動を関わらせながらダイナミックに受け取ろうとします。重要なポイントは，遊びが，子どもの集中力や関心を向けるレベルを飛躍的に高めることです。遊びの中では，空間や材料は単なる対象ではなく，子どもの心と不可分な状況となり，空間や材料の可能性が生き生きと生み出されてきます。動かない空間が動き出し，とどまって変わらない材料のあり方が変化を始めようとします。

子どもは，木片に関心を持つとじかに触れてみたり，いろいろな角度から見てみたりして楽しむことができます。「やってみたい」と思い，釘を打ったりすることも好きです。小刀で削ってみたり，ノコギリで切ってみたり，材料からの応答を感じます。粘土だと，水分の感じや触るとへこんだりしてくれます。ひねるとひねられた形ができ，次はどのように変わってくれるのかと興味津々です。

現在の教育現場は，立ち歩きなどが問題化しているので，かなり「止まらせる」ことに集中し，教室では子どもを「机にじっと座らせて，静かにさせておく」という傾向があります。しかし，あらゆる子どもが「見たり・聞いたり・触ったり」「興味を持って見る，考えながら見る，工夫しながら見る」などの活動に参画し，一人ひとりの感性が開かれる機会をつくっていくことこそ必要なのではないでしょうか。

③ 生活空間とイメージ空間という二つの世界

図画工作科は，空間芸術の系譜です。子どもが関わる空間は，実在する生活空間だけではなく，絵画空間に代表されるイメージ空間に関わること

になります。イメージ空間では，独自な形や色や意味などが成立する空間で，子どもの遊び心は一層触発されます。生活空間にあることを絵にする場合には，生活経験の豊かさが本来必要ですが，絵の具箱の好きな色からスタートするとそこは別世界です。何ものにも似ている必要はありませんし，どこにもない世界がはじめて登場してよい世界なのです。空想やファンタジー，いやそれ以上の多種多様な形や色，イメージを認める世界なのです。子どもは，そして大人も，生活空間とイメージ空間という2つの空間を行き来します。

大切なポイントはイメージ空間の豊かさと，今どこの空間にいるのかという自然な自覚が必要です。「これは絵なんだよ」「これは想像したことなんだよ。面白いだろう」と言える必要があるのです。TV・インターネット・ゲームや人工知能やIotなど，現実と非現実が倒錯する時代に入っています。このイメージ空間には大きな吸引力があり，そこから出られなくなります。今後，イメージ空間と豊かに，そして適切に向き合う本格的な学びが学校教育では必要だと思われます。

④ 「描くこと・つくること」とイメージ生活との関係

図画工作科は，もとより絵に描いたり，粘土で立体を作ったり，工作をしたりする学習です。この学習の積み上げで，表現方法が堪能になることは間違いないでしょう。ところが，道具や技能の習熟は，必要な学びですが一部ではないかと思います。

例えば，ハサミやカッターで切り取る場合，荷物が届き，中のものを取り出すときにこのような道具が使われます。ところが，表現教科でこのような用具を使うとき，道具のあり方は一変します。イメージ生活を送る装置としての働きをするのです。表1は，人が行う基本的なイメージ操作と造形的操作・方法の関係を示した表です。

ハサミは，確かに材料からイメージを切り出しその時の表現に効果を与えます。この時，どうしても材料が切られることに目がいきがちですが，ここではイメージが切り出され（取り出され）ていることに注目してみたいと思います。基礎的・汎用的能力の観点から見ると，子どもは，ハサミ

で切り取ると捉えていていいのですが，教師は，イメージの切り出し（取り出し）の学びと受けとめてみるべきではないでしょうか。

社会活動の面でも，重要な点を切り出したり・取り出したりする抽出行為は，かなり重要な活動です。本人が意識して切り出す場合もあれば，無意識に切り出す場合もあるとは思いますが，人の解釈などの働きかけで初めて産み出されるものなのです。

実際にイメージという言葉は，わかりやすい用語ではありません。表1の右欄にみるように造形的操作・方法で説明した方が，具体的に何をするのかは理解しやすいでしょう。ところが，表現力の基礎とは何だろうかと考えてみようとすると右欄の具体性を左欄のイメージ活動として捉え直すと，目の前の現場で何が起きているのかということが捉えやすくなります。

ヴィゴツキーは，『子どもの想像力と創造』(2012) で，2種類の基本行為として，記憶と緊密に結びつく再現的・再生的な活動と，複合化する活動ないしは創造する活動があると考えています (p.10)。後者は，「新しいイメージや行動の産出という結果を生みます。」(p.11) この力をヴィゴツキーは，想像もしくは，空想と呼んでいます。

そして，「想像力があらゆる創造活動の基礎として文化生活のありとあらゆる面にいつも姿を現し，芸術的な創造，科学的な創造，技術的な創造を可能にしているのです。この意味において私の周りにあるもの，人間の手によってつくられたものはすべて例外なく，つまり自然の世界とはちがう文化の世界すべては，人間の想像力の産物であり，人間の想像力による創造の産物なのです。」(pp.11-12) と位置づけています。この考え方は表1では，種類としては5の議論だと位置付けることができるでしょう。

また，ピアジェ (Piaget, J. 1896-1980) は，発生的認識論の中で思考力の発達が，表象というイメージ力と大きな関係があると述べました。科学教育でよく取り上げられ教科が違うので，別々の活動のように捉えがちですが，その共通部分に人のイメージ活動があることに注目しておきたいと

表1　基本的なイメージ操作と造形的操作・方法の関係

種類	基本的なイメージ操作	造形的操作・方法	
		絵・デザインなど平面に	立体・工作に
1	・イメージの取り出し ・イメージの分離・分割 ・イメージの抽出・切り出し・取り上げ	・指で描く ・描画材料（鉛筆・フェルトペン・クレヨン・パスなど）で描く（スケッチ） ・輪郭を描く ・描画材料を選ぶ，混色（色づくり） ・写真で切り出す	・手でちぎる，切り出す ・ハサミやカッター等で切り出す， ・のこぎり，糸鋸，電動糸鋸で切り出す ・ほどく
2	・イメージ合成	・描き加える ・コラージュ（貼り絵） ・重色 ・スフマート（濃淡で表現）	・糊などで貼る ・糸でつける ・釘，リベット等で打ちつける ・材料のコラージュ ・コンピューター
3	・イメージの並べ・移動・ずらし・並び替え	・配色 ・点描 ・マークや模様の構成	・色紙などを構成する ・並べる，材料をずらす，移動する ・木・石・レンガなどを積む
4	・イメージをまとめる	・同一線上にする ・類似色を近づける	・ひとつの作品にする ・実用性と美の調和
5	・イメージの変形・歪形・交換・組み替え（イマジネーションとも言う）	・ディフォルメ（形を変える，誇張など）	・歪める ・切ってつなぐ ・たたく
6	・イメージの保存・取り出し	・ポートフォリオ	・保管

表2　美と構成の原理

1	**バランス**（釣り合い・均衡・調和），**シンメトリー**（対称性），**プロポーション**（比率），**アクセント**（強調），**リズム**（律動・アクセントのある基本パターンの繰り返し），**ムーブマン**（動勢）
2	**リピテーション**（繰り返し），**グラデーション**（漸次的移行，滑らかな連続的変化，形態・明暗・色調の段階的変化，濃淡法），**コントラスト**（対比・対照，明暗の差があること）
3	**シュパンヌンク**（緊張感，美の緊張，1点や2点などに視点が集まる構図），**オールオーバー**（全面が美で被われている形式，中心を持たせない形式）

思います。

　表2は，美と構成の原理を示しました。表1のイメージ操作で，表2の表現を達成していくと考えられます。図画工作科だけでなく音楽科や体育科でもバランスやリズムなどの概念が重要です。身体を中心にした感覚の共通する母体（共通感覚）をいかに育てていくかが大きな課題なのです。

　以上に見るように図画工作科教育は，イメージ活動と切っても切れない関係にあります。国語教育では，教科の目指す姿を「豊かな言語生活者の育成」と総称することが試みられていますが，ここまで見てきた感性とイメージの活動の特性を入れて図画工作科にあてはめると「豊かな感性的イメージ生活者の育成」と総称することができると捉えています。

⑤　発想やアイディアを出す喜び

　生き生きした発想をして欲しいというのは，造形教育の関係者の切なる思いです。

　小学校低学年例えば1年生は，「いいこと考えた。」と何度も先生の所に教えに来てくれたり，1日中考えて翌日に言いに来たりする子どももいます。また子どもは，自分が発想することを喜び，アイディアを出して何かを解決したり，思ったり・考えたりする喜びに満ちています。

　中学年になると，言語の活用が高まってくる発達段階ですが，次第にアイディアが出にくくなってきます。材料や道具を手に取っているうちに発想やアイディアが出てくるなど，子どもは，生き生きと活動し始めます。

　高学年になると「こんな絵が描きたい！」という思いが高まると，1ヶ月，半年などのレベルで描きたいものを究明する子どももいます。エンジンがかかるように，子ども自身の集中力（できるまでやめない持続する力），主体性（どうすべきかを自分で選び，分かって行動する態度），自由意志（自分自身の責任で決定する意思）が生じて

きます。図画工作科は，単なる形をつくる学習ではなく，かなり多くの子どもに，「心の力」を育てていく教科だと考えられます。

ところで，幼保の造形活動や図画工作科では，色紙や材料を選んでいる時に２つのタイプの子どもがいることに気づきます。第一のタイプは，つくりたいことがすでにあって，つくりたい目的から材料を選んでいる子どもです。材料は，自分の思いのフレームワークにパズルのように組み込まれていきます。材料は，必要なところだけ使われ後は，廃棄されます。

第二のタイプは，「どんな材料があるの？」とわくわくして材料を探す子どもです。材料の姿との出会いが起点になって自分の気持ちを生み出すのです。後者の子どもは材料探しの段階を通して，発想を顕在化させ組み合わせて作品にします。レヴィストロースは，目の前にあるものを手がかりに生き生きと感じるものを寄せ集めてつくっていく作り方を「ブリコラージュ」と呼びました。この作り方は目的に沿ってつくり，材料のいらないところは捨ててしまうということをしません。

つまり生き生きした発想といっても，前者は，目的実現型で，後者は方法統合型なのです。すでに探る姿から生き生きの状況が異なります。

⑥ 表現を産み出す個々の心的世界と独創力の基底

残念ながら人間は，表現しないと他者に自己の考えや思いや感じ方，さらには自己のもつ価値観を伝えることができません。

１年生の子どもに，毎日の日記のように１ヶ月間描きたくなったものを一人ひとりのパネル（画板を活用）にどんどん発表させる場をつくったプロジェクトをしたことがあります。この場合パネルは，毎日増殖する個人の展覧会場のようでした。Ａさんが，熊もしくは，かなり独特の毛皮を着た不思議な人物の絵を描いて，パネルに貼りはじめました。動物なのか背丈の高い人物なのか謎は深まるばかりですが，神秘的なパワーがクラスの子どもの心をとりこにするのです。クラスの子どもは，Ａさんと顔を会わせるたびに「Ａさんの○○」と名前をつけて大喜びです。応援をする子，

自分もがんばろうと思う子など，注目の渦ができました。

ここでみるように大人も子どもも，周りに影響を与える機会が与えられてよいのです。自らの発想や計画で，こうしてみたいという世界を表現する権利があらゆる人にあるのです。

紙を握りしめただけでもその人の唯一の形ができます。一本の線でも，その人の大切な生命の線なのです。このことを考えるとき，滋賀県のびわこ学園医療福祉センター野洲の重症心身障害の方々の作品には，命と連動した造形行為の唯一絶対性に気づかせてくれます。また，本書でもご紹介していますが，社会福祉法人大木会一麦の方々の粘土や絵画，ファイバーアートには，それぞれの方のひたすらな取り組みに，素晴らしさと敬意を感じます。これらの貴重な活動を視野に入れると，筆者は，一人ひとりの掛け替えのない唯一の生命が起点となって，個性的表現や独創的表現が成立するのではないかと考えます。

小学校も高学年になると，その独創性は顕在化してきます。教師は，この芽を摘まないようにしたいものです。一方，子どもの考えたことが軽々と作品に作り上げることができればよいのですが，どうしても様々な壁に出くわしたり，完成に至らない場合もあります。他の教科のように，課題を出してすぐに答えを出すようにと取り組むと，子どもはどうしたらよいか戸惑うばかりになります。自己表現とは，言うほど簡単ではないのです。国語教育の大村はまは，「子どもたちに，安易に，だれでもやれる，やればやれるといいたくない。やってもできないことがある―それもかなりあることを，ひしと胸にして，やってもできない悲しみを越えて，なお，やってやって，やまない人にしたいと思う。」と教育実践者の真髄にふれます。

さて，独創性について，任天堂の山内溥（1927-2013）は，「どうしておもしろいソフトがつくれるのかという問いに対しては，…結局はだれもがわからないんです。実はこうしてつくります，ああしてつくれますという解答が出せるとすると，だれでもそのようにすればできるわけでしてね。だからこそソフトウェアという言葉が非常に重み

を持ってきているのでしょうね。」（1993, p.155）と，単なる因果関係を越えている人間的活動であることを指摘します。

実は，図画工作科の授業の中で，子どもにこの力がわき上がってくるのを多くの教師が見ることでしょう。幼保の造形教育や小学校の図画工作科教育に魅せられる教師は，人の独創力に接した神秘ともいえる瞬間に立ち会ったことがきっかけなのかもしれません。

⑦ 好みから個の価値的世界の成立へ

人間性のまさしく内実を「個の世界」と呼ぶと，この成長・発達こそ芸術教育の一番大切に育てるべき内容だといえるでしょう。今日，人の成長を資質・能力という概念で捉えることが一般的になっていますが，道徳や感性の世界，価値観などの成長は，単なる資質・能力分析では捉えきれない概念です。図画工作科の授業では，心の活動がなされそれが表現になっていきます。その子の価値観が反映され，キラキラと子どもの「個の世界」が立ち現れてくるのです（参照 p.103 図 5）。

地球環境では至る所で海の波が生じていますが，葛飾北斎の浮世絵である「富嶽三十六景　神奈川沖浪裏」の大波の見方・捉え方は衝撃とも称され，世界の人を大変驚かせました。

個の独自な世界を豊かに育てていくことは，個人の人生でも，社会への影響力という点でも大きな意義があります。そして，自分の世界の成立の経験は，本当の意味の自尊心や自尊感情（self-esteem）を育てます。自分の世界を育てることは，作文・読書・演奏・運動・演劇などでも育てることができます。その際，表現教科である図画工作科といかに補完し合って教育していくかを考えておきたいものです。

⑧ 自他の価値観や解釈の多様性の育ちと寛容性の成長

図画工作科の子どもの作品を見ていると「こんな見方や考え方があるのだな」と捉え方に感心することがあります。作品をじっくり見たり，話しを聞いているうちに，目の前のその人の捉え方や考え方や価値観が，異なってはいますが大切にされなければいけないことに気づかされます。

つまり図画工作科の現場は，自他の見方や考え方の良さにも気づいていける場所なのです。価値観のあり方は，同時に並び立つと言っても過言ではないでしょう。鑑賞の時間は，このことを体験する重要な学習です。価値観の多様性を受け入れ，自己と他者の両者の受容が成立する貴重な体験ができる学びだと言えるでしょう。

今日，自我意識が膨張して，自分のことしか目に入らない人が多くなりつつあります。価値の共存や他者に対する寛容の精神は，しっかりと学ぶ必要のある学習だと思います。

（2）人間性の疎外と回復

第 2 の創造力は，人間性の疎外と回復です。

岡本太郎は，1970年の万国博覧会のテーマパークを飾った「太陽の塔」を創作した現代美術家です。パリでは現代思想家たちと交流しました。岡本は，現代人は部品化されたところからくる「自己疎外」の状態にあると位置づけます。そして，「毎日，瞬間瞬間の自己放棄，不条理，無意味さ」（p.20）の状態にあると考えます。人は，全体性を持たなければならないのに，部品のような部分の生活を送っているわけです。そして芸術の役割を，「失われた自分を回復するための最も純粋で，猛烈な営み。自分は全人間である。ということを，象徴的に自分の上にあらわす。そこに今日の芸術の役割があるのです。」（p.21）と指摘するのです。

さて，アートの心理回復効果としては，アートセラピーという臨床心理学の分野があり，箱庭療法などもよく知られるところですが，岡本は，「癒やし」という言葉を使いません。癒やされない状況を抱えながら進んでいくしかない，それを表現するしかないという意味だろうと思います。

人が帰属する大規模システムが不変ではない状態なので，自己の人生も決められた一つの流れとは限りません。また，家庭の分裂・崩壊は，一層不安を増幅するものでしょう。イノベーションが進むと，ロボットのパーツを替えるように，社会が人を代替可能の扱いをする残念な事態が生じるかもしれません。そればかりか，効率性を落とすので排除すべきと考えるかもしれません。人は，つながりを失い，断ち切られ，孤立を深める存在

に陥ることが予想されます。働く場所の急激な変化と理不尽にも突然に放り出される事態が生じるのです。

地球規模の大異変の遭遇もあります。生命の危機であることは間違いないのですが，突然，親しかった方々の話し声を聞くことができなくなった方の誰が回復を約束できるでしょうか？

人はその時，出口の見えない困難な課題に，挫折や絶望，閉塞や萎縮，不安や恐怖と向き合うことになります。

はたして現代人はいかに生きていけばよいのでしょうか。「向き合う」とは，この生きていく基本姿勢の一つです。課題の複雑性，多義性，予測不可能性を抱きかかえながら生きていく。起きてしまったことの修復・再建にできるだけ最善を尽くす。「向き合う」とは，このような現代人の典型的な姿を指していると思います。少しでも話してみること，何かの行動に起こしてみること，表現してみること。このような表現の全チャンネルと関わる力を強くしておくことが重要になると考えられます。

（3）一生を通した創造的活動

第3は，人の一生涯に関わる創造活動です。日本は，少子高齢化の長寿社会の時代となっています。これまで学齢期と成人期，そして高齢者とライフサイクルを3層のように分類して，社会制度等が整備され，人の生き方もその枠組みで考えてきました。ところが今日でも，老後は心身も衰え，社会保障費など社会の負担ばかりが増すと考える風潮もあります。また，高齢者を社会の弱者として差別や偏見の対象とする風潮もあります。

アメリカの精神科医ロバート・バトラーは，「エイジズム（Ageism）」という新語を創り，高齢者に向けられた差別や偏見の在り方に警鐘を鳴らし，差別撤廃の方向性を打ち出しました。そして，その意義が高く評価され，1976年，"Why Survive?－Being Old in America"（日本版：グレッグ・中村文子訳『老後はなぜ悲劇なのか？──アメリカの老人たちの生活』メヂカルフレンド社，1991年）でピューリッツァー賞（ノンフィクション部門）を受賞しました。そして，1982年プロダクティブ・

エイジング（Productive Aging）の理念を明確にして打ち出し，一生を通じて，創造的・意義のある社会参画的生産活動の構想を提案します。

その人の感性の世界は，何人（なんびと）にも，奪い去ることはできません。そして独自な発展をしていくものと思われます。近未来社会では，いかに継続的に感性的なイメージ生活者として，人々の生活を豊かにしていけるかが，重要になってくると思われます。

高齢になってから「さぁ　何か創作活動でもしなさい」と言われてもすぐに始めることはできません。小学校などの基礎教育のうちに，何かを生み出す喜びや他者へ貢献する意義ある生活ができるように準備しておかなければなりません。創造的な感性の教育で，プロの作家やクリエーターを育てるのも図画工作科教育で必要かもしれませんが，あらゆる人が自らの感性的イメージ生活を一生持ち続けられるような基盤づくりをすることこそが，図画工作科の果たすべき役割なのです。

参考文献

フィードラー，山崎正和訳（1887）「芸術活動の根源」（1974）『世界の名著81　近代の芸術論』，中央公論社

ウィゴツキー，広瀬信雄訳（1930）『子どもの想像力と創造』（2012），新読書社

ロバート・バトラー／ハーバート・グリーソン編，岡本祐三訳（1998）『プロダクティブ・エイジング』，日本評論社

山内溥・中谷巌（1993）「ソフトに特化する任天堂」，東洋経済新報（中谷巌『日本企業復活の条件』，pp.154-177）

ウォルター・J・フリーマン，浅野孝雄・津田一郎訳（1999）『脳はいかにして心を創るのか』（2011）産業図書

苅谷夏子（2007）『優劣のかなたに──大村はま60のことば』筑摩書房，p.22（2012，第4刷）

桑原隆（2012）『豊かな言語生活者を育てる──国語の単元開発と実践』東洋館出版社

水田邦雄（代表）（2014）「プロダクティブ・エイジング（生涯現役社会）の実現に向けた取り組みに関する国際比較研究報告書」，一般財団法人長寿社会開発センター，国際長寿センター

（村田利裕）

5．諸環境と関わって生きていく子どもと造形教育

Points　新しい意味をつくる－環境に働きかけ，変える体験－

　私たち人間は，この世に生れ出た瞬間から，外の世界の無数の刺激を受け，同時に自ら働きかけて生きることをはじめます[1]。外の世界とは，私たちの身体から遠い所にあるものだけではなく，私たちの身体が接するもの・空間や，他者をも含む，ある意味“全て”です。ここではそれを「環境」と呼ぶこととし，その環境に対する働きかけと図画工作の学びの関係を見ていきます。

（1）関わることは新しい意味をつくること

　幼児が花や草を絞って色水遊びをしています。容器に入れた色水を「ジュース」と呼んで，やがてジュース屋さんが開店します。幼児の遊びの場面などでよく見られるこのような光景は，子どもたちが世界に関わる大切な姿を見せてくれます。

　造形教育の世界では，しばしば「見たて」という言葉を目にします。一般的に「対象を他のものになぞらえること」を意味しますが，そのように解釈すれば，「花の絞り汁をジュースになぞらえた」ということになります。しかし子どもにとってそれは単純な「なぞらえ」ではありません。一時的にではあれ，一人ひとりにとって「特別なもの」が出来たのであって，だからこそ，ちぎった葉っぱや時には土など加えたりして，新たに変化させ続けるのです。もしも，単にジュースになぞらえているだけなのであれば，このようなダイナミックな変化はみられないでしょう。

　子どもは花や草を絞ることで，自然の中から色を生み出し，その色と水を組み合わせて，とりあえず知っている言葉で「○○ジュース」と名付けます。しかしそれは，一時的に名付けたのであって，肝心なことは，色を取り出して様々な様子の色水が出来たこと，それがまたどんどん変化するということなのです。その時，花や草は，単にそこにあるものから，「色を生み出す不思議で素敵な材料」という，子どもにとって新たな価値あるものへと変わります。

　関わることの重要な意義はここにあります。それは関わってみなければ決して生まれない，その子どもにとって開かれた意味をつくることなのです。もちろん，手で触れて何かをすることだけが関わることではありません。ものや風景などを，思いをもって見ること，聞くこと，感じることもまた，そこで新たな意味，すなわち価値の世界が開かれることであり，やはり関わることだと言えるのです。

　子どもの活動を，表面的に「○○している」「○○をつくっている」と見るのではなく，そこで起きていることを，子どもにとっての新たな意味や価値が生まれている状況として見ようとする姿勢が教師には求められます。

（2）自然と親しむ子ども

　本節冒頭で「環境」とは私たちが生きる世界全てであるとしました。子ども一人ひとりも，家庭や地域，学校など，様々な場所で様々な人と関わりながら生活しています。その中でも，身の回りの自然はとても大切なものの一つです。

　図1，2は，大学の授業で，屋外に「妖精のすみか」をつくろうという活動でできたものです。これは「虫の巣（家）をつくろう」などという題材としても見られた活動に類似していますが，ここでは，どんな妖精がすんでいるのか？どんな暮らしをしているのか？そんなことを想像しながら，そこに落ちているものだけを材料にして，すみかをつくっていきます。使えるのはでんぷん糊だけです。この活動を通して，子どもが材料に触れて（正しくはそれまで「材料」と認識していなかったものを「材料」とすることで），木切れや葉・小石などに新たな意味付けがされるということを体験的に知ることができます。ドングリや様々な木の実は，食べ物や遊び道具に，大小の枝は家の柱や階段に，大きな葉は屋根や壁など，花弁はベッドや食べ物になったりします。そして，大学生

図1　妖精のすみか

図2　妖精のすみか

であっても，子どものように目と体が一緒になって，すみかの中に入っていくこともできます。

　子どもにとって身近な自然は宝物です。公園や道端の小さな自然，たとえ水たまりでさえ，未知の世界や材料の宝庫であり，飽きずにそこに関われるのです。そして，五感を総合的に働かせて，自然の多様性を体験的に知っていくのです[2]。

　自然と親しむ子どもの活動を共感的に支援するために，指導者は，このような感覚を持った身体＝〈子どもの身体[3]〉を，まずは取り戻す必要があるのです。

（3）自然に働きかけること　―道具の始まり―

　自然の世界の多様さは人工の世界の比ではなく，水や土・石，木の葉や草花…どれも一つ一つ違った質感で，人工の世界のように均質ではありません。同じ種類の花や葉・実であっても，全く同じ形はなく，定規で引いたようなまっすぐなかたちや，画用紙のような平面もまずありません。そんな自然から様々な材料を得て加工することで，私たちは様々な道具をつくり，暮らしをつくってきました。人間が命をつなぐためには，自然に手を加えることが不可欠だったのです。例えば，組む・編む・織るなどの方法は，蔓や，種々の繊維から形や面をつくりだす，最も始原的な技術の一つです。はじめは鳥の巣のような不規則なものから始まったであろうこの技術は，やがて，規則的に美しく構成していく方法へと進化します。また，他の土とは異なる粘りをもつ粘土は，それを捏ねて造形することを促しました。様々な崇拝や願いの対象としての偶像がつくられたことは容易に想像できますが，やがてそれを高温で焼くという飛躍的な進歩が訪れます。焼き物の始まりです。このような技術の進歩は，同時に道具の発明や進歩を伴います。木や石，骨などを削り，磨くことにはじまり，人間は実に多様な道具をつくりだしたのです。

　そして，それは衣食などに「使えるもの」だけではありませんでした。3万2000年前ともいわれるショーベ洞窟や，およそ1万5000年前のラスコー洞窟の壁画には，石や土でつくられた絵具が用いられています。自然の中の色を取り出して，描くことに使ったのです。

　ここで，私たちはあることに気が付きます。それは，子どもたちが夢中になる遊びや造形的な活動の多くが，人間が自然に働きかけて世界をつくってきた長い歴史と重なっているということです。木切れなどで地面に絵を描くことは，掘る道具や書く道具の始まりです。そして当たり前のことですが，すべての道具は，自然から生まれたのです。

　アンドレ・ルロワ＝グーランが言うように[4]，道具というものは人間の身体機能の抽出からはじまります（そしてその機能がさらに拡張されて道具は進化します）。もっともシンプルな道具である，箸や匙などをみれば，それが「つまむ」「すくう」などの「手」の機能の抽出・発展であることがわかります。ここから考えても，子どもが身体を駆使して自然に働きかけること――それが様々な工夫でどんどん変容していくこと――が，いかに人間とし根源的な営みであるかがわかります。

　砂場や砂浜での造形遊びの場面などをじっくり見ていると，子どもが道具をつくり，工夫して自

分のものにし，自分なりのしくみや方法を獲得・開発していく姿がよくわかるのです。ただし，この場合の「道具をつくる」とは，実際に何かを加工したり組み合わせたりして，新たなかたちをつくることだけを指してはいません。砂をすくう手のかたちや使い方を工夫すること，手にした物の使い方をその子なりに発見したり工夫したりすることもまた，道具をつくることだと言えるからです。

（4）子どもの思いと環境

幼児の描く人の顔のほとんどは笑っています。人に限らず，動物や虫や草花も笑っています。そこには「子ども＝人間」のやさしさや穏やかさが表れています。

そして子どもはそんな絵を大人たちに描いてくれます。子どもを持つ親，あるいは子どもとかかわる機会のある大人の多くが，そんな子どもの絵をもらった経験を持っていることでしょう。

また，子どもは実に様々なものもつくってくれます。材料は，空き箱などありあわせのもので，丈夫なものや小奇麗なものではないかもしれませんが，それは子どもにとっては意味のある大事なものです。部屋の特別な飾りや，だれかに使ってほしいもの，何かのお守だったりします。そこに込められたものは子どもの「思い」です。

「暮らしをよりよく変える」といったら少し大げさに聞こえるかもしれません。しかし，子どものつくったそれがあるのとないのとでは，世界は全く異なるのですから，確実に何かを変えていることは間違いないのです。また，何かを描いたりつくったりすることでの，日常的な生活世界への働きかけは，その世界を共に生きる他者への働きかけでもあるのです。

図画工作の授業でも，家族や身近な人にむけたカードなど「だれかのため」のものをつくることがあります。あるいは，題材設定のねらいに明確な他者が想定されていなくても，子ども自身が，その作品を「だれかにあげる」ことを動機として意識する場合も多くあります。

そのような時，子どもの思いに沿ったその作品は，学校の授業という限定的な時間と場所を超え

て動き出します。もちろん教師は授業の目標にそって支援し評価するのですが，子どもの思いが「その先」に向かったり広がったりすること，そして，そのことこそが，作品の技術的な完成度などを超えた環境への働きかけであることを，教師は意識しなくてはいけません。

（5）地域の文化と工作・工芸

ここまで，子どもが環境に関わることについてスケッチしてきましたが，いずれも「子ども自身の身体＝個々の子どもの存在」を起点とした，いわば「手が届く世界」としての環境への関わりでした。そこから，やがて子どもたちは，発達・成長にしたがって世界をどんどん広げていきます。身近な地域や様々な国々，そこに暮らす人々の多様性の理解へとつながっていくのです。

小学校では地域の文化や環境につながる授業が構想されることがありますが，図画工作科に関連しては，地域のものづくりや工芸などを見学したり・体験したりすることもあるでしょう。しかし，それが子どもにとって現実感のないものであっては，学びが表面的なものにとどまってしまいます。関わる対象が広がったとしても，これまで述べてきたように，子どもがその身体をもって関わり，一人ひとりにとっての新しい意味や価値が生まれるような学びが重要であり，地域の文化や工芸なども，子どもの日常の暮らしの延長に位置づけることでリアリティを持ってくるのです。

かつて柳宗悦が『手仕事の日本[5]』で述べたように，日本各地にはそれぞれの暮らしに根差した工芸があり，気候風土などの違いから，それぞれ独自の発展を遂げてきました。経済産業省が指定する「伝統的工芸品産業」も地域に根差した主に手作りの工芸品産業です。もちろん，ことさらに「伝統」や「工芸品」という枠組みをかぶせなくとも，地域の生活圏には様々な手仕事があるはずです。それらは私たちの生活を支える大切な役目を持つとともに，その地域ならではの材料や方法・技術といった，世代をこえて引き継がれるべきものも多く含まれます。

それらに親しみ，自分たちの地域の財産として大切にしていくためには，実際に見学する・体験

するなどの経験が重要であることは先に述べましたが，子どもたち自身の「つくること」や「かかわること」の延長線上にそれらがあるということ，自分たちと無関係ではないことを実感できるような体験が必要です，それによってはじめて，地方の文化・工芸などを大切にする心が生まれるのです。

（6）環境の変化に柔らかに対応する子ども・自ら関わり変えていく子ども

ここまで，環境に働きかける子どもの姿についてみてきました。もっとも，正確に言えば，意図して環境に働きかけるというよりは，何かをつくったりつくり変えたりすることそのものが，環境を変えていくことでもあるのです。この「働きかけ－変える」経験が，子どもにある種の自信や有能感をもたらすことが非常に大事なことなのです。自らが世界につながっていること，自身のつくることやつくったものが，他者へ影響や変化をもたらすことを知ることは，逆に環境を自明なものとせずに，その先（あるいは元）の他者を想像する力をはぐくみます。このような想像力は，将来初めて出会うものやことへの，柔軟な受容と対応を可能にします。

ここまで見てきたように，ものをつくるということは，環境を柔軟に受け止め，自らかかわり変えていくことでもあるのです。このように考えると，図画工作科の時間が目指すべき，子どもの学びの姿の一つが見えてきます（学習指導要領の文言は改訂時に変わるのですが，平成29年公示の学習指導要領で言えば「主体的・対話的で深い学び」ということに深く関係することでしょう）。諸環境と関わって生きていく子どもと造形教育は切り離すことのできないものなのです。

大人になって，自分が経験していない環境や状況に出会った時，それを拒否したり排除したりするのではなく，柔軟に受け止め理解しようとする態度や能力，あるいは，生活の中のものの形や色，その機能などを十分に考え選択し，時に自ら新たに創造する力，図画工作で培われた資質や能力は，造形活動や造形的なものの見方を超えて，多様性を受け入れる主体的で創造的な生活の実現に，大

いに役立つことでしょう。

注
1）浜田寿美男（1999）『私とは何か』講談社選書メチエ，参照。
2）中村雄二郎（1992）『臨床の知とは何か』岩波書店，参照。「臨床の知」とは，近代科学の知に対し，コスモロジー・シンボリズム・パフォーマンスで構成される，いわば個々の身体と実感による知。
3）三浦雅士（1994）『身体の零度』講談社選書メチエ，参照。本書では〈子どもの身体〉という言葉は直接は使われていないが，近代の均質化された身体に対して，濃密な意味場としての身体の在りようが論じられている。
4）アンドレ・ルロワ＝グーラン，荒木亨訳（1973年）『身ぶりと言葉』新潮社，参照
5）柳宗悦（1985）『手仕事の日本』岩波書店（初版，靖文社，1948），参照

（佐藤賢司）

6．グローバル，グローカルの視点と造形教育

Points グローバル，グローカルの視点，造形活動の新しい見方

（1）グローバル，グローカルの視点

2016年から2017年にかけて，世界的・地球規模で物事を考える「グローバル（global）」という言葉が注目をあびました。もともと1989年のドイツ・ベルリンの壁崩壊を象徴的な出来事として，東西の交流が可能になり，グローバル社会への移行が課題となっていましたが，英国のEU離脱を決めた国民投票やアメリカ大統領にトランプ氏（Donald J.Trump, 1946- ）が就任したことによって再び課題意識に上ったのでした。

皮肉なことに反グローバル主義が勢いを増したことによって，グローバルを考える契機になったと言えます。そして，この言葉の対義語になるのが，「ある地方に限定され，その地に特有」という意味の「ローカル（local）」です。世界的な規模で言えば，その国や地域ごとの独自な文化や伝統を大切にする立場と言えましょう。日本国内で言えば，地方自治体が，ある都道府県や地域に根付いた特色ある教育を行っていくことをさすことにもなります。

しかし，地域に根ざすことは大切ですが，現在のインターネットや人の交流の状況を見るならば，ある国や地域が他の地域から何らかの影響を受けざるを得ないと考えられます。いわば，グローバルとローカルの両方の視点を持つことが求められている時代といえるでしょう。

グローバルとローカルからの造語である「グローカル（glocal）」は，このような状況をふまえ，国境を越えた地球規模の視野を持ちながらも草の根の地域の視点で様々な問題を捉えていこうとする考え方です。ここでは，グローバルとグローカルの視点をふまえて，造形教育を俯瞰したいと思います。

（2）子どもの造形活動におけるローカル，グローバル，グローカル

図画工作科での児童の造形活動は，他の教科・領域の活動と同様に，低学年，中学年，高学年と学年が上がるにつれ，その活動の特徴が変化していきます。このうち，低学年では，自分の身の回りの身近な環境や人に強く刺激を受ける，いわばローカルな活動と考えられます。例えば，「家の周りの自然にあわせた遊びの中での造形的な活動」「記念日に自分の家族を描いての絵のプレゼント」などといったことがあるからです。

低学年における自分を中心としたローカルな世界が，中学年，高学年に向かって徐々に広がり，友だち，小学校，地域社会，社会の影響も受けながら，グローバル化して広がっていくのが自然な流れとも言えるでしょう。実際に，学習指導要領やそれに準拠した教科書題材も基本的にこの構造になっています。

ただし，造形活動では，全学年を通じて，自分なりの感じ方や捉え方を活かして活動することが大切です。たとえ，同じ花や景色を見ていたとしても，自分と対象との関係の中で，感じる色や描きたい箇所が変わってくるからです。そしてそれを活かして活動をすると，児童の主体的で深みがある活動が生まれてきて，あとで活動を振り返る鑑賞も楽しくなります。

教師は，ローカルな世界からグローバルな世界への橋渡しを意識すると同時にその児童独自の感覚も重視する，いわばグローカルな視点が求められていると言えましょう。

（3）子どもの造形活動を活かす教師のグローカルの視点

児童の造形活動は，もともとは身近な環境から刺激を受けるローカルなものですが，教師が，その活動を児童の外に広がる世界もあわせてみるならば，社会の意義ある取り組みに結びつけたり，専門的に制作活動を行なう芸術家の作品や活動に結びつけることが可能になります。

また芸術の本質的なあり方を追究する芸術家は，

第1章　期待される小学校の先生・図画工作科を指導する先生 23

児童が素直に感じた世界観と同じ次元で制作することもあるからです。それまでの手垢のついた価値観からの脱却をはかった芸術家が，結果的に児童と同じ着想を得るということになるのだと思います。これは，いわば，児童のローカルな活動と世界的に活躍する芸術家のグローバルな活動が結びついたと言えます。

そして，この2つの活動の中にある価値を結びつける場を設けられるのは，やはり，情報を得る機会の多い教師の役割と言えます。ローカルとグローバルな価値の共存した場，すなわちグローカ・ルな場を設けて造形活動を深めていくことが求められます。

その意味で，教師は，児童の表現だけではなく芸術活動全般に関する視野を拡げておくことが肝要だということになります。この教師が得た視野の拡がりは，図画工作の授業のみならず，国語科や理科などの他教科，総合的な学習，ESD（Education for Sustainable Development）などに役立つことがあるでしょう。

（4）ドイツ・ウアラス教授の提案

グローカルな視点を考える意味では，ドイツ・ハイデルベルク教育大学のウアラス教授（Mario Urlaß 1966-）の提案も参考になります[1]。

ウアラス氏は大学で教えるかたわら，基礎学校（日本の小学校1-4年に相当）で，アートの授業実践を自ら行なった上で授業提案をしています。その授業とは，ある核となるテーマを設定し，それをあらゆる方向から追究していく，数ヶ月に渡るプロジェクト型の芸術学習でした。

最近の実践である「工事現場」プロジェクトでは，小学校1年生を対象として，子どもの学習と隣り合わせで行われる学校の改築工事に出会い，これをテーマにしました（図1）。工事現場を見ながら設計図を想像して描くことから始まり，工事現場の専門家の説明の場や現場での見学と道具の体験の設定，ジオラマのようなミニ空間の創造，現場の泥を混ぜての描画活動，インスタレーション活動（その場で即興的に並べたり，組み立てたりするなどの活動）（図2），それらの発表と省察と続きました。子どもの学校の改築工事という

図1　隣の工事現場と教室での子どもの活動

図2　教室が工事現場に

ローカルな出発点から，次々と活動を展開させます。

そして，各活動の途中で，関連する芸術家の作品・活動の鑑賞活動があることも特徴的です。日本の金沢21世紀美術館の常設展示「スイミングプール」で知られるアルゼンチンのエルリッヒ（Leandro Erlich 1973-）[2]の家を根こそぎ持ち上げる「Pulled by the Roots」というイベント，街の中にミニチュアの人々を置いてその姿を撮影するプロジェクトを続けている英国のスリンカチュ（Slinkachu）の写真作品集[3]などがそれでしたが，実際の子どもの主体的な活動を見ての鑑賞作品の選択が絶妙です。

ウアラス氏の提案は，子どものローカルな世界から出発し，そこで見られる造形活動と世界的な芸術家が追究する世界を結びつけようとするグローカルな場を設定しようとしている点で，とても参考になります。

（5）ヴィジュアル・カルチャーへの着目

ウアラス氏の提案実践には，表現活動の中で子

どもと世界をつなぐ鑑賞活動が織り込まれています。この鑑賞活動に関わる「ヴィジュアルカルチャー（Visual Culture）」という概念にも注目してみましょう。直訳すれば「視覚文化」ということになりますが，元来この概念は，特定分野を超えて多彩な学問領域に渉っています。基本的には，「視覚イメージ」を媒体として，各々の分野の中で，これの社会への影響を問う形で語られています。

社会的影響がある「視覚イメージ」を扱うということで，伝統的な図画工作・美術題材に加え，映画，テレビ，ビデオゲーム，マンガ，広告，インターネット等，このテーマの解釈は拡大し，それぞれの学問領域を超えて研究されています。その中には，アニメーション，マンガゲームなどのキャラクターや様々な職業の人の扮装をするコスプレも取り上げられます（図3）。

米国カリフォルニア州立大学チコ校の徳雅美博士によれば，米国の美術教育においては，大衆文化やその視覚イメージを社会現象の鏡として認知し，そこに潜む社会問題を読み解いていこうとする批評鑑賞の形，すなわち「ヴィジュアルリテラシー（Visual Literacy）」を高めるという目的で取り入れられている場合が多いそうです[4]。そして，徳氏は，日本でもなじみのあるマンガやアニメの描画への影響を研究されています。

日本にいると，あまりに自然なことで自覚していませんが，世界的には，マンガ，アニメは大きな影響力があります。このような児童にとって身近なもの，すなわちローカルな文化が，グローバルな共感を得ているとは驚きです。児童が何気なく描いているマンガが世界に通用する文化であるということも図画工作を通して気付かせていきましょう。

図3　アメリカ・サンフランシスコのコスプレーヤー

図4　百鬼夜行絵巻　真珠庵本　部分
出典：湯本豪一（2005）『百鬼夜行絵巻――妖怪たちが騒ぎだす』小学館。

（6）マンガ，アニメの源泉としての絵巻物

　次にマンガ，アニメと日本の伝統文化である絵巻物との関係も見てみましょう。「火垂るの墓」「おもひでぽろぽろ」で知られるアニメ映画監督の高畑勲氏は，伝統文化に関する知見と豊富な制作体験を活かして，《信貴山縁起絵巻》（平安時代，国宝，奈良県 平群町 朝護孫子寺[5]），《鳥獣人物戯画》（平安・鎌倉時代，国宝，京都市 高山寺[6]）などの絵巻におけるマンガ・アニメ的な要素を語っています[7]。

　信貴山縁起絵巻は，ダイナミックな線描によって人物を生き生きと描き出しています。また，視点を大きく変化させながらの場面展開は，まさにアニメを見る時の感覚を思い起こさせます。鳥獣人物戯画は，現状は甲乙丙丁４巻ですが，このうち，甲巻は擬人化された動物を描いており，擬人化やユーモラスにみえるしぐさは，マンガ・アニメの原典に思えてきます。

　さらに，児童の興味・関心という意味では，沢山の鬼や妖怪が登場する《百鬼夜行絵巻》（室町時代〈16世紀〉，重要文化財，京都市大徳寺 真珠庵[8]）も，題材として魅力的です。「百鬼夜行絵巻」は鬼や妖怪が夜に列をなす様子を描いた絵巻物の総称で，その写本は日本国内外に60余り確認されています。現存する中で，最も有名なものが真珠庵の所蔵する絵巻です（図４）。「道具を擬人化した妖怪たち」を中心に，鬼や動物の妖怪などがユーモラスで動きのある作風で描かれています。

　このように，児童の身近なマンガ・アニメを歴史的にさかのぼる活動は，教師の工夫次第でとても有意義なものとなります。

　児童の造形活動を地球規模や歴史などで結ぶグローカルな視点は，図画工作科を中心とした総合的な力を児童に育んでいくことになるでしょう。

注

1）奈良教育大学 美術科教育研究室（2016）『2016年度 美術科教育学会 リサーチフォーラム in Osaka, Japan 2016.7.30記録集 Web 版』同学会 HP，http://www.artedu.jp 2017.4.20確認

2）「スイミングプール」は，2004年に金沢21世紀美術館に常設。同館 HP，2017.4.20確認 https://www.kanazawa21.jp/data_list.php?g=17&d=1711

3）スリンカチュ，北川玲訳（2013）『こびとの住む街1，2』創元社

4）徳雅美（2008）「研究ノート 美術教育における「伝統と革新」：ヴィジュアル（ポップ）カルチャーを取り巻く現状と今後」『美術科教育学会通信』67：12-13. 同学会 HP，2017.4.20 確認。http://www.artedu.jp

5）奈良県 平群町 朝護孫子寺 HP，2017.4.20確認 http://www.sigisan.or.jp/reihokan.html

6）京都市 高山寺 HP，2017.4.20 確認 http://www.kosanji.com/chojujinbutsugiga.html

7）高畑勲（1999）『十二世紀のアニメーション──国宝絵巻物に見る映画的・アニメ的なるもの』徳間書店

8）湯本豪一（2005）『百鬼夜行絵巻──妖怪たちが騒ぎだす』小学館。小松和彦（2008）『百鬼夜行絵巻の謎』集英社

（宇田秀士）

小学校

小学校3年生「世界にひとつしかない帽子で変身」より

Q1：夜の街に月をつくりました。できあがったときの様子を想像してください。（本文参照）

Q2：カニが誕生！子どもはどのような表情だったでしょうか。（本文参照）

自然の材料を昆虫に！

Eさんの作品　鳥に変身！

空飛ぶ工作

第2章
子どもの感性のあり方

全身で描きます。

ピア・ラーニング
難しい所を工夫して貼ります。友達が押さえてくれます。

沢山貼ります。

透明の球をつけた工作

3本煙突の船、海を走る！

しっかり立っています！

幼・保

幼稚園　造形展より

　子どもが生き生きした授業は，教師の目指すところです。はたして子どもの感性のあり方は，どのようにとらえたらよいでしょうか。幼保・小学校の連続発達，年齢発達や感性・創造性・個性の発達，障害のある子どもの支援は，いかに考えていけばよいでしょうか。この章は，子どもの感性活動を明らかにします。

どのように友達を紹介しようか？

ピア・ラーニング
帽子の発表は,ファッションショーのように発表します。紹介は，次の班がします。工夫した所など上手く話せるか相談しています。

Gさんの作品　妖精に変身！

Fさんの作品　フルーツの家に変身！
正面の五角形のかたちを家に連想している。

みんなとパレードで楽しみます。（先頭Iさん）

1. 就学前教育から小学校までの子どもの感性の学びと発達の連続性

Points 成長する子どもの感性世界，子どもの教育システムの全面改定

（1）子どもの感性の学びと発達の連続的理解の必要性

　子どもは，様々なことに思いをもち，感じる経験を積み重ねながら成長しています。図1は，4歳児保育（その年で5歳になる）の子どもがメモ帳に描いて見せてくれた絵です。「ライオンとネズミがけんかをしていたんだけれど，地球がだっこしたら仲直りした絵」と教えてくれました。この子どもは，大切なことに気付いているなと思い「抱いてあげたら仲直りしたの？」と聞くと「だっこしたんだ。」とのこと，お気に入りの言葉の語感もあるようです。子どもが平和にくらすことを希求する基本的な願いの素晴らしさに触れた思いでした。

図1　5歳の子どもの絵の事例

　このように就学前の段階で，子どもは何もせずに暮らしているわけでは決してありません。一人ひとりに違いはあるにしても，思いや考えを積み重ねて大きくなってきているのです。

　確かにかなり多岐にわたる実情を抱える子どもが増えてきており，その感性の学びと発達を連続的に育む教育実践が必要になります。就学前教育で，生活を主体的に過ごす態度が育ってきているので，小学校教育の使命は，大人社会で必要とされる学力形成へも主体性を育てていくことだと考えられます。ここで明記しておきたいのは前者を失わせて，後者へ移行しようとするものではないということです。

（2）我が国の教育システムにおける子どもの連続発達を見通した全面改定

　平成29年（2017）3月31日は，教育界では後年でも振り返られることの多い年となることでしょう。基幹となる教育機関の改訂が一度にそして一体的に行われたからです。ひとつには「小学校学習指導要領」が改正・公布され，21世紀型学力という小学校がめざす資質・能力の押さえ方へと大変革をとげたことです。さらに就学前では，「幼稚園教育要領」，「保育所保育指針」，「幼保連携型認定こども園教育・保育要領」の3つのシステムが一斉に改定されました（表1）。この事態は明治期の学制の成立以来の大改革かもしれません。われわれは，歴史的分節点の現任者になっているのかもしれないのです。

表1　平成29年3月31日告示による我が国の教育システムの改正一覧

「中学校学習指導要領」 （文部科学省）	15歳まで	学齢期
「小学校学習指導要領」 （文部科学省）	6歳〜12歳	
「幼稚園教育要領」 （文部科学省）	3歳〜 幼児を教育	乳児・幼児期
「幼保連携型認定こども園教育・保育要領」 （内閣府，文部科学省，厚生労働省）	対象年齢弾力的 幼児の教育と乳児・幼児の保育を一体的に	
「保育所保育指針」 （厚生労働省）	0歳〜乳児・幼児を保育	
なお，「特別支援学校幼稚部教育要領」，「特別支援学校小学部・中学部学習指導要領」は，平成29年4月28日		

乳児・幼児とは，「児童福祉法　第四条　一　乳児　満一歳に満たない者　二　幼児　満一歳から，小学校就学の始期に達するまでの者」

　学習指導要領（2017）の総則では，「第2　教育課程の編成」に「4　学校段階等間の接続」が新設されました（表2）。「小学校入学当初において

表2　平成29年改正小学校学習指導要領　総則「第2　教育課程の編成」，「4　学校段階等間の接続」抜粋

教育課程の編成に当たっては，次の事項に配慮しながら，学校段階等間の接続を図るものとする。
（1）幼児期の終わりまでに育ってほしい姿を踏まえた指導を工夫することにより，幼稚園教育要領等に基づく幼児期の教育を通して育まれた資質・能力を踏まえて教育活動を実施し，児童が主体的に自己を発揮しながら学びに向かうことが可能となるようにすること。
　また，低学年における教育全体において，例えば生活科において育成する自立し生活を豊かにしていくための資質・能力が，他教科等の学習においても生かされるようにするなど，教科等間の関連を積極的に図り，幼児期の教育及び中学年以降の教育との円滑な接続が図られるよう工夫すること。特に，小学校入学当初においては，幼児期において自発的な活動としての遊びを通して育まれてきたことが，各教科等における学習に円滑に接続されるよう，生活科を中心に，合科的・関連的な指導や弾力的な時間割の設定など，指導の工夫や指導計画の作成を行うこと。

は，幼児期において自発的な活動としての遊びを通して育まれてきたことが，各教科等における学習に円滑に接続されるよう」と踏み込んだ内容が盛り込まれました。さらに，「第4　児童の発達の支援」が充実して述べられ，「2　特別な配慮を必要とする児童への指導」など幅広い発達の支援に十分な対応を求める改正となりました。

（3）感性の資質・能力の連続発達の視点

　注目すべきなのは，「感性」という心と精神に関わる概念が，幼保から小へと一貫性を持つようになってきた点です。また保育所保育指針では，「乳児・1歳以上3歳未満児の記載の充実」が柱となり，乳児においても「第2章　保育の内容」の「1　乳児保育に関わるねらい及び内容」，「（2）ねらい及び内容」の「ウ」で，「身近なものと関わり感性が育つ」として感性活動の芽生えに注目しています。つまり0歳から高等学校を終える年齢まで一貫した感性の発達像が描かれる時代が到来したのです。

　小学校の図画工作科は，表現教科なので感性が主たる柱となっていると多くの方がお考えと思いますが，明示され学習指導要領に盛り込まれたのは2008年（平成20年）の学習指導要領からでした。

　小学校の実態を見ると低学年では，子どもは絵や工作に高い興味があり，面白い絵や工作などを沢山描いたりつくったりします。遊びの心性が活発で，生きるエネルギーがそのままでているような作品が生まれます。一方，経験も知力も一層発達してくれば，さらにその上の表現へと移行するはずですが，中学年から高学年にかけて，残念ながら創造力の低下が起こり，中等教育では学びのよい機会がなければ，造形表現に魅力を感じても，苦手意識が先行してしまうことが多くあります。連続的な成長・発達を期待するならばどのようにしていくべきかをしっかりと検討していく必要があるでしょう。

　はたして，教育実践に着手しようとすると子どもの感性の育ちはどのような実態なのでしょうか。この章では，幼稚園と小学校の事例をご紹介しています。また，教育現場をいかに捉えていけばよいでしょうか。子ども研究の視点から遊びで育つ主体性，一人ひとりの心や精神の世界の成長のあり方，創造的な自己表現や美意識の発達をご紹介しています。さらに，幅広い発達を展望するために滋賀県「一麦」の障害児・者教育の教育実践をご紹介しています。あらゆる人の創造に向かう開かれた教育実践の実像に触れていただき，インクルーシブ教育等の取り組みへのご参考になればと思っています。最後に，本当に人と向き合おうとすると，人の捉え方の見方・考え方を少しずつ深めていく必要があります。子どもや創造力の現場で洞察力を発揮するには教師自身の自己変革に取り組むことになります。フランクルの180度の転回の見方は，かなり刺激的です。教育現場を省察する際のひとつの手がかりとしていただければと思います。

参考文献
文部科学省（2017）「小学校学習指導要領」p.7

（村田利裕）

2. 幼稚園における感性的なイメージ生活の成長と「作品展」の取り組み

Points 幼児の主体的な作品展の取り組み，創作活動の目的をもって登園，共に盛り上げる
表現活動

（1）就学前における子どもが元気になる感性の育ち－「うれしい」日々とイメージ生活の積み上げ－

就学前の子どもは，どのような感性の成長・発達をしているでしょうか。小学校で学ぶまでの教育環境にそれぞれに違いがありますが，造形的な見方・考え方を働かせ，生活の中の形や色などと豊かに関わる人間的な成長が幼児期ではいかに育まれているのでしょうか。「感じたり・思ったり・考えたり」の内面的な生活や創造の喜びなどの育ちはどのようでしょう。ここでは，幼児期の感性的なイメージ生活の成長の姿をたどり，幼稚園の作品展の取り組みをご紹介して，子どもの学びの力の中心にある感性のあり方を見つめていきたいと思います。

幼児教育では，体験を通した感性的なイメージ生活を刺激する機会が数多く設けられています。子どもが全身で遊び，心身丸ごとの成長の意義がしっかりと受け止められている教育環境だといえるでしょう。子どもが元気を出して毎日が過ごせるように，感性のチャンネルが大きく開かれ「うれしい」日々が過ごせるようにと，細心の注意が払われています。そして，先生は，子どもの情緒の安定や主体的な思いの成長をめざして子どもに向き合う実践を積み上げています。いきなり学ぶべきことを突きつけるのではなく，子どもの内から生じる「不思議だな」「どうしてだろう」「素晴らしいな」などの思いが生じるよう関わりを絶やさず対応します。子どもは受け身ではなく自分らしく主体的に応答して感性的イメージ世界を広げていきます。

室内では大型のブロック遊具や積み木などの遊び，野外では滑り台やブランコ等の遊具や砂場などの遊びをし，友達と話したり全力で走ったりすることが大切な毎日の体験です。それらに積極的に働きかける感性的な活動から心の世界を豊かにしていきます。

とりわけ先生の話す力は子どものイメージ世界を広げていく原点です。絵本の読み聞かせや紙芝居の時間は，子どもの好奇心や楽しい気持ちが生じる時間です。例えば，平山和子（1981）の絵本『くだもの』（福音館書店）は，リンゴや西瓜などをどうぞと子どもに出してくれます。保護者の方がしてくれるようなリアルでやさしさが伝わる表現が平山の持ち味です。絵本には擬人化され，様々な思いで暮らす昆虫や動物，花や木などの植物が登場します。動植物に秘められた元気あふれる生命そのもの（vital；バイタル）の表現は，子どもの感じる生活にフィットし，実際の経験に先行してイメージ体験として子どもの内面に心的リアルを生成していきます。

一方，直接体験も徐々に豊かになるように教育計画が工夫されています。身体的な全面発達が重視されますが，野菜を育てる栽培体験や芋掘りなどの農業体験，落ち葉で楽しむ自然の森の体験，生物に接する命の体験などがあります。近年は食育で，調理に挑んで味覚の感覚も刺激されます。消防自動車や地域の文化・芸能を鑑賞することも行われます。劇や小さなオペラと訳されるオペレッタに参加する場合もあります。この子どもミュージカルともいえる体験は，台詞あり歌あり，全身で役になって（動植物等に変身して）登場する体験です。先生の支援を受けて変身するのですが，造形美術から見ると，まるごと自分も造形作品になってしまう体験であり，いつもとは違う形や色・イメージの世界になりきる体験なのです。

毎日の造形活動は糊（図2）で貼ったり，パスやサインペン・絵の具で描いたりする活動（図1）や切り取るためにハサミも登場します。一人ひとりの粘土は柔軟に変わってくれる材料，牛乳

【造形展までの取り組み】

図1 協働の取り組みに,絵の具が活躍します。

図2 貼る行為に,指や手がどんどん使われ,活躍しています。

形プラス・色プラスのイメージ合成力が育つ幼児の現場です。

図3 ロボット制作中

図4 しっかりした構造のロボット。みごとに材料が生かされている。

図5 2足歩行ロボット。図4・5とも,大人のつくるロボットよりも美しい。

図6 ロボットが,立つかどうか何度も試している。

図7 月が完成した喜びの笑顔の瞬間です。

図8 大きな星々が秘密の箱に入っています。

図10 京都タワーができました。抱えて運ばなければいけないほどの大作です。牛乳パックを束ねました。

創造活動と感性の世界

図9 カニができました。生き生きとした造形の誕生の瞬間です。

図11 材料選択がしやすいように,子ども自身で材料を選べるように準備しています。

第2章 子どもの感性のあり方 | 31

【デザイナーのように色をつけたり，画家のように描いたり】

図12 協働して色を塗ります。大人の物作りの現場より，心が一つです。

図13 大作に挑戦しています。大きな面積に色を塗ります。小学校はこれよりも大きな面が塗れるでしょう。

図14 画家のように，思いを込めて描いています。

【自分の計画】

図15 自分なりに計画をしてみます。絵で表現。本気の挑戦がうかがわれます。

【作品展】

図16 個性的な世界を印象づける月の造形です。

図19 「もりのまち」にはカラフルでおしゃれな家が建ち並びました。木の実や木ぎれが使われています。

図17 フクロウが，夜空に飛びます。クラフト紙の質感と森で集めた材料が調和します。

図18 夢の乗り物

図20 片流れの家 貼り付けた材料が楽しさを増幅します。

図21 2階にあがるのに，はしごがつくられています。紙を貼り，色で表現しています。横の塀があることで空間を一層感じます。

パックは，しっかりした材料の代表です。

　注目したいのは，そのチャレンジ生活を友だちとの共同生活の場でおくることです。はじめは友だちも少ないのですが，磁石のＳ極とＮ極のようにひかれあって成長します。反発し合ってけんかが起こることもありますが，自他の在り方を認識し力強く生きていく大きな手がかりの機会となります。お互いに人間的な価値が育まれ，思いや考えが交換されます。個人差があるので最後まで，自分の活動中心の子どももいますが，３年間で育まれる人間関係は，友情という絆（きずな）の結びつきと呼ぶべき関係も育ちます。幼児期は，一人で探求する力と，一緒に考えたり，関わったりする力の二側面が同時に立ち上がってくる力強い発達段階といえるでしょう。

（2）幼稚園の「作品展」の取り組み

　大人だけが，創造力を発揮していると考えている人もまだまだ多いかもしれませんが，イメージや価値ある物を生み出す権利は子どもにもあります。幼稚園などの教育の現場はかなり努力して子どもが主体的に力を試せる場作りに取り組んでいます。ここでは，泉山幼稚園（京都）の「作品展」の取り組みを例に取り上げながら，子どもの創作活動に関わる感性的イメージ生活の実態を見つめていきたいと思います。

　この作品展の取り組みは，11月〜12月の２週間の創作体験の活動で，まとめに作品展が設定されています。年長クラスの子どもには，園の主たる場所で自分たちの企画展をする機会が与えられます。子どもは，登園する段階から「作品展」に取り組もう，自分はこれをつくりたいという思いで生活します。今日はこれ，明日は一層こんなことにチャレンジしようと考えを深めていく生活をしていきます。最初に，先生と子どもたちは，話し合って楽しい町づくりを発想しました（2016年度）。先生は，「どんなことをしようか」と問いかけます。出てきたのが「もりのまち」「うみのまち」「おもちゃのまち」「すてんどぐらすのまち」「あかるいまち」「よるのまち」などでした。思い描いた「まち」に自分の作品を参加させます。

　ここで子どもの活動をご紹介したいと思います。

　まず，中間段階での５歳児（年長児）の二人の取り組みです。おもちゃ屋さんをすると決まり，ロボットを作っています（図3，4，5，6）。Ａ児のロボットは，今から活躍の場を与えられたロボットのように，細部と全体構成が考えられていて，入念に作り込みがなされます（図3）。頭部をプラスチックで，構造部を強い紙でつくっています（図4）。思わず大災害の現場にこのようなロボットが助けに来てくれたらいいのにと思ってしまいます。Ｂ児のロボットは，２足歩行型です（図5，6）。立つかどうか何度も試していました（図5，6）。「立つときと倒れるときがあるんだ。」と言ってます。何度も試すその姿こそ重要なのではないでしょうか。次に注目したいのは月をつくった園児の例です。「ほら見て見て」と見せてくれています（図7）。大人は，月というと西洋のタロットカードにあるような月を人の顔に見立てたイメージや，日本だとウサギと合成した印象でとらえがちです。ところがこれは大人の固定概念なのです。大人のものの見方が，慣れ親しんだ文化の中からしか連想できなくなっている所以です。この事例の月は，積層のような沢山のマチエールが盛り込まれている月です。そして，軽やかに充満するペールな黄色。筆者も最初は見たことのない月に当惑しましたが，この月で見事に夜の町を照らします（会場設置風景：図16）。

　また，「こんなのもあるよ！箱なんだ！」と言って見せてくれます。「何が入っていると思う？星‼」と言いながら慎重にケースを開けると見事な大きな星たちがぎっしりと入っていました（図8）。箱の中に自分の好きな物を入れて表現するボックスアートという表現がありますが，見た衝撃は，ボックスアートより大きいと思います。星たちは，子ども達の笑顔の前で，流れ星になって箱から飛び出してくるかのようです。

　幼稚園はアトリエとなり，このようにクラスのあちこちで，思い思いの作品ができあがっていきました。「やったー！できた！」と声が聞こえたので見に行くと，ハサミを持ち上げた生命感たっぷりのカニをつくった園児が作品を満足そうに見せてくれました（図9）。また，一人では持つこ

第２章　子どもの感性のあり方 | *33*

図22 葉っぱを表現しました。

図23 自然の材料で表現しました。

図24 銀杏の葉っぱなどを，集めています。糊を使わずくくっています。

図25 糸を引っかけ重ねて感じを出すのに挑戦しました。

図26
木ぎれにも色を塗りました。いつも遊びに行く森で拾った木ぎれがキャンバスです。フランスのビアラの作品のようです。

とが難しいほどの大きなタワーを抱きかかえて，お祭りのようにねりあるく園児もいます（図10）。

数人で，塗っていくシーンもありました（図12）。このような機会がないと協働して取り組むのにはまだかなり難しい年齢段階かもしれませんが，創作の現場では，心が一つになり作品のあらゆる方向からアタックしていっているところに注目したいと思います。このような物作りの心が明日の日本もしくは世界を支えてくれるかもしれないことを多くの大人が心得ておく必要があります。

描いている子どもも，かなりな大きさを描いています。図13は，汽車が走る虹色の構造物に色を塗っているところです。子どもにとって大きな空間と関わる創作過程といえるでしょう。また，丹念に面白い形を描いている園児もいます（図14）。様々な形は，どこから生まれてきているのでしょうか。先生や友だちと相談して描いている場合もありますが，自己を頼りにした自力の表現の誕生の瞬間のようにも思われます。このように子どもの集中力は，機会を得て特筆すべき力を発揮するところがあるといえるでしょう。

（3）活動へのディスカッション・準備・支援

実践にあたっては昨年までの取り組みを振り返り，本年の在り方が協議されました。材料は，子どもが選びやすいように置くことを配慮し，量や種類もたっぷり準備されました（図11）。絵の具は，共同で活用しやすいようにしています（図1）。接着剤は，水性で，指で塗りやすいように小分けにしています（図2）。

先生も関わりますが，どんな展示にしていきたいか子どもどうしで相談（ディスカッション）する場をつくり，その目指す方向に向かって一生懸命になるという，子ども自身の企画展示の側面を打ち出した取り組みになっています。

（4）作品展

作品展は，盛況です。見に来ているのは本人，保護者，関係の方々です。作品は，園の主要フロアーを埋め尽くすように配置されています（図19）。大きくは，2つのエリアとなっています。「〇〇のまち」というテーマパークのような試みのエリアとクラスの取り組みの発表エリアです。

「もりのまち」には，沢山の家が建っています（図19，20，21）。厚紙を主たる材料として，森の近くの園なので，どんぐりや枝など自然の材料を取り入れ，カラフルな紙片や水性の絵の具で表現しています。各自の作品にも箱やテープの芯が活用されます（図18）。その組み合わせは，予想外の新しい形が生み出されます。また，袋を活用した鳥が，空を飛びます（図17）。先生の支援もあったでしょうが，なかなか形が変わってくれないクラフト紙と格闘したところが見て取れます。

クラスの取り組みの展示では，生き生きとした葉っぱを自分でイメージして描いた作品（図22），段ボールに色の糸を巻き付けていった作品（図25），近くの山の銀杏の葉や草木を集めてきて，その穏やかな色を展示した作品（図23，24）を見ることができます。束ねてくくって並べると独特の自然観が伝わってきます。これらの取り組みから，華道など社会にはあっても小学校の教科に欠けている点を気付かせてくれます。また，カップや枝を関係づけて，それに色をつけた作品もあります（図26）。工作とも言えますが，自然材とカップという人工の材で構成された立体キャンバスに描かれた絵画作品とも見ることができます。

小学校でも作品展は開催されますが，このように，子どもと相談して高めていくプロジェクト型の取り組みになっている例があまりありません。一度，検討する価値がありそうです。また，生活科で，葉っぱ集めは可能ですが，季節を理解するというゴールだけでは，自然の材のもつ素晴らしさを受け止めたことになりません。子どもとの価値観のやり取りが成立するように図画工作科の授業との連携が重要だと言えるでしょう。

【協力いただいた園】

ご協力いただいた学校法人泉涌寺学園泉山幼稚園の子どもたち・保護者の皆様，ご指導いただきました先生方，ならびに関係の皆様に心より感謝いたします。

（村田利裕）

3．小学校，図画工作科の学習にみる子どもの感性の活動
－子どもが，集まり・つどう感動の場所－

Points 世界に一つしかない帽子，飾る工作，変身ショー，パレード

小学校の図画工作科にみられる子どもの感性の育ちはどのようなものでしょうか。一例に飾る工作の授業を取り上げ，子どもの感性の働きと題材での成長を見ていきたいと思います。

（1）図画工作科の授業「世界に一つしかない帽子で変身‼」について

この授業は，小学校3年生35人で取り組んだ題材名「世界に一つしかない帽子で変身‼」という工作の学習です。子どもは，箱や紙袋，画用紙など，身近な材料を使って変身する帽子をつくります。「どんな帽子にしようか？」「かぶって何に変身しようか？」など豊かに発想して，表したい帽子になるように，形や色，材料の使い方などを工夫していきます。まとめの段階は，一人ひとり作品をかぶって変身ショーを行い，最後は，みんなで教室をねり歩いてパレードをして楽しみました。

学校は，知識を学ぶ場ですが，インターネットや数々の映像ソフトの開発で，自宅にいても可能なことが飛躍的に増加しています。学校が本当に担わなければならないことは何なのか？ 今回の学習指導要領の学力の再定義の議論は，大きな問題を学校に投げかけています。

この題材は，一人ひとりの発想する世界を大切にします。自他の表現世界を紹介し合う場を作って，「自分の考えを見て欲しい。」「友だちの取り組みのような捉え方もあるのだ。」「いっしょにい

ることが楽しい。」などの思いが生まれることを可能にしています。そして，子どもが集まり・つどう感動の場所の重要性を知らせてくれます。

先生は，「どんなものに変身したい？」と問いかけます（図1）。3年生の子どもは，どんな帽子をつくって変身し，いかなる世界をつくり出すでしょうか。その学びをご紹介したいと思います。

（2）導入段階 －二つの出会い－

一つ目の出会いは，材料との出会いです。導入段階で先生は，「このような材料もあります。」と紹介しました（図1）。子どもが材料にアクセスしやすいように，教壇から教室の中央へ演劇の花道のように，子どもの活動するエリアに突き出た形で，材料エリアを設定しました（図2）。

二つ目は，造形的な捉え方の学び（見方・考え方）との出会いです。帽子の特色としては，前後左右，動きにも合わせて帽子は表情を変えます。前からも後ろからも鑑賞のまなざしを受けるわけです。自分がつくってみたいことと，かぶって見せたときの，他者の360度の視線に応えていく必要もあり，この2つの点を調和・統一させる必要があるのです。先生は，導入の際，頭の後ろにも意識が向くように，箱を組み合わせた基本模型を準備して，自らかぶってその効果を示しました。「前だけ飾ればいいのではない」という空間のとらえ方に気づく機会をつくりました。

指導計画（全7時間）
第1次 導入 …1時間
・アイディアスケッチ
第2次 帽子作り …2時間
・自分の帽子だけでなく友だちが変身する帽子を聞いて，できあがりを想像し，プレゼンでの活動を楽しみなものとする。

・材料を吟味して，帽子づくりをする。
・自分の帽子づくりをする。
・〈中間発表〉をする。
第3次 仕上げ …2時間
第4次 発表・交流会 …2時間
・リハーサル
・変身ショー，パレード

準備物
指導者：ステップラー，両面テープ，酢酸ビニル樹脂系接着剤，色画用紙，モール，リボン，毛糸，金紙，銀紙，色紙，和紙，紙コップ，紙皿，ケーキシート など 鏡各種，プロジェクター，大型モニター，PC
子ども：ハサミ，糊，ステップラー（持っている児童），試してみようと思う材料

（3）つくる段階

① アイディアスケッチ

子どもは，アイディアスケッチ（コンセプト，設計図面）をかきました。自分の思いの文章と絵で表現されています。一度書いた計画は，困ったときにもう一度立ち戻る場所となります。また，先生や友達から意見をもらう手がかりになります。「指さし」をして，「ここです」と話せるところが良いところです。大人になって，ものづくりをするときに共同して取り組む場合，計画を指差し示す体験が，「めざすところの明確化」「役割の分担」「誤りの発見」などで活躍しそうです。

② 手の役割

つくる段階では，手が大きな役割をします。紙などを切って貼るだけではなく，材料を自分の思いに近づけるように組み合わせ・変形します（図3）。この一見地味なことをコツコツと積み上げる取り組みを通して，はじめて「思う形」から「見える形」になっていきます。作りながら意識が深まり，自由な選択を行うチャンスが生じます。また，創造的なつくる展開過程は，無意識や深層心理的な判断も働きます。その時の「感じが出ているか？」「どうしたらいいだろう？」といった自分の感じ方や考え方を生かしていっても良いのです。つまり，手を動かしながらも，求める作品になっているか深めていくようにしていきます。

③ 造形的思考としての「形の足し算」

立体表現は，フォルム（forme，フランス語で形，形状）が作品の特徴を大きく左右します。立体的な全体構造をしっかりとつくっていくことがポイントになります。形の足し算という言い方は，立体に立体を足していく造形方法を子どもに分かりやすく提示するための総称です。紙の箱やカップなどは，本来立体形状をしているので「形の足し算」に心がけると，立体感が出やすく，表現しやすくなります。造形的な見方の一つの指針としました。

④ 自己評価の機会

かぶった姿が，どのように見えているか。授業では，全身が見える大型の鏡とシルエットで検討できるようにプロジェクターの光源が設定されており，自由に見に行くことができるようになっていました。また，中間段階では，学級全体に向かって中間発表をしました。小学校では，いろいろな意見を聞ける機会として中間評価を活用します。その段階から見直すことで考えを深めることができます。

（4）リハーサル・ナレーションの準備

できあがった作品をかぶって，リハーサルを一度しました。リハーサルでは，帽子をかぶって歩いてみます。先生は，「思いっきり見てもらって下さい。」と慣れないで少し恥ずかしがる子どもに，自分の表現を十分伝えることの重要性を押さえました。また，鑑賞する際，評価用紙などをつける方法もありますが，先生は，見ることに集中できる機会にしたいと考え，「見る時は，目や心に焼き付けましょう。」と，見せる人と見る人の双方で，大きな学びのある機会とすることを伝えました。

ここで，注目したいのは，プレゼンテーションしているときに，次の班の人がナレーションをしてあげようと，先生が提案したことです。子どもは，自分の作品紹介を「何に変身するのか。」，「工夫したところはどこか。」，「どこを見てほしいのか。」を書いています。それを次の班の人が読んであげて紹介してあげようというものです。他者を紹介する力は，これからかなり重要な力量ではないでしょうか。図4は，どう紹介したら良いか友達と話し合っているところです（ピア・ラーニングの場面）。

（5）変身ショーでアピールしたそれぞれの帽子の特徴

作品発表として，教室の中央を歩けるようにしてひとりずつ見せる変身ショーをしました。この題材で子どもは，何になってもかまいません。ここでは，まず，鳥になりたかった5人の作品の特色を見ていきたいと思います。

Aさんの作品（図5）は，正面がピーコックブルーの本体に赤いくちばしを造形した刺激的な印象の作品です。くちばしの形状がかっこよくなるように，カップの端を切ってつくったそうです。鳥のくちばしは，のびたり縮んだりする独自の発想が盛り込まれています。

【授業の導入・材料の選択・つくる過程】

図1 世界にひとつしかない帽子で変身という表現主題と材料紹介

図2 材料エリア：どの子にも取りに行きやすい場所に設定

図3 丹念に作り込む手の活動

図4 ピア・ラーニング
友達を紹介する役を次の班がします。紹介するという同じ役割の立場同士で話をしているところです。

【できあがった作品群】

図5 Aさんの作品。左（横から），右（正面から）プレゼンテーション
正面と側面で色の違う材料を生かした帽子

図6 Bさんの作品 華やかな演出のある帽子

図7 Cさんの作品 空間的・材料の印象的配置

図8 Dさんの作品 立体感のある帽子

Bさんの作品（図6）は，「小鳥に変身する帽子」です。いろいろな形や色の紙を羽根に見立てて帽子にアレンジしました。袋にあるカラフルな元の図柄に，様々な形をコラージュ（糊で貼る）していきました。迫力のある絵画を見るような威風堂々たる姿になっています。金色の冠にも見えます。

Cさんの作品（図7）は，「鳥になれる帽子」です。鳥の羽根の感じを出すように，毛糸で印象的な角度をつけました。また，深い緑色の本体に，赤いくちばしが突き出されています。「あえてそうした」と，意識的なものであることが強調されています。

Dさんの作品（図8）は，当初，大きな葉っぱを一枚，鳥の羽のように額の位置にくる帽子を検討していました。徐々に，綿や光沢のある紙材を意識的に使ってみることに興味が向いていったようです。自分自身の耳のところを突き出して表現しています。ふわふわの質感とキラキラした材料を使って，鳥の輝くイメージとさわやかさの青のイメージが一つになった作品ができました。

Eさんの作品（本章の扉最上段）は，ペンギンを表現しています。構造を支えるのにセロハンテープを使ったそうですが，見えないように上から紙を貼っていったそうです。プレゼンテーションではペンギンの愉快な歩き方をして，作品と一体になった面白さを伝えていました。

次に，テーマそのものが異なる子どもの作品をご紹介します。

Fさんの作品（本章の扉下段中央）は，「フルーツの家の帽子」です。みかん・柿・ぶどうなどをいっぱいつけたそうです。正面から見ると5角形の家の形をしています。屋根に当たる所にフルーツが作り込まれています。世の中に，リンゴの形をした帽子はあるかもしれませんが，フルーツの「家」に変身する発想は，どのデザイナーにも真似のできないものでしょう。さらに驚くことに，この帽子は，頭にぴったりとフィットしています。

Gさんの作品（図9）は，「お花の妖精に変身する帽子」です。ケーキシートのギザギザを丹念にのばして，バラの花を表現しています。そして，その真ん中に綿を入れてボリューム感を出してい

ます。また，帽子のてっぺんには，紙皿を切って配置を考えたおしゃれな形で演出し，後ろには，青い大きなジャバラの羽根が生えています。

Hさんの作品（図10）は，「妖精になる帽子」です。綿を丹念にはって空の雲を表現し，花の形のモールやカラフルな飾りをちりばめた帽子となっています。正面に黄緑の紙を大きく貼っており，赤・青・緑・黄と原色を配置し，結びつける白（綿）とのバランスが美しい帽子となっています。

Iさんの作品（図11）は，ピエロの帽子です。アフロヘアーらしく帽子のてっぺんに綿が沢山つけられています。四角形の対角線で，赤と緑という補色で明快に分けました。大きく色分けした目立つ服を着ているピエロを彷彿とさせています。また，メリハリのあるデザインからピエロの軽快感や高い運動性が感じられます。

Jさんの作品（図12）は，「きゃりーぱみゅぱみゅ」になる帽子です。側面に黄・青・赤の長いひもを流れるように配置しています。実際に歩くとヒラヒラとたなびきます。遠くからでもそれと見える，ファッショナブルな帽子に仕上がっています。エンターテイメントを感じさせる帽子になりました。

Kさんの作品（図13）は，龍の帽子です。角を金色に，口を銀色にして龍を表現しています。眉毛を斜めにつけたところを工夫したそうです。顔の赤に対して目を光沢のある緑色（エメラルド）を選択して，神秘さを演出しています。こっそりと竜の声を出しながらのプレゼンテーションで，雷雲や嵐をよぶ龍の力を表現しました。

（6）パレードで世界に一つしかないクラスへ

最後に，クラスを2つのグループにして，パレードをしました。教室の前の入り口から入ってきて（本章扉右下），真ん中をぐるっと練り歩き，外へ出て行くルートです。音楽（ディズニー・ドリームス・オン・パレード"ムービン・オン"）が鳴り始め，図14はパレードがねり歩いているところです。観客の子どもは応援し，パレードは手を振って応えます。入れ替わって観客だった人がパレードをします。教室は，別世界です。すべてが終わって，最後のポーズをしました（図15）。

第2章 子どもの感性のあり方 | 39

図9　Gさんの作品　前後左右360度が意識されている。

図10　Hさんの作品

図11　Iさんの作品

図12　Jさんの作品

図13　Kさんの作品

図14　パレード　半数に分かれて，演じるグループと観客グループとになり，交替して，両者が体験できるようにした。

図15　Lさんの作品とポーズ

突き出た鼻が特徴的な象に変身したLさんの写真にもあるように，特別な力がみなぎり，変身した子どもが，集まり・つどう場所には，何ものにも代えがたい時間が流れていくようでした。

・ウォルト・ディズニー・レコード（2007）「東京ディズニーランド　ディズニー・ドリームス・オン・パレード"ムービン・オン"」CD

【ご協力いただいた小学校】

　京都市立明親小学校の子どもたち，ご指導いただきました田中久子先生，保護者の皆様，学校関係者の皆様に感謝いたします。

（村田利裕）

4．子どもの絵に見る感性のあり方

Points　子どもの絵，絵の構図などの自己決定，ポジティブな印象

子どもの絵は，とても素晴らしい世界です。子ども（＝命）の数だけ個性的な世界が開かれています。小さな子どもでも，絵の構図の自己決定など心の力を強くして自分らしく表現に責任を持つことができます。大人の作品は，どうしてもネガティブな印象の表現が多くなりますが，子どもの表現は，ポジティブな印象がする作品が多いです。高学年になるに従って，思いを計画的につくり上げる力が伸びてきます。個の願い・思い・憧れなど各自の主題性を大切にしていきたいものです。

図1　「おはながいっぱい　むしさんにこり」（花・鳥・風景）
福生美緒　コスモス保育園　0号
教えていただいた塗り方や自分で重色したところなど，色が際立つ世界になりました。
以下括弧内は，「ちいさな絵画展」公募テーマ。

図2　「げんきにおおきくなるよ」（未来へのメッセージ）岩崎桃花　福知山市立昭和幼稚園　0号
成長する喜びに満ちた作品。日々どう生きていくか，大人も学ぶことが多いです。

図3　「おかあさんになりたいな」（私の夢）
松浦果穂　聖マリア幼稚園　0号
尊敬し憧れるお母さんをおしゃれに表現した作品です。

図4　「おじいちゃんおばあちゃんのいえ」（ときめきの瞬間～わたしの好きな福知山～）大槻空翔　小鳩保育園，0号
画面いっぱいに，ときめくおじいちゃんとおばあちゃんの家を表現しています。画面全部に思いを託して構図を決めています。細部を見ると多種多様で異った形を描いて工夫しています。

図5　「水色のでんしゃがはしる福知山」（ときめきの瞬間～わたしの好きな福知山～）
長砂大翔　みどり保育園　0号
どこにもない電車のデザインです。

図6　「すてきなかんごしさん」（未来へのメッセージ）
阪口采　小鳩保育園　0号
独自な表現で素敵な看護師さんを表現しています。

※0号（14×18cm）表示は，福知山市佐藤太清記念美術館「ちいさな絵画展」の応募規格です。

図7 「ペンギンのかぞく」
　　尾芝優輝　福知山市立
　　上川口小学校　1年生
　　縦54.2cm×横39.2cm
　　お父さんペンギンが3匹の子どもに魚をあげています。お母さんは,魚をとりに行っています。右上の鳥に石を投げた人がいます。今,びっくりして飛び上がった瞬間です。右下の赤と青の色の鳥が,人にプレゼントを届けようとしていますが,左から槍が投げられました。

図8　「せんせいあのね」大森大和
　　京都市立向島藤の木小学校　1年生
　　縦39.2cm×横54.2cm
　　（分析は,p.4)

図9　「サマーキャンプ」芹口佳子　京都市立稲荷
　　小学校　2年生　縦39.2cm×横54.2cm
　　私は,お医者さんじゃないけれど,命を助けたい。

図10　「ふしぎなたまご」松田明日花
　　京都市立伏見住吉小学校　2年生
　　縦39.2cm×横54.2cm
　　たまごが割れると夜が朝になっていく絵です。

図11　「うんていがぜんぶいけるようになりたいな」
　　（私の夢）横田結衣　福知山市立菟原小学校　2年生
　　0号
　　横から描くと平面的な雲梯の多様空間を巧みに一画面に表現しています。

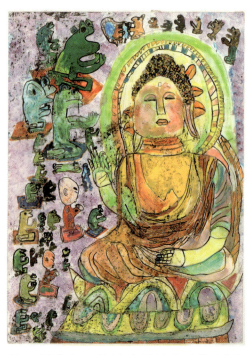

図12　小野川さんの作品は,沢山のカエルが拝んでいます。円（上図）内のカエルは,ふざけているのでしょうか。座ることができないのでしょうか。一生懸命拝んでいます。

図13　「大興寺でお経を」小野川有尚　福知山市立
　　修斉小学校　4年生　縦54.2cm×横39.2cm

42

図14 「絶対にあきらめない」江平里奈 京都市立納所小学校 5年生 縦39.2cm×横54.2cm
めざす気持ちを絵にしています。

図15 「生命のプレゼント」植村沙也香 福知山市立遷喬小学校 6年生 縦39.2cm×横54.2cm
環境の絵を描こうと先生から提案がありました。先生は，制作途中で教室に飾ってどのように描くべきか子ども自身に何度も見る機会をつくってくれました。

図18 エリア7 靴屋さんのレジは何人でしょうか？（2人です。左に少し見えています。）

図16 「海の中はお祭りさわぎ」高松美咲嬉 福知山市立雀部小学校 6年生 縦54.2cm×横39.2cm
思いが随所に盛り込まれています。

図17 9分割エリア図

Let's try 15作品の中から注目したい作品を選んで，意見交換してみましょう。

図19 エリア8 橋の下に川が流れ，通路も綺麗なタイルが貼られています。

第2章 子どもの感性のあり方 | 43

表1 子どものイメージと関わる3つの能力の発達段階

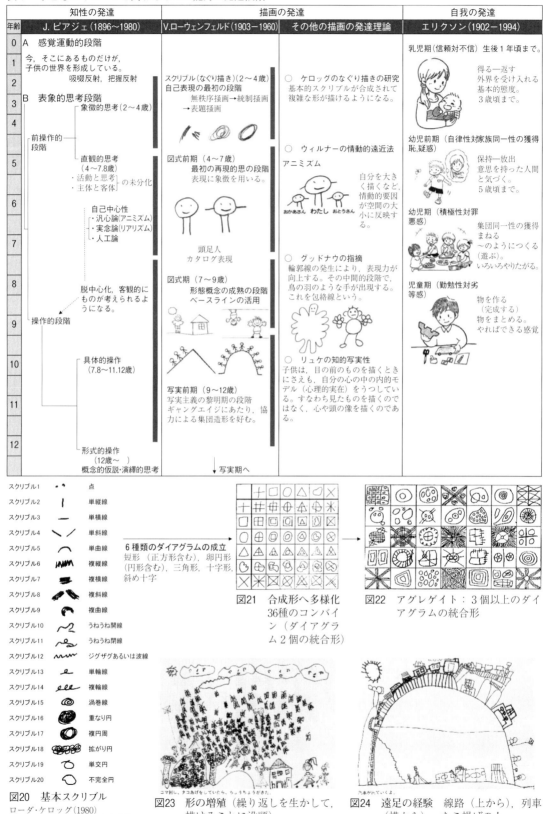

5．子どもの遊びを通した自発性と主体性の成長

Points　生きる力，生きる力の基礎，自発性，主体性

（1）子どもの学び・育ちの連続性（幼小接続）

　小学校に通う子どもにとって，人生のスタートは第1学年からでしょうか？すべての子どもには乳幼児期があります。本節での子どもの自発性や主体性の成長を取り上げる上で，幼小接続（「生きる力の基礎」と「生きる力」との関係性）の視点を欠かすことはできません。

　「生きる力」は，1998年および1999年改訂の学習指導要領に登場します。「生きる力」は，その後，2003年の学習指導要領一部改訂において「確かな学力」，「豊かな人間性」，「健康・体力」からなるものとして位置づけられました。

　「生きる力の基礎」について，2008年改訂の幼稚園教育要領において，子どもが遊びや日常生活を通して，能動的に様々な対象に関わり，今を充実させながら生きる喜びを感じることで育まれる，生涯にわたって主体的に生きていくために必要な力の基礎（感性，好奇心，探究心，思考力など）と述べています。それとともに，子どもが自我を形成し，自らを取り巻く社会への感覚を養うことです[1]。

　2008年および2009年改訂の保育所保育指針，幼稚園教育要領，学習指導要領においては，「生きる力」の理念の共有が重視され，「基礎的・基本的な知識・技能の確実な定着とこれらを活用する思考力・判断力・表現力等の育成を車の両輪として相互に関連させながら伸ばす」ことの重要性が示されました。さらに乳幼児期は生涯にわたる人格形成の基礎を培う時期として位置づけられました[2]。

　2017年公示の幼稚園教育要領や小・中学校の学習指導要領においても，「生きる力」と「生きる力の基礎」は受け継がれます。学校教育においては「生きる力」をより具体化し，教育課程全体を通して育成を目指す資質・能力や各教科の目標及び内容を次の3つの柱に整理しました。「知識及び技能（何を理解しているか，何ができるか）」，「思考力，判断力，表現力等（理解していること・できることをどう使うか）」，「学びに向かう力，人間性等（どのように社会・世界と関わり，よりよい人生を送るか[3]）」。

　幼稚園教育においては，「生きる力の基礎」を育むために，以下の3つの柱を一体的に育むことをが重要となります。

　「知識及び技能の基礎（豊かな経験を通じて，感じたり，気付いたり，分かったり，できるようになったりする）」，「思考力，判断力，表現力等の基礎（気付いたことや，できるようになったことなどを使い，考えたり，試したり，工夫したり，表現したりする）」，「学びに向かう力，人間性等（心情，意欲，態度が育つ中で，よりよい生活を営もうとする[4]）」。

　さらに幼児の幼稚園修了時の具体的な姿として「幼児期の終わりまでに育ってほしい姿」10項目[5]を示し，教師が指導を行う際に考慮するものとしています。小学校においても，上記の「育ってほしい姿」を踏まえて教育活動を実施し，児童が主体的に自己を発揮しながら学びに向かうことが可能となるようにすることや，知識の理解の質を高める「主体的・対話的で深い学び」の実現に向けた授業改善の推進を示しています。

（2）幼児と小学校低学年児童の共通性

　幼小接続を理解する上で，幼児と小学校低学年児童の造形表現・学びの共通性を理解する必要があります。小学校低学年児童の特徴として，表現と鑑賞が一体となりながら，身の回りの環境に全身でかかわったり感じたりして，対象と一体となって活動することがあげられます。学習では，具体的な活動を通して思考し，既成の概念にとらわれずに発想したり，つくりながら考えたり，結果にこだわらず様々な方法を試したりする特徴があります[6]。

　「指導計画作成上の配慮事項」では，「幼児期は

自発的な活動としての遊びを通して，周りの人や物，自然などの環境に体ごと関わり全身で感じるなど，活動と場，体験と感情が密接に結び付いている」とした上で，小学校低学年児童と同じような発達の特性があると述べています[7]。

（3）幼児期の子どもの造形表現

小学校低学年児童の造形表現・学びと共通性がある幼児の造形表現行為を，①から④の特徴別[8]に取り上げます。

① 様々なものへの受け止めと気付き

子どもは諸感覚を働かせて様々なものを自分なりに受け止め，気付いて楽しんだり，面白さや不思議さなどを感じて楽しんだりします。

事例1（図1）は，透明カラーシートで七夕飾りをつくるA児（5歳）の様子です。A児にとって透明カラーシート（青，赤，黄など）を重ねると色が変わることや，シートを光にかざすと色が透けて鮮やかになったりすることは面白さであり不思議さです。A児は，シートを何度も光にかざしたり，油性ペンで描き加えたり，作品の表面や裏面を見たりしながら，形や色の組み合わせを考えて表現をしました。

さらに，A児と子どもたちは，一緒に園庭に出ます。太陽光を通して作品の形・色が地面に投影される様子や，作品を透かして周りの景色が異なる色に見えるなど，作品の表情が様々に変化する面白さや不思議さを楽しみました。

図1　透明カラーシートで七夕飾りをつくる。

事例2（図2）は，立体的な自動車を紙でつくり，手動式のエア・ポンプで車を動かしてレースをする子どもたち（5歳）の様子です。平面的な紙を切って折って貼ることで立体的な車ができることは面白さであり不思議さです。子どもたちは「クルマ屋さん」気分となり，ドアや屋根などで塗る色を変えたり，車の座席に自分や家族やお気に入りのものなどを描いたりしました。

図2　エア・ポンプで自動車を動かす。

レースの際，車がエア・ポンプの風で動くことは，さらなる面白さ不思議さです。子どもたちは「車をより早く動かしたい」という意欲や探究心を働かせて，エア・ポンプを持つ姿勢や力加減，ポンプの風を車に当てる位置などを試行錯誤しながら「自分なりにちょうど良い加減」を発見してレースを楽しみました。

② 一体的な表現方法について

子どもの表現方法は，言葉，身体による身振り手振り，造形などに分化した単独の方法でなされるというより，それらが一体的な方法でなされることが多いという特徴があります。

事例3（図3）は，紙コップを並べたり積んだりして，操作することや構成することなどを楽しむB児（5歳）の様子です。

B児は紙コップの形・色・感触などを感じながら，「高く積みたい」「整然と並べたい」「木も使ってみよう」など意欲や探究心を働かせて試行錯誤します。やがてB児は，できた形から「お祭りの山車」を発想して，その場で「だんじり祭り」をしているつもりとなり，祭囃子の太鼓を演奏する仕草をはじめます。

事例4（図4）は，「アリやモグラなどが住む地下を探検しよう」というテーマで，C児（4歳）がつくった地下探検の乗り物です。

C児は，たくさんの大きさの四角形や三角形の画用紙を組み合わせながら，「トラックのような

図3　紙コップによる構成
　　　（お祭りの山車）

図4　地下探検の乗り物（トラック）

乗り物をつくる」と自分の主題を明確にします。さらに，C児はトラックの荷台に画用紙を貼って，「荷物を積んだトラック」を表現します。やがてC児の全身が「トラックへ荷物を載せるつもり」となり，何枚も画用紙（荷物）を重ねて貼る行為に夢中になります。

　B児やC児の表現の魅力は，「祭りの山車」と「祭囃子の太鼓の演奏」，「トラック」と「荷台に荷物を積む」というように，「造形，言葉，身振り手振り，生活で経験した感じ」が一体化した表現世界であることに注目することが大切です。

③ 材料や用具の使い方の多様性について

　子どもは，一つの材料や用具についていろいろな使い方をしたり，一つの表現にこだわりながらいろいろな物を工夫してつくったりします。

　事例5（図5・6）は，D児（5歳）の異なる事例（10月と2月）です。図5は，様々な材料（木の実・葉・枝，マカロニなど）から発想をして，自分の感じた世界を画用紙に表現した作品です。

　D児は，木工用接着剤に強い好奇心をもちました。木工用接着剤はデンプンノリよりも，様々な材料を貼ることができます。このことは，子どもにとって面白さであり不思議さです。D児は木工用接着剤が「白くて生クリームのような感じ」を発見し，図5では多めに盛った接着剤の上に材料を乗せて貼る表現を工夫します。

　図6は，紙テープを様々な形に折って稜線接着することで，半立体的な「おひなさま」を表現する様子です。D児は図5と同様，多めに盛った接着剤の上に材料を乗せて貼り，「おひなさまの目や周りの飾りを立体的にすること」を思い付きます。

図5　様々な材料でつくる自分の世界（10月）

図6　おひなさまをつくる（2月）

　D児の表現の魅力は，木工用接着剤を活用した創造的技能にあります。D児は，木工用接着剤を「白くて生クリームのような感じの材料かつ接着剤」として発見します。さらに，D児は材料を立体的に貼ることで「浮き出て，つかめるような感じ」を発見し，表現世界の形や色の見方や感じ方が変化する面白さ不思議さを楽しんでいることに注目することが大切です。

④ 目的・必要性・イメージについて

　子どもは，自分でかいたり，つくったりするこ

とそのものを楽しみながら，次第に遊びのイメージを広げたりする場合もあります。

事例6（図7）は，たくさんの紙製パイプをつなげることで，操作することや構成することなどを楽しむE児（5歳）の様子です。

図7　紙パイプによる構成（火の車）

この紙製パイプを使った活動を3回続けて行いました。活動の第2次の際，E児は，パイプを様々な形につなげながら，絵本『じごくのそうべえ』の「火の車」をつくることを発想します（生活発表会の劇の演題であるためです）。E児はパイプをつなぎ，大八車のような形の「火の車」とします。さらに第3次（図7）にて，E児は自分なりに事前に描いた「火の車」の設計図を保育者に見せながら，「火の車」の改良を試みます。第2次につくった「火の車」よりも取っ手を長くして，自分が運転しやすい「火の車」にしたり，「地獄の火」を表現するために洗濯バサミ（オレンジ色，黄色）をパイプにつけたりしました。実際の生活発表会では，E児の発想・構想・経験をいかした「火の車」が用いられました。

E児の表現には，「火の車」という立体作品（もしくは工作）づくりでは語りつくせない魅力があります。活動の第1次から3次というように経験を重ねることで，子どもたちは個々の興味・関心に応じて「やってみたいこと」「確かめてみたいこと」「さらに工夫してみたいこと」など意欲や目的などをもって表現をしていました。

活動中，E児は園生活の大きな関心事である生活発表会も心に残っていたのでしょう。「劇で使用する火の車が，この材料で出来るのでは？」と発想します。E児の「火の車」は，自分の身体のスケールや劇の場面を想定した形や色や機能を考えながらつくったオーダーメイドです。

E児の表現は，「材料を基につくりながら発想・構想する」「園生活での興味・関心，自分なりの目的・必要性」「造形遊び，立体，工作」が一体的であることに注目することが大切です。

（4）子どもにとって「遊び」とは？

幼稚園や保育所は，子どもの主体的な活動としての「遊びを通した指導」を中心として展開します。子どもにとって「遊び」とは，自分の興味に基づく自発的に展開する活動であり，生活そのものであるといえます。それでは，「遊びを通した指導」で子どもの何を育もうとしているのでしょうか？

その答えの一つとして，本節（1）で取り上げた「生きる力の基礎」があります。「生きる力の基礎」とは，生涯にわたって主体的に生きていくために必要な力の基礎（感性，好奇心，探究心，思考力など）のことです。

事例1から6には，子どもが様々な対象（材料，用具，作品など）の不思議さ，面白さ，美しさなどを自らの心に感じ取る（感性を働かせる）姿がありました。新しい対象（材料，用具）や事象（貼る，光る，動くなど）に対して興味・関心をもって知りたがったり試したがったりする（好奇心を働かせる）姿もありました。自らの発想・構想を実現するために，形や色の組み合わせや材料や用具の活用・操作の仕方を試したり，構想を練り直したりする（探究心を働かせる）姿もありました。このような子どもの感性，好奇心，探究心，思考力などを働かせる姿は，子どもが自らの力で「生きる力の基礎」を育む姿です。

（5）「主体性」「自発性」とは？

子どもの「生きる力の基礎」は，遊びを通して育まれます。しかし，ただ遊んでいれば（もしくは作品をつくっていれば），「生きる力の基礎」が育まれる訳ではありません。

子ども一人一人が主体性を発揮して表現ができるように，保育者（幼稚園教諭や保育士）が子どもの立場に立った保育を展開することが大切です。

つまり保育者主導の一方的な保育の展開ではなく，子どもの主体性と保育者の意図のバランスをとることが大切です[9]。

子どもの「主体性」の意味について，自我の発達と並行して考えると，3歳前後は，行為しているのは自分という意味においての「主体性の獲得」の時期といえます。「主体性の獲得」とは，人との間で「この行為の，この感情の，この考えの主人公は私である」という実感をもち，この私に責任をもてるようになることです[10]。3歳以前の乳児は，自分と他者の主体が一体化している自他未分化な状態です。

次に「主体性」と関係がある「自発性」について取り上げます。人は生まれながらにして育とうとする力（向かう力）をもっています。この向かう力が自発性の根源といえます。乳児でも幼児でも，身の回りのものやことに興味を示し，何事かをしたがります。子どもが何かをしたがることで，大人とのかかわりが生じ，かかわりの中で基本的な生活習慣やことばなども獲得します。この自分でしようとする意欲（自発性）が子どもを育てていきます[11]。

（6）子どもの造形表現・学びの原動力

本節（3）で取り上げたように，幼児は主体的・自発的な遊び（造形表現行為）をしながら，より多くの「感じる」「気付く」「分かる」「できる」「考える」「試す」「工夫する」などを生みだし，自身の「生きる力の基礎（感性，好奇心，探究心，思考力など）」を育みます。そのような幼児の造形表現・学びの姿は，小学校低学年の児童と共通性があります。

さらに小学校中学年では，「ある程度対象を客観的にとらえる」「表し方を工夫することに意欲を示す」「友人の発想やアイディアを利用したり，表し方を紹介し合ったりする」などという姿があります[12]。小学校高学年では，「物事を他者や社会的な視点から捉える」「表したいことに適した材料や用具を選ぶ」「納得するまで表現方法を試す」などという姿があります[13]。

幼児や小学校低学年児童と中学年・高学年児童の造形表現・学びを比較すると，「具体物の操作による表現・学び」と「抽象化された概念の形式的な操作，意図的・計画的な表現・学び」との比較，もしくは前者から後者への成長・発展と見られがちです。

しかし本節（3）の幼児期の造形表現の特徴は，学童期を通して生き続け，常識的・抽象的な知識・技能を活性化し（当たり前の問い直し），創造的で多様なものの見方・考え方や材料や用具の生かし方などを生み出します。そのような行為を通して子どもは，自らの表現・学びの面白さや意味・価値を実感したり，自ら問題を発見し解決を試みて表現・学びを深めたりします。

子どもが自らの表現・学びをつくり続ける原動力の代表が「主体性」と「自発性」です。

実践協力
社会福祉法人西光苑 海清保育園（富山県）
富田林市立錦郡幼稚園（大阪府）

注
1) 文部科学省（2008）『新しい学習指導要領』文部科学省ホームページ，p.18，p.277
2) 文部科学省（2008）「第1部学習指導要領の改訂」『平成19年度文部科学白書』文部科学省ホームページ。
3) 文部科学省（2017）『小学校学習指導要領解説 図画工作編』，pp.3-4
4) 文部科学省（2017）『幼稚園教育要領』，pp.3-4.
5) 同上，pp.4-5。10項目は以下である。「健康な心と体」「自立心」「協同性」「道徳性・規範意識の芽生え」「社会生活との関わり」「思考力の芽生え」「自然との関わり・生命尊重」「数量や図形，標識や文字などへの関心・感覚」「言葉による伝え合い」「豊かな感性と表現」
6) 文部科学省（2017）『小学校学習指導要領解説 図画工作編』，pp.35-37
7) 同上，pp.109-110
8) 文部科学省（2008）『幼稚園教育要領解説』フレーベル館，pp.160-166
9) 同上，p.26
10) 森上史郎，柏女霊峰編（2009）『保育用語辞典 第5版』ミネルヴァ書房，pp.291-292
11) 同上，p.292
12) 前掲，『小学校学習指導要領解説』p.58，p.61
13) 同上，p.84，p.89，p.95

（村田 透）

6. 一人ひとりで異なる感性の世界（心）と創造力の発達のとらえ方
－思いや表現の自己組織化の過程を支援する教育－

Points　子どもの個性的世界の見取り，自己組織化の過程，ダイナミック（動的）なやりとり

（1）万人の中にある創造力

　創造力とは，さまざまな分野で発揮される新たなものやことを産み出す力の総称です。大きくは人の可能性の総称ともいえるでしょう。学校教育の図画工作科教育は，決して芸術家を育てる教育ではなく，社会を構成するあらゆるジャンルの営みで，創造力が必要なときの心の原点を育成することです。

　まず，創造力には，今ある社会に大きな貢献をし成果をあげる資質・能力の側面があります。目の前の子どもの表現でもすでに大きな才能が産み出されていることを感じる事例がありますが，急激な変化の時代には，将来どのようなジャンルに進もうとも，あらゆる人にこの新たなものの見方や考え方などを産み出す革新のエネルギーが必要とされます。創造教科を縮小する傾向にある昨今では，このような社会に新しい成果をもたらす人を育てるという点を今一度取り上げたくなります。

　一方これで十分かというと美術教育の創造力や創造性（人間的特性）といった場合にはかなり不満が残ります。芸術界にはゴッホを例に挙げるまでもなく，存命中は不遇で後年その価値が注目される例が数多くあります。その時の社会では計りきれない個人の価値観に根ざした側面があるからです。

　後者の立場で見ると，それぞれ違った形でよいので，異なる場所や立場でその人の人生を一生懸命に生き抜くことが重要となります。個人の価値観の地平では，既存社会の尺度で計ること自体が意味をなさなくなります。唯一無二の命のあり方が原動力となるのです。これこそが創造という言葉に匹敵する力であり，万人に開かれあらゆる人の中にある，あらゆる人が必要としている創造力の理解といえるでしょう。

（2）創造力の成長・発達の見取り　－　一人ひとりが違っていることが楽しい－

　ここで自己組織化というキーワードを取り上げたいと思います。自己組織化（self-organization）とは，自律的に秩序をもつ構造を作り出す現象の

ことです。自発的秩序形成ともいわれています。宇宙のような物理事象でもカオスのままでおらずダイナミックなやりとりを経て銀河のような世界をつくっていきます。生物は一層独自世界をつくろうとします。

　創造力の立場から成長・発達をみようとすると杓子定規にたったひとつの道筋をたどるという捉え方にはかなりの無理と限界があります。授業でも，目の前の子どもは同じ発達段階のはずですが，同じにつくれというと同じになりますが，自分の思いを絵にしようというと同じ作品にはなってこず，千差万別の世界が展開されるのです。

　乳児や幼児は，心身の成長の要因の影響を大きく受けるので，「発達の道筋」と称してもいいような特徴のある空間のとらえ方や表現の仕方で捉えることもできるかもしれません。乳児期では宿命論や等結果性などが，身体－精神の成長を語る大きな要素だからです。ところが，この時期ですら，全く同じ表現をするかというとそうではありません。子どもの心の中に自発的秩序形成が起こり，自分はこうしたいという思いが生じるのです。例えば，歩き出すと子どもは，大人の予想を裏切って，興味津々の世界に出かけていきます。好きなときに泣き，好きなときに笑います。感性の面でも表現の面でも自己組織化の過程が活動に生じるのです。

　また保護者などに乳児が笑顔を返してくれるのは，決して鏡のようなことではなく，親と向き合うのが嬉しいという子どもの価値観が背景にあります。ひとという人間の系は，さまざまなことを取り込みながら自分の心の世界を個性的に組み立て，自分らしい行動や作品を生み出していくのです。

　年齢段階の共通する特性は年次発達から学び，個々の活動でその子の世界がいかにつくられようとしているのかは自己組織化の過程分析をする必要があるでしょう。

　　　　　　　　　　　　　　　　　　（村田利裕）

7. 創造的自己表現と美的感性の発達段階

Points ローウェンフェルドによる創造的自己表現の発達理論，パーソンズの美的発達論，ハウゼンの美的発達論

（1）ローウェンフェルドの美術教育論

人間形成を目的とした美術教育を推進した代表的な教育者の一人としてヴィクター・ローウェンフェルド（Viktor Lowenfeld）が挙げられます。ローウェンフェルドは，1903年にオーストリアのリンツに生まれ，ウィーンの美術アカデミーやウィーン大学を修了後，アメリカに渡り，1946年から1960年までペンシルバニア州立大学の教授として美術教育を教えました。主要な著作である『美術による人間形成：創造的発達と精神的成長』（1946年）では，子どもの発達のニーズに教師が応えていくことの大切さが論じられ，子どもの認知発達と創造的自己表現との関係性が実証的研究によって示されています。本書は，ローウェンフェルドが亡き後も，弟子のランバート・ブリテイン（W. Lambert Brittain）によって書き加えられ，今日では，改訂8版が出されています。

ローウェンフェルドは，彼が生きていた時代に広がっていた極端な子ども中心主義の指針である「子どもに十分な美術材料を与えよ。そうすれば，彼は自分の表現方法を自ら発見するだろう」（ローウェンフェルド，1975，p.57）は，大人の考えを押しつけるのと同様，子どもにとって害にしかならないと考え，子どもの身体的・心理的要求を教師が的確に受け止めて指導を行う必要性を唱えました。ローウェンフェルドは教師による指導の本質として以下の二つを挙げています（ローウェンフェルド 1975，p.53）。

（1）教師は，自分も，自分の欲求も，子どもの要求に従わせることができなくてはいけない。

（2）教師は，子どもの身体的，心理的要求を自らよく承知していなければならない。

彼は，美術に備わった教育的本質は，創作ならびに鑑賞の両活動において，子どもが自分自身と向き合い，自分自身と自分の欲求とを発見し，感性を通して思考，感情，知覚を統合的に働かせ，自分の概念を自分で創り出すプロセスにあると考えます。子どもから自発的に生じ発展する自己表現を目的とするローウェンフェルドの美術教育は，以下に示すように決められた型や方法に従う模倣による美術教育と対置的な関係にあります（ローウェンフェルド 1975，p.51）。

自己表現	模　倣
子ども自身の水準による表現	外部の水準による表現
自立的思考	依存的思考
感情の充足	欲求不満
自由と柔軟性	抑制と束縛
新しい状況に容易に適応する	決まった型にのみ従う
進歩，成功，幸福	他者のまね，依存，頑固

さらに，ローウェンフェルドは，市民性教育の点から，自己表現を通して培われた創造的かつ自立的な思考や心の姿勢は，人生におけるあらゆる場面で生きて働き，美術教育は民主主義社会の基盤となる人間を形成する重要な役割を担うことを説きました。

（2）子どもの創造的自己表現の発達段階

ローウェンフェルドは，子どもの創作活動に見られる創造的自己表現の発達段階を20年以上の年月をかけて子どもの作品研究によって明らかにしました。彼が示した発達段階は，「なぐり描きの段階（2～4歳）」，「図式前期（4～7歳）」，「図式期（7～9歳）」，「写実主義の芽生え（9～12歳）」，「疑似自然主義（12～14歳）」，「青年期（14～17歳）」の6段階から構成されます（表1参照）。ここでは，幼児期・児童期の発達段階を取り上げます。

最初の段階は，2歳から4歳あたりまでに見られる「なぐり描きの段階」です。初期のなぐり描きは，子どもが手足の動作をうまく調節し得ないために無秩序です。ここから，経線，円形などやコントロールされたなぐり描きに移行し，3歳頃になると，描いた線などを指しながら「これは花」「これはお母さん」などと名付ける段階になります。動作と想像的経験とを結びつけるように

なることは，子どもの思考の性質が劇的に変化したことを示しており，動作を介しての「運動感覚的思考」から，絵画を介しての「想像的思考」への変化として捉え，子どもの精神的発達において重要視されます。

4歳を過ぎる時期になると，自分と環境について把握していることを形態概念として表そうとする意識的な創造が始まります。体験を通して形成された環境との新しい関係を形態化しようとする試みが創作の中で繰り返されます。このような形態化に向けての試みは，後に子どもが個人的な型，すなわち，「図式」を確立することにつながりますので，この段階を「図式前期の段階」と呼びます。この時期の子どもの描画は，物や動物，太陽など，身の回りの事物が中心であり，実物を再現するつもりで描かれても，多くの場合，幾何学的な線や形によって表されます。

7歳から9歳頃になると，対象に対する子どもの思考や情緒が結びついた知識を具体化したものである形態概念が成立し，「図式化の段階」に入ります。形態概念は子どもの個性を反映して非常に個人的なものであり，似た図式は二つとありません。また，この発達段階の特徴として，単に物を並べるのではなく，最初の空間概念が芽生え，物と物との秩序関係を表す基底線（ベースライン）を描くようになります。さらに進むと，図式化から脱して主観的に経験を再現する段階に入り，新しい表現の特徴として，（1）重要な部分の誇張，（2）重要でない部分の軽視や省略，（3）情緒的な価値を重んじ，重要な部分を象徴する形態が見られるようになります。

9歳から12歳頃までは，「写実主義の芽生えの段階」です。この段階の顕著な特徴の一つは，子どもが社会的独立を見出すことであり，創作活動では，単なる図式的表現から，対象を写実的に再現したいという欲求が高まります。自己意識の拡大につれて，子どもは幾何学的な線や形による表現に満足せず，単なる象徴的表現から，現実を形態概念として再現する方向に向かいます。例えば，基底線（ベースライン）のような線による空間表現から，地面から生えた木が空を部分的に覆うな

ど細部が描き込まれ「重なり合い」によって空間関係を表現するようになります。さらに，性の違いの認識もこの時期の特徴であり，描写において少年と少女とを区別するのに，はっきりした変化がつけられるようになります。

12歳から14歳までは，「疑似自然主義の段階」と呼ばれます。ある程度の論理的思考ができるようになり，思春期に入って他者の感情に対して敏感になるこの時期には，自己の創作に対して批判的意識が強まる傾向があります。したがって，制作過程よりも，完成品をだんだんと重視するように注意の転換が図られる必要があります。ローウェンフェルドによれば，この発達段階における子どもの創作は，傍観者的に対象を捉える「視覚的傾向」と，対象に自分の心を向ける「触覚的（非視覚的）傾向」に分けられ，それぞれのタイプに応じた指導を行うことが求められます。

（3）パーソンズによる美的発達論

美術鑑賞において子どもの美術理解と精神的成長はどのような段階を経て進むのかを研究した教育者に，マイケル・パーソンズ（Michael J. Parsons）がいます。彼は，イギリスのオックスフォード大学で英文学を学び，1963年にアメリカへ渡り，イリノイ大学のハリー・ブロウディのもとで教育哲学を修め，1987年よりオハイオ州立大学で芸術教育学の教授を務めています。彼の代表的な著作である『絵画の見方：美的経験の認知発達』（1987年）は邦訳され版を重ねています。

パーソンズは，10年以上にわたり，幼児期から青年期までの子ども，及び，一般人や美術専門家を含む大人を対象に，絵を見せながらインタビューして資料収集し，コールバーグの道徳性発達理論などに依拠しながら，絵の解釈に見出せる認知発達の特徴を5段階で説明しました（表2参照）。パーソンズは，第1段階は就学前の子どもに多く見られ，第2段階は小学校の大部分の子どもに当てはまり，第3段階は中学校以上で見られ，その後は，年齢よりも専門教育の積み重ねなど環境によって発達が進むことを示しました。

パーソンズは，デューイ，コーリングウッド，ランガーなどの美学に基づき，芸術に内在する教

育性を次の点に見出しています。一つ目は，芸術は，多様な欲求，情緒，思想などわれわれの内面生活を理解するための手段であること，二つ目は，芸術は，作家の意図を超えて，幾層もの解釈を許容するものであり，社会的・歴史的に結びついた作品解釈を通して人間精神が培われる公共の所産であること，三つ目は，芸術を通して価値判断が行われることです。パーソンズの美的発達論には，芸術を通して子どもの精神的成長を促すために，単純で粗野な理解から熟達した複雑な理解に向かう発達の道筋を踏まえながら一連の学習ステップを準備する必要性が示唆されています。

（4）ハウゼンによる美的発達論

　子どもの美的発達に関しては，定説が定まっておらず，今日においても研究が続けられています。パーソンズが示した理論のほかに，代表的なものにはアビゲイル・ハウゼン（Abigail Housen）による美的発達論があります。ハウゼンは，小学校から成人を対象に事例調査研究を行い，表3に示す5段階によって美的発達を説明しました。ハウゼンは，美術館教育を専門とし，ハーバード大学で教育学を修め，マサチューセッツ芸術大学で美術教育プロフラムの教授として教えた後，2012年に美術鑑賞の教育研究機関であるヴィジュアル・シンキング・ストラテジー（Visual Thinking Strategies），通称VTSを創設し，そこでディレクターを務めています。我が国においても，美術館教育においてハウゼンのVTSによる対話型鑑賞の指導法が広く用いられています。

参考文献

ヴィクター・ローウェンフェルド，竹内清・堀内敏・武井勝雄共訳（1975）『美術による人間形成』黎明書房

マイケル・パーソンズ，尾崎彰宏・加藤雅之共訳（1996）『絵画の見方：美的経験の認知発達』法政大学出版。

Lowenfeld, V. & Brittain, W. L. (1987) *Creative and Mental Growth*, New York: Macmillan.

Hosen, A. (1983) *The Eye of the Beholder: Measuring Aesthetic Development*, Harvard University, Graduate School of Education, Unpublished Dissertation.

表1　ローウェンフェルドによる子どもの創造的発達と精神的成長の発達段階

段階	描画の特徴	空間表現	人物表現
なぐり描き（二歳〜四歳）	無秩序ななぐり描き		
	肩の動作による大きな筋肉を使った運動活動。 運動感覚的な喜び。 腕を動かして線を描く。 よそ見しながら，なぐり描きする。	描画の外見を活用する。 なぐり描きが紙からはみ出す。 ページにある以前に描かれた形が無視される。	試みられない。
	コントロールされたなぐり描き		
	より小さな形が描ける。 繰り返される運動。 描きながらなぐり描きを見る。 手首の動きを使う。 円を写すことができる。	紙からはみ出さないで描ける。 ページにある以前に描かれた形の周りに描く。 描画のある部分に集中することがある。	図形になる前段階の円，線，輪，渦巻き。
	名付けられたなぐり描き		
	知っていることと形を関連づける。 指で道具を持つことができる。 描画のプロセスで主題の識別が変わることがある。 注意がより長く続く。	目的をもってなぐり描きがなされる。 ページにある以前に描かれた形が活用される。 空き空間が意味を持つようになることがある。 線が形の縁取りになる。	子どもは，なぐり描きを人物として指し示すことがある。 走っている，跳ねている，揺れているなど，活動を名付けることがある。
図式前期（四歳〜七歳）	事物の形は幾何学的であり，全体から切り離されたなら，その意味を失う。 事物の配置と大きさは，主観的に決められている。 描かれたものは，お互いに関係づけられていない。 美術は，自己とのコミュニケーションとなる。 知っているものを，絵によって，分類し，リスト化しているようである。	ページのあちこちにものが浮かんでいるように見える。 描いている際に，ときどき紙の向きを変えたり回転させたりする。 ものの大きさはお互いに正しい比率関係にない。 ものは，与えられた空間に合わせるために歪められている。 空間は子どもを取り囲んでいるように見える。	頭足の表象が，なぐり描きから生じる。 絶えず変化する自由自在なシンボル。 （しばしば頭から）腕，身体，手指，足指が次第に加えられるようになる。 当然のように，部分の歪曲や省略がなされる。 本段階の終わりまでに，服，髪，他の詳細が現れる。
図式期（七歳〜九歳）	何度も繰り返される形態のコンセプトの発展。 特別な意味が伝達されるときに限りスキーマが変化する。 描画は，知覚ではなく理解を表す。 大胆で，直接的で，平面的な表現。 描画は，子どもの環境に関する能動的な知識を反映する。	ものが置かれる基底線（ベースライン）や，しばしば，空間を仕切る空の線が確立する。 二次元によってものを組織化する。 重なり合いは，ほとんどないか，まったく見られない。 主観的な空間表現 　よくみられる表現 　　ａ．平面図と立体図の同時表現 　　ｂ．レントゲン描画 　　ｃ．時間と空間の融合 複数の基底線（ベースライン）。 象徴化された環境。	繰り返される人間の図式。 身体は，多くの場合，幾何学的な形からつくられる。 腕と脚は量があり，多くの場合，正しく取り付けられている。 スキーマの誇張，省略，変化は，経験の影響を表している。 比率は，感情的な価値によって決まる。
写実主義の芽生え（九歳〜十二歳）	詳細への気づきがより大きくなる。 自己の描画に関する自意識。 物的環境への気づきがより大きくなる。 出来事は，自然主義的に描かれるよりも特徴的に描かれる。 陰影の理解はない。	基底線（ベースライン）が消滅し，面が出現する。 ものが重なり合う。 ものの相互関連性が出現する。 空が地平線の方へ降りてくるようになる。 ものの大きさを通して深さを表す試みがなされる。	固定したスキーマはもはや見られない。 服の詳細への気づきがより大きくなる。 強調するために，身体の部分を誇張したり，歪曲したり，省略したりすることは見られなくなる。 切り離されても身体の部分は意味を持ち続ける。 人物の不自然さが大きい。

疑似自然主義 （十二歳〜十四歳）	自身の美術の欠点に批判的に気付く。描画は，簡単な表記法になることがある。環境から選んだ部分を焦点化する能力。自然に出てくる美術活動の終わり。しわや折り目のような詳細が重要になる場合がある。事実に即していない個人的な意味を，ものや出来事に投影する。	環境への気づきがより大きくなり，重要な要素に対してのみではあるが，詳細に描かれる。視覚的傾向の子どもは，空間の奥行きに気づくようになる。子どもは，傍観者として描く。遠近法が試みられる。触覚的（非視覚的）傾向の子どもは，空間を主観的に決める。子どもは，参加者として描く。絵画の次元で行為が続けられる。	正しい比率に近づく。関節と身体活動に対する気づきが大きくなる。意味によって顔の表情が変化する。漫画に人気が出る。完全ではない姿ではあるが人物が描かれるようになる。性的特徴が，誇張される。
青年期 （十四歳〜十七歳）	追加の指導がなければ，描画は12歳のレベルのような傾向にとどまる。美術的な技能の意識的な発展。触覚的（非視覚的）傾向の描画は，主観的な解釈を表す。視覚的傾向の生徒は，視覚的詳細や，明暗から満足を得ることがある。注意を向ける時間が延びる。どんな材料でもマスターすることができる。コントロールしながら目的のある表現ができる。	視覚的傾向の生徒は，遠近法を学び活用することができる。雰囲気に気づく。触覚的（非視覚的）傾向の生徒は，非自然的な表現に注意を向ける。意図的に強調するために，空間を変化させたり，歪曲したりして雰囲気を描写する。	比率，行為，視覚的な詳細を意識して，自然主義的な試みを行うものもいる。強調するために詳細を誇張するものもいる。風刺のために人物を想像的に活用する。

出典：Lawenfeld & Brittain（1987），pp.474-479より訳出。

表2 パーソンズの美的発達段階

段 階	特 徴
段階1 お気に入り	描かれた内容から連想し，推測したり物語を創ったりして主観的に読み解く。自分と他者の見方に違いがあることに気づいていない。気に入っていることが判断基準である。
段階2 美と写実主義	現実を再現することが絵画の目的であると捉え，外面的な美や写実性，優れた技量を判断基準とする。他者の見方を考慮することができる。個人的な好みからではなく，対象の客観的特性を踏まえて美醜を判断することができる。
段階3 表 出	作者と作品の表出性との間に何らかの関係を認識できる。内面性が認識できるようになり，具象のみでなく心象的な表現も捉えられるようになる。描かれた人物の心の働きに目を向け，顔の表情や身振り，動きの中に感情の表出を見て取り，作品が表出する精神性を感じ取れるようになる。
段階4 フォルムと様式	材料，色，線，質感などの表現手段，フォルム，様式，作品が創り出された歴史的文脈や他者の解釈を考慮に入れながら，作品の意味を解釈する。絵画の意義は個人的なものではなく，伝統に根差した社会性や公共性があることを認識する。
段階5 自 律 性	作品との対話を通して，自己理解が深められる。作品の意味に関する通念的な見方と自己の価値判断を批判的に検討できる。美に対する価値判断を自立的に検討し再構築する。

表3 ハウゼンの美的発達段階

段 階	特 徴
段階1 説 明	説明的段階の観察者は，ストーリーを語る。印象，記憶，自分との関係によって，美術作品を観察する。知っていることや好きなことに基づいて判断が行われる。
段階2 構 成	自分自身の知覚，自然界の知識，社会的・道徳的・伝統的な世界の価値を通して，美術作品を見る枠組みを作り始める。もし，作品が想定外であれば受け入れず，作品は奇妙で価値がないと判断する。写実性を基準として価値が決定される。
段階3 分 類	美術史家の分析的・批評的な見方を身に付ける。場所，流派，様式，時代，起源の点から作品を識別することを望む。事実や絵の知識を用いて作品を解読する。
段階4 解 釈	自分自身の見方を深めることを求めて作品を検討し，微妙な線，形，色のよさを味わう。感情や直感とともに批評の技術を用いて作品が象徴する隠れた意味を明らかにしようとする。新しい美術作品との出会いは，新たな比較，洞察，経験の機会となる。美術作品の独自性や価値は再検討の対象であることや，同一人物であっても，作品解釈は時と場合によって変化することを認識する。
段階5 再 創 造	時代，歴史，問題，伝播など美術作品のエコロジーを視野に入れることができる。一般的な見方と個人の経験を結びつけて作品解釈を行う。自己の作品解釈について批判的に検討することができる。

（中村和世）

8．あらゆる子どもに表現の機会を
－粘土が障害児を導く知的障害児施設の実践－

（1）あらゆる子どもと表現

　新しい小学校教育では，障害のある児童などへの指導がしっかりと位置づけられていく方向といわれています。はたして障害のある児童と表現とはどのような関係にあると捉えるべきでしょうか。人の表現の力はいかなるものと捉えるべきでしょうか。また。指導者側は，どのような点に留意して対するべきでしょうか。筆者は，滋賀県の近江学園・一麦寮などの教育現場で，子どもたちと関わってきた経験をお伝えしながら，考えたいと思います。

（2）知的障害児施設一麦寮とは

　1961年（昭和36年），一麦寮という知的障害児施設が設立されています。当時は知的障害児（者）といっても，世にその存在すらよく知られておらず，人間として我々と平等な存在であるなどと認識している人は少なかった時代です。知的障害児は，学校教育を受ける機会を与えられていませんでしたし，殆どが家の奥深くに息をひそめるように生きていました。当時はその唯一の救済策として知的障害児施設を設けていただけです。それも各県に1・2ヶ所という，無いに等しいものでした。
　滋賀県には，幸い糸賀一雄（1914-1968）とか，田村一二（1909-1995），池田太郎（1908-1987）という優れた教育者が存在し，3人共同で戦後すぐに近江学園を設立し，そこでは戦災孤児と知的障害児を迎え，賢・愚が共存しての教育をはじめています。多くの先駆的な事業を展開し，我国の教育・福祉の発展に大きく貢献しています。また，近江学園をもとにして，多くの施設が設けられ，活発な活動をしてきました。3人の設立者の中，糸賀先生は，国内に多くの施設を設立して「福祉の父」といわれ，田村先生は，知的障害児教育の草分の人といわれ，池田先生は，地域社会での福祉のとりくみの先駆者といわれるようになっています。
　近江学園の発展経過の中で，多くの施設が枝分かれして設けられたのですが，そんな施設のひとつが一麦寮です。田村一二先生が初代の寮長に就任しています。

　一麦寮の定員は，男子児童だけの50名でした。新施設が設けられると，そんな時代ですから障害児童は全国から殺到するのです。開いてみると，入所児の中には，障害が重度の障害児が多く含まれていました。当時の施設では，知能程度の軽度か，中度程度の障害児を受け容れるのがやっとで，重度児の入所を許している施設は殆どありませんでした。
　重度児までもを迎えたものの，寮の指導者には障害児の教育に経験のあるものはおらず，寮長の田村先生だけが精通者だったのです。
　開寮最初に，田村先生が着手せねばならなかったのは，職員の教育だったのです。そこで，寮生（一麦寮での入所児の呼称）と職員に課せられた仕事は，運動場の整地でした。あちこちに盛上げられた土を平坦にして運動場にするのですが，職員はシャベルで土を箕に入れ，寮生はそれを地面の低いところへ運ぶのです。始めたのですが，15・6歳になる寮生が，箕いっぱいの土が重いといい，10メートルばかりの距離を運ぶのがしんどいと言って，なかなか応じてはくれない，2度も往復すると，腰を下ろして動こうとはしないのです。あまりの勤労意欲のなさに，職員は何とか動かそうと叱咤激励するのですが，寮生は一向に動こうとはしない。そんなやり取りを聞きつけ田村先生が出てこられて，「土が多い，もっと少なくしろ」と言われる。少なくしてやってみるのですが，全然効果がない。また叱咤激励していると，また田村先生が現われて「もっと少なく」と言われる。何度かそんなことを繰返しました。最後はもうどうにでもなれと，一握りほどの土をパラッと箕に入れたのです。すると寮生の顔が急に明るく輝きだすのです。そして，寮生の動きが変わって，それからは休みなく，一握りほどの土を嬉々として運ぶのです。このときの鮮やかな変化には驚きました。寮生の意欲が意外なところから起こされるのを知った驚きです。これが，田村先生か

ら受けた最初の教育でした。

重度の障害児を迎えたものの，当時，重度児に関して得られる知識は無いに等しかったのです。それまでに，実践例がなかったのです。手がけてみても，言葉による疎通は不可能であったし，自ら動こうとはしないし，何に関心を向けているかも分からず，とりつく島がありませんでした。

そんな重度の寮生と生活を共にして，何か彼等が自ら行動を起こす場面はないかと，模索するしかありませんでした。一見，外には殆ど動きを見せない彼らも，内面では動きのあることがうかがえたのです。内面にあるものを少しでも外に現してくれないかと，彼等に色々のものを与えて反応を見たのです。すると，水とか土に触れさせたとき，他では見られない反応が返ってくるのを知ったのです。

彼等の自然の材料に対する強い親和感を感じさせるものがありました。そして，ひとたび水や粘土とかかわり始めると，そのことに没頭して止まらないのです。その時に見せる熱中は，他の生活場面では見られないものでした。静・動あまりにも極端な現われかたでした。

（3）粘土が導く

日常殆ど動きを見せない重度の寮生でも，粘土を媒体にすれば何らかの行動をあらわすことをつきとめ，彼らの活動を起こさせる手立てとして，粘土を彼らの生活の中に入れてみようということになり，1965年に，試みに寮内に粘土室（80㎡）を設けたのです。重度の寮生を主眼に設けられた粘土室ですし，前例の無い初めての試みでありましたから，粘土室で起こることは全く予想が立ちませんでした。

したがって，粘土室では，寮生の行動には，ああしろこうしろと，いっさい注文をつけず，寮生がやりたいことを思う存分できるように，時間にも，することにも制約を設けないことにして始めました。寮生が思いのままに動いてくれることを期待したのです。

そして，どのような行動が寮生に起こるのか，どのような形で粘土と寮生がつながりをもつかを知ろうとしたのです。成り行きを見守ろうと始め

ました。

粘土室を開いてみると，軽度の寮生はあまりにも開放的な雰囲気に戸惑いを示して，かえって，最初は敬遠していたのですが，障害が重い寮生ほど興味を示したのです。日頃，他には殆ど関心を示さない寮生が，自ら進んで飛び込むようにやってきたのです。くるなり，粘土をつかむと口に運んでドロドロに嚙み砕いて頭や顔に塗り付け，いかにも満足げなのです。壁や机に塗りつけたり，指先に力をこめて粘土を作業台にこすりつけ，指先に起こる鋭い感覚に興奮して奇声を発する寮生もいたり，粘土をじっと抱きかかえてもち続けてはなさない寮生もいました。中度の寮生になると粘土を細かくちぎったり，叩きのばして，いくらでも思いのままにひろがる粘土に興味を向けたり，細い棒状の粘土を振り子のように揺らせて，ちぎれる様子をじっと眺める寮生もありました。それぞれに違った取り組み方があって，手の動きに忠実にどうにでもできる粘土の変化に夢中になるのでした。最初は粘土の様々に表す形に興味をいだいていた寮生も，しばらくすると，雑多なものを整理して，作品全体の統一をはかろうとします。同じ大きさのダンゴを無数に作ってみたり，同じ太さの棒状のものを作ったり。さらに，それを並べたり，積上げたり，つないだり，それぞれが構成物の形態をなしていくのです。

中度・重度の寮生が触覚によって活動を起こしているのに対して，軽度の寮生は視覚的刺激にたよるところが多いようにみえました。軽度の寮生たちは，身近な石や，牛や，魚や，人の顔をモデルに表現を試みます。形・色ともにモデルからは遠いもので，寮生個々による変形がされていました。対象に支配されるというより，作るときに起こる昂揚した気持がこめられているようでした。

（4）活動の展開

一麦寮は，後に（1975年）成人の施設に移行しましたが，当初は児童施設でしたから，入所児の在所は20歳までと限られ，20歳で寮生が去ると，入れ替わりに，新入寮生を迎えることになるので交代が激しかったのです。寮生の変化で，寮内は動揺に明け暮れていましたが，反面，循環によっ

図1　先輩寮生の馬の作品

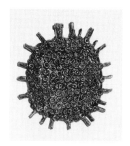

図3　先輩寮生の亀の作品

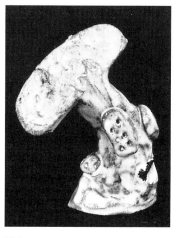

図5

図2　寮生Aの馬の作品

図4　寮生Aの亀の作品

表1　一麦寮の粘土活動の3つの時期

| 第Ⅰ期　（1965-1969） |
| 第Ⅱ期　（1970-1974） |
| 第Ⅲ期　（1975-1979） |

て，常に，寮生同士刺激しあう活気ある空気がありました。粘土の活動も在籍する寮生によって傾向が変化し，展開してきました。児童が在籍していた時期に限っても，大きく3つの時期にわけることができます。

第Ⅰ期は，粘土活動の確立期といえます。粘土を寮生の生活の中に導き，知的能力を超え，どのような寮生にも興味をもたれる活動になったのです。粘土が寮生を活動に導いたのです。粘土の活動の中での寮生は，寮の他の活動では見られないような，積極的で自発的な取り組みが見られました。活動の現れ方も個別的で，体に塗りつけることから，造形的な表現まで様々な形態での現れ方がありました。個々に異なり，多様な取り組みが認められ，造形においては，寮生は豊かな表現をみせ，旺盛な創造力を示すのでした。障害児の中に秘められた能力が一挙に花開いた時期といえます。

（5）熱気と創意にあふれた第Ⅱ期

第Ⅱ期が始まるすこし以前から，寮では，寮生の年少化が徐々に進んでいました。新しく入寮してきたのは学齢期に達したばかりの年少児で，青年期を主体にした寮内の雰囲気は少しずつ変化していました。新入寮児は，それまでの，どちらかというと，家での閉じ込められた，他との交流のない生活から解放され，新しい寮の生活の中で戸惑いもありますが，徐々に生き生きと活気にあふれた生活を始めます。何ごとにも好奇心が強く，どんなことにも取り組まずにはおれない積極性，旺盛な吸収力を発揮するのです。そんな寮生にとって，粘土室は絶好のあそび場で，興味の尽きぬ楽しい所でありましたし，どうにでも自由になる粘土が，自分でも作れそうだと自信になったのでしょう。入寮の翌日には，粘土室で粘土を手にしている新入寮生もあるぐらいで，多くの寮生が，興味ある対象を得て，やみくもにのめりこむのでした。ある新寮生Aは，一日の多くを粘土と共に過ごして，一通り粘土に通じることは難しいことでなく，一先輩寮生のかたわらで，先輩の作るものに興味をもって見，よく似たものを作り始めます。注目されて刺激されるのは先輩寮生の方で，追われる思いの彼をさらに高い表現に駆り立てたのです。2人のやり取りの中で作品が創造されていったのです。彼は新しい作品作りのテーマに動物（馬や亀）を選び，表現力をあげていきます（馬の作品：図1，図2，亀の作品：図3，図4）。寮生Aは先輩寮生との活動に3年ぐらいを過ごしたのです。

先輩寮生の退寮で，寮を去って行くときが，寮

生Aの表現が自立するときでもありました。そしてその時が，第Ⅱ期の始まる時にもなっています。第Ⅱ期，寮生Aの存在がこの期の粘土室に創造的で豊かな時をもたらしたのです。

この時期を画した寮生Aの作品が（図5）です。この時期は，寮生の中に創造への気分が膨れ上がり，それが一挙にあふれ出た時期です。誰かがいい作品を作れば，それに励まされて，誰もがいい作品を作ろうと駆り立てられる，活気がみなぎっていました。お互いの刺激からは熱気が生まれ，他に類のない，活気にあふれた粘土室になりました。新しい表現を求めて，寮生は，心おどらせたのです。

この期には，あまりに作られる作品の豊じょうさにうながされるように，毎年，東京で展示即売会を開いています。そこには，当時著名な芸術家岡本太郎氏とか井上有一氏（現代書道を拓いた人）が来られ，高い評価を得ています。岡本氏は，遠足で氏の「太陽の塔」を見て寮生が作った作品（図14）を見「今度はオレが真似してやるよ。」と言って数点買ってくださいました。そしてその後に「私のやきもの讃歌」（『太陽』，1986年6月号，No. 292，p.6-7）で，いま触れている土と無条件にぶつかりあう姿として取り上げていただきました。井上氏は，作品1点1点の前で立ち止まり，じっと見ては，人目をはばからず嬉しそうに大声を上げて笑われた。一度立ち去られたが，しばらくして，もう一度こられて最初とおなじように見ては大笑い（＝大喜び）された。作品のもつ明るさと，型にはまらない自在さを認めてのことでしょう。

第Ⅲ期は，寮が障害児の施設から障害者の施設に移行した時期で，入所者の年齢に20歳の制限がなくなり，寮生は男性のみから，女性が加わることになっています。

第Ⅱ期は，寮生が物事に熱中できる年代にあり，粘土という対象を得てのめりこみ，途方もないエネルギーを放ち，寮生の可能性の大きさを示した時期です。その時の活力はそのまま第Ⅲ期に継続され，創造活動はいっそう高められたのですが，さらに他の素材に活動の対象を広げることになっています。新しく，織物，刺繍，染料，紙などの活動が加わったのです。中でも染料による描画は

寮生には新鮮でした。新しい活動分野を得て，それまでに粘土で蓄積された創造力を他分野に広げ，開拓をはじめました。

（6）創造活動から生じる，沈黙と静寂が支配する場所

粘土室は，昼夜を問わず，個々に自由に，出入りできるところでしたから，年齢の差，知能の差など問題にせず，粘土を中心にお互い影響しあうところでした。

粘土室にやってきた時は，たいていにぎやかなのですが，めいめい粘土を手にしてしばらくすると，声を出すものもなくなり，余念無く粘土にだけ集中するのです。寮生は身体全体を動員し，全神経をかたむけ，粘土とひとつになって没頭するのです。手は無駄なく的確に動かされます。

そんな無心の寮生からは，神聖な儀式のような雰囲気があふれるものです。周りを気高く，静かで快い気持で包み，まわりにいる先生や寮生までを快くするのです。

寮生は，集中の中で，創意を湧かせ，創造しつづけました。不可能と思われるような技術的な問題も解決するのです。専門の指導者がいないのですから，殆どは自学自習です。無限の可能性を感じさせるのです。造形活動の中では，障害児（者）は存在しないのです。

（7）遊び　－自分で拓いてゆく無限の可能性－

寮生が，造形活動にかたむけるエネルギーは膨大なものでありました。そして，そこから想像されるのは，どの障害者の中にも無限の可能性が秘められているということでした。

先ず，彼らの独自性であります。障害者には自らの思いを信じて疑わぬ。自分を大切にするところがあります。他と同じように見たり，同じように作ったりしようとはしないのです。人の目などいっさい気にしないのです。自分で感じ，自分のおもいを正確に組み立てて表現しないと納得できないのです。したがって，表現されるものも個々に違い，他と同じことをしようとはしないのです。彼らの表現活動の特質でありましょう。

彼らの独自なあり方を認めれば，それは泉から清水が湧くように，彼らの魂からこんこんとおも

いが湧き起こります。筆者の経験からすると，ひとたび寮生の中の泉が湧き始めると絶え間のない活動が生まれ，無限の独創をうむのです。

　彼らが実際に表現活動を行う過程でも，彼らは独自な方法をとるのが普通です。常識では殆ど不可能と思われる難しい技法にも，自分流の独創的な解決をして，舌を巻かされるようなことがしばしば起こりました。

　ある寮生などは，一つの作品を作るのに３日を要するのが常でしたが（図17），３日３晩不眠不休でやるのです。周りの心配も，暑さも寒さも彼の活動をとめることが出来ませんでした。そこまで，寮生を駆り立てたのはなんだったのでしょうか。

　また，ある寮生は，紙を鋏で切って美しいきり絵を作っていたのですが，切るのが非常に早いので，いったん始めると２・３時間で，ものすごい作品の量になるのです。寮生が他の寮生と暮らす６帖の部屋できり絵を始めると，部屋はたちまちきり絵でいっぱいに積上げられます。就寝時になるとたいへんで，あわてて片付けねばなりません。他の場所へ移すのに苦労するし，他の手も借りねばなりません。そんな面倒があっても毎日，きり絵は絶対に止めようとはしないのです。

　きり絵をするには，紙を片付ける以外にも苦労があるのです。紙を手に入れることです。毎日の活動のためには大量の紙が必要ですが，施設で生活するものにとって紙を手に入れることは至難のことです。金を持たない寮生が自ら買うことはできませんし，殆どを他からもらうのですが，それもそんなに容易なことではないのです。与えてくれそうな人には，描いた絵を渡したり，刺繍を渡したり，仕事を手伝ったりと平生の外交努力を惜しまないのです。言葉のない寮生には想像を絶する努力があったに違いないのです。ところが，もらうものには案外きびしく，何でもよいわけではないのです。紙の色，厚さ，質感で選択して２・３日すると返してくることがあるのです。紙によってはおもいを表しにくいと考えたのでしょう。材料選択はきびしいのですが，材料獲得は寮生にとっては最も大きな問題で，材料が欠乏することを恐れたし，入手での手腕が造形活動を左右して

いるのです。糸や布の作品に取り組んでいた寮生は，材料提供者のいる寮の事務所の前を仕事場にして，そこにどっしりと座り込んで刺繍をすることにしていました。材料がなくなりかけると，提供者の後に執拗についてまわって，糸や布がもらえるまで離れようとはしないのです。

　誰に頼まれたわけでもなく，何の利益にもならないことに，そして，様々な困難にも諦めようとはせず，生活のすべてを表現のために費やしているようなものです。なぜそこまで夢中にならねばならないのか，不可解なところです。

　かくも，主体的で，能動的な寮生たちの活動が何によって引き起こされるか分からないのですが，彼等の活動のもつ，とらわれない自由さと，桁外れの多産さから，寮では「あそび」とよんできました。利害とは関係なく，まっすぐに現われる活動は人間の生きることと深い関係があるように思えるのです。あらゆる人にあってよい，それは生きるための支えとなっている活動のようにみえます。障害児（者）の教育にあたって，一番陥りやすい問題は，彼らの自由な活動を，表される強烈さ，多産さ，新奇さのために，ややもすると常識から外れたものとして，異常と捉えられやすいことです。すべてを障害に起因するものと捉えたら，真の人間としての障害児（者）の姿を見失います。先ず，彼らを信じて，障害児（者）という眼鏡をとらねばなりません。そうでないと造形活動は成り立たないのです。

　障害児（者）の教育において，支援をないがしろにしてはいけないのですが，しかし，材料に触発され主体的に表現することに無限の可能性を有する彼等に，無限の可能性への糸口を探らせ，自らの表現世界をきずきあげてもらいたいものです。それはすべての障害児（者）に広がらねばなりませんし，すべての人にも必要です。

　学校においても児童は，一般的には受けとるだけの学び手ととらえられがちですが，もっと主体的，個別的な開拓者，表現者としてのあり方が尊重され，すべての児童を可能性の糸口に立たせなければならないとおもいます。

（吉永太市）

図6 げんこつ（Ⅰ期）
粘土に、しっかりと垂直にあてている

図7 へび（Ⅰ期）

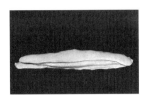

図8 無題（Ⅰ期）

図9 無題（Ⅰ期）

図10 （Ⅰ期）

図12 馬に様々な表情の人が乗っています。（Ⅲ期）

図13 （Ⅲ期）

図11 （Ⅲ期）

図14 無題（Ⅱ期）

この作品は、大阪万国博覧会会場跡地に行って太陽の塔を見て刺激を受け、作品にしたものです。東京展で岡本太郎の注目を得ました。
関連記事 p.59

図15 （Ⅲ期）

図16 （Ⅲ期）

図17 この作品は、3日間休みなく眠ることもなく作られました。手を止めたのは、食事をするわずかな時間だけでした。
（Ⅱ期）
関連記事 p.60

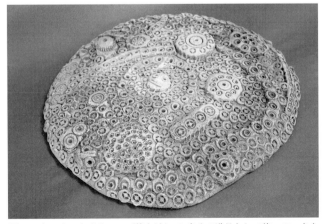

図18 丸い穴のあくキャップ等を試して、自分の道具として使っています。（Ⅱ期）

第2章 子どもの感性のあり方 | 61

9．どの子も唯一無二の〈いのち〉を生きている
－ V.E. フランクルの思想に学ぶ －

> ひとりの人間が生きた「物語」は，かつて
> 書かれたどんな物語よりも，比較にならない
> ほど偉大で創造的な業績なのである。
>
> （フランクル 2011, p.90）

（1）子どもは，かけがえのない一人ひとり

Points　目的合理性と「実存的空虚」

　子どもは，一人ひとりが独自のあるかけがえのない存在です。このことは，20世紀初頭の児童中心主義（新教育運動）の教育論以来，言葉としては幾度となく繰り返されてきました。しかしながら，すべての子どもがユニークで素晴らしいのに，そのことをいつも実感できる理論，自覚しながら教育の実践を行うことができる理論がないのはなぜだろうと小学校の先生からもよく指摘を受けます。現在の小学校の先生は，30人あまりとかなりの人数の子どもを担当しておられます。いくら子どもの数が多くても，子どもの成長・発達像をベルトコンベアーに載せられた工業生産品ができあがっていくようには捉えておられないでしょう。それぞれが，唯一無二で創造的な〈いのち〉であることを実感して教育現場に立っておられるのではないでしょうか？

　ところが，全ての子どもの成長を一本の道筋のように捉える発達のイメージ，特定の目標へのリニアな階段に即した教育のイメージは，近代以降，私たちの中にしみ込んできました。近代において優勢となった旧教育（教育を「ものづくり」や「生産活動」に見立てる）に劣らず，これに対抗して教育を「農耕」や「植物栽培」という比喩で見立てた新教育の理論も，そういった教育や発達のリニアなイメージ化に加担してきたのかもしれません。その結果，一人ひとりのこの絶対的な独自性を，共同性の中で磨かせ，輝かせることなく，毎日の教育活動が，定型的で，ステレオタイプの枠組みの中に，回収されてしまいがちなのではないでしょうか。

　ここで，注目してみたいのは，ユダヤ人強制収容所の体験記録（『夜と霧』）の著者として知られるヴィクトール・エミール・フランクル（1905－1997）の一人ひとりの〈いのち〉に対するまなざしです。フランクルの〈いのち〉の捉え方をたどり，筆者の考えを含めながら，子どもの学びの姿をどう見れば良いのか考えていきたいと思います。

　戦後，フランクルは，先進諸国の物質的な豊かさの中で，生きていく心のはりを失う人々の姿を問題にしてきました。そして「退屈」「無関心」などという慢性的な気分を「実存的空虚」（＝その人独自の存在の「意味」が実感できないむなしさ）の顕れであると捉えました。自己中心的な快楽や忙しさで麻痺させようとすればするほど「空虚」は深まっていく。しばしば，人はそこから逃避し，誤った解決を導いてしまうのです。現代人の刹那主義的，あるいは宿命論的な生活態度，体制順応主義や全体主義という社会現象，そしてカルトやテロリズムにみられる 狂 信 など──今日こそ，これらの傾向が，「意味」の空洞を間違った仕方で埋め合わせようとする過ちであることに気づかせようとします。

　フランクルによれば，顕在的にせよ潜在的にせよ，このような実存的空虚が巣くう前提として，そもそも人間に，蟻や蜂の集団行動のような，決め手になる行動型が先天的に保証されていないことがあります。もちろん，この欠陥を補うべく，人間は長きに渡る文化の伝承で生きる方向を安定化させ，可能性を増大させてきました。しかし，近代に至って，合理主義，個人主義，快楽主義の傾向が強まり，伝統的共同性が弱体化し出すと，拘束からの自由と表裏一体となった方向喪失の不安を私たちは抱え込むようになります。進行する伝統の崩壊を覆い隠すように，システムの目的合理性を精緻化してきた近代化でしたが，「空虚」は今，その機能不全と共に滲み出ています。それは，「より多く達成して生きる」という至上命題

によって，「何のために生きるのか」という問いが隠蔽されてきた結果ともいえるのです。

（2）教育に「余白の美」を取り戻そう
Points　冗長性・偶発性・多様性の尊重

目的合理性の網の目をより細かくしなければ，存在不安を覆い隠せないという強迫観念が支配しているのでしょうか。目的合理主義の権化ともいうべき PDCA サイクルなるものが，企業のみならず，学校や大学でも，金科玉条のごとく尊重されています。そこでは大局的な思想や歴史観の中で事柄を問い直すという視点は棚上げされ，目先の効用を目的とし，成果を上げるための計画，無駄のない実行，成果達成の検証を繰り返し，私たちは「次どうする，次どうする」という意識に支配されます。それは先回りして敷いたレールをたどる「実践」かもしれません。しかしながら，歩行者が自分の歩く行為に注意を向けすぎると逆にこけてしまう（反省過剰 (ハイパー・リフレクション) という神経症）ように，目先のことに「目標」を限定し，その合理的な達成へ向かおうとする意図と反省の過剰が，結局，大局の見失いや悪循環を招く可能性があることを，私たちは忘れがちなのです。

学校は，近代システムですから，目的合理性を基調とせざるをえないとしても，それだけに塗りつぶされると，教育は窒息するでしょう。そこでは，ダイナミックに変化する教育の状況の中に，身ぐるみ自己を投げ入れ（投企 project），状況が呼びかけてくるものを傾聴し，それに応答していくという実践，その時，その状況に自分をかけるという姿勢が介在する余地がなくなってしまうからです。人間相互の営みの冗長性（redundancy；少々の失敗や誤謬を吸収し緩衝する度量），偶発性（contingency），多様性（diversity）を肯定的なものとして捉える構えを教育は失ってはならないのです。

ここで，象徴的に，敢えて極端な喩え話を示してみましょう。ある子どもが，二つの同じ粘土をくっつけると，個体としては1つの粘土になることから，1＋1＝2の理解に躓いていたとします（実際，あのエジソンは，小学生の頃，そうだったようです）。教師は，その子どもが，たまたま

偶然，その内面において想像したことに寄り添うことなく，ただただこの公理を教え込むならば，子どもの中で，言語化できずもやもやとしていた思いは，だんだん消されてしまうでしょう。このとき，教師はそれを「正しい」教育と思っているが，あにはからんや，その子どもに暴力を働いていることになるのかもしれないのです。なぜなら，その躓きの中にも創造性の萌芽がある（ユニークな「意味」の可能性が隠れている）かもしれないからです。事実，1＋1＝2が真理なのは，ある条件のもとにおいてだけ（時間や空間が曲がる宇宙空間では成り立たない）で，全面的真理ではありません。たしかに，算数教育によって，子どもはこの世界（宇宙）の秩序のある部分に触れ，論理的思考力（抽象的思考）を育てられる。これは大切な教育の役割です。しかしその半面，そこからこぼれ落ちるものの可能性（その子がその状況で聴き取っている宇宙からの呼びかけとしてのユニークな「意味」）は，そこで隠蔽されるのかもしれないのです。そして，このことに配慮する「余白」はどんどん失われているのではないでしょうか。

（3）「意味」の発見 －唯一無二の可能性との出会い－
Points　無我夢中という「無意識」の創造性

さて，粘土の話題を続けましょう[1]。子どもたちが，無我夢中になってつくる粘土は，一つとして同じものはないはずです。前述の子どもにとって，くっつけてできた大きな粘土だんごもまた，独自のものであり，単なる二つの総和ではなかったのかもしれません。子どもたちは，各々がイメージした「最も強い」あるいは「最も美しい」粘土だんごに自分の心と身体を集中させます。まさに無我夢中になって遊ぶとき，粘土と身体の物理的区別は溶解し一つとなっているかもしれません。つくるという行為の一瞬一瞬において，主客未分の無意識の現実が現成する。そして，そこから各々が，つくるものとなり，同時につくられたものともなる。つまり，自分が粘土を形成すると同時に，粘土が自分を形成し，その自分がまた粘土をつくるという相互の形成作用が成り立ってい

るわけなのです。その時,「創造性」が生成するといえるでしょう。言い換えれば,粘土を創造するという行為を通じて,その時々に固有で,その人独自の生の「意味」(可能性)が実現され,同時に,粘土固有の一回的な可能性もそのつど実現されていくのです。言い換えれば,フランクルがいう「意味(Sinn)」とは,〈あなたがおかれている,そのつど一回的で,独自の状況下において,他ならぬあなた自身によって実現されるのを待っている可能性〉のことです[2]。ドイツ語のSinnは,英語のmeaningよりもsenseに近いと思われます。つまり,言語を通じて理性的に知解されるものというよりは,身体を通じて感受される何かなのです。漢字でも「音を心で聴き,味わう」と読め,身体性との深い関わりがありそうで興味深いです。しかし,これを実現する働きそのものを,私たちは,反省的にとらえることは決してできません。なぜならば,それは,私たちが自分を忘れて無意識になるときにはじめて働くからです。これをフランクルは「精神(Geist)」の働きと呼びます。

> 網膜の根源的個所,すなわち視神経が網膜に入りこむその個所に盲斑があるのと同じように,精神もそれが自分自身の根源を有しているまさにその場所において,すべての自己観察,すべての自己反省に関して盲目になる。精神が完全に根源的であり,完全に「自分自身」であるその場所において,精神は自分自身に関して無意識なのである。そしてこのような精神に関してこそ,古代インドの聖典ヴェーダに述べられている次のような言葉がそっくりそのままあてはまるのである。「見るものは見られえず,聞くものは聞かれえず,考えるものは考えられえない。」
>
> (フランクル 2002b, p.29)

フランクルは,これを心理学への翻訳の必要性から,やや実体的表現ながら「精神的無意識」と術語化しました。深層心理学において「無意識」は,ともすれば人間を操り支配する機械的な力学の構成要素と見られてきました。この術語化は「無意識の名誉回復」のためであって,無意識の

「創造性」を正しく捉え直し,提示する意図からであるといいます。ここで,両者の考え方との根本的な違いに着目しておきましょう。

まず,深層心理学において無意識は意識と対立するものとして実体化され,抑圧された衝動性や原始心性の貯水池でありました。それに対してフランクルが示したのは,自我そのものが,無意識であり得ることなのです。「意識と無意識の境界は極めて流動的で,いわば相互に浸透し合うことのできるようなもの」とされます。換言すれば,意識は,その只中において無意識でありうるのであり,意識を,いつもすでにその底から支えている潜勢力として無意識的な精神性を捉えたといえるでしょう。

また,フロイトやユングは,「無意識」を「衝動」という生物学的な一般的「事実性」(=実体)とみて,その力学を極めて対象化して分析しました(精神分析,分析心理学)。他方,フランクルは,無意識を「実存」の働き,その意味で徹底して個別的で,実体化できないものと捉えたのです[3]。

(4) 一人ひとりの創造性の不思議

Points 「もとにある」という根源的能力

この実体化できない精神的無意識の働きを,フランクルは「精神的存在者(人)は,いつもすでに,他の存在者(人・もの・自然)のもとにある」と表現しました。この「もとにある(Bei-sein)」というのは,決して空間的にそばにいるという意味ではなく,主客未分の現実に捉えられうる可能性を示しています。強制収容所は,死と背中合わせであるがゆえに,かえって,アルプスの山に沈みゆく夕日の美しさが,この上なく身に染みて心打たれたこと,過去の当たり前の日常生活の思い出や,家族,とりわけ妻の存在がとてもいとおしく感じられたこと――これらはとても不思議な経験であり,そのことに何とか支えられて苦しみを自分の苦しみとして耐え得た,とフランクルは述懐しています。また,強制収容所で余命あとわずかであることを悟り,「死の床」にあったある女性は,窓から見えるマロニエの樹の固有の〈いのち〉からの呼びかけを聴き,自らも固有

の〈いのち〉になりえていたと述べています。そこに医師として立ち会った彼は，後にこの事態をまさに詩的に綴らざるを得なかった（『夜と霧』を参照のこと）のです。これらは，まさに「もとにある」の意味するところなのです。

もともと，私たちは生まれながらにして，このような「もとにある」という根源的能力をいつも潜在させているのです。この世に生まれて，身近な大人に無条件に肯定され，受容された赤ん坊は，世界から誘発され，最も純粋にその「もとにある」能力を顕在化させます。そして，この没我的に世界の「もとにある」力が，諸々の経験（世界内での関係性）を成立させていくわけなのです。

　　この精神的に在る者の根源的な能力，この
　　根源的可能性は，それ自体，それ以後の諸能
　　力の条件，つまり，知覚・思惟・言語といっ
　　た能力の条件をなすものである。「もとにあ
　　ること」は，決して結果ではなく，いつもす
　　でに思惟・言葉といったものの条件であり，
　　従ってまた相互理解や意志疎通の条件をなし
　　ている。　　　　　　（フランクル 2001, p.66）

さて，言語や文化は，共同体の中で歴史的に構築され，制度化されます。人間は，その中へと生まれ，その限定を受けて育ちます。それらは，人間の生にとって不可欠な「支え」であると同時に「桎梏（しっこく）」でもあります。そのため，私たちは，それらが惰性化しないように，たえず，身体性を介して意味を感受し直し，「受け取り直す」必要があるといえます。つまり人間にとって「創造性」とは，この「受け取り直し」によって，言語や文化によって分節化された世界理解の枠組み（型）を組み替え，その新たな地平を獲得することに他なりません。問題は，その力をどこから得ているのかということでしょう。「もとにある」という根源的な精神の働きこそがそれである，とフランクルはいうのです。「精神は実体ではなく，純粋な潜勢力（reine Dynamis）である」（フランクル 2001, p.228；筆者一部改訳）と。

そしてこの無意識的な精神性として，彼は相互に関連し合う三つの典型的な働きをみています。精神的無意識の「非合理的な，直観的深みに根差

している」のは，「良心（エートス的なもの）」と「愛（エロース的なもの）」，そして，「芸術的インスピレーション（パトス的なもの）」であるといいます。まず，「良心」とは，「道徳的本能」と言い換えられているように，そのつどの状況下において「呼びかけ」を聴き取り，その人に独自の仕方で，よりよき選択・判断を意識的・無意識的に行う応答力のことです。また，「愛」は，他者を，そのように個別的で独自の可能性を実現できる唯一無二の存在として捉えることのできる潜在的な力です。「愛は可能な唯一のもの，そのつど愛される唯一無二の可能性を開示する…。実に愛のみが初めて，一人の人格をその唯一性において，すなわち誰のものでもないその人自身の絶対的な個体として直観することができる」（フランクル, 2002b, p.39）のです。

さらに，この両者と関連し合って「精神」は，「美的な無意識」でもある。これを彼は「芸術的インスピレーション」と呼びます。芸術的創造においても再創造においても，この潜在的精神の働きが作品を作り出している。「芸術家が霊感を汲み取るところのこの源泉は，常に涸ることなく，意識をもっては決して明らかにしつくすことのできない暗闇の中に存在している」（フランクル 2002b, p.40）。

したがって，この「無意識からの創造」を妨げられるとき，人間は真の創造性を発揮することができなくなるのです。フランクルは，「創造」を目途として過度の自己反省や自己観察に陥ることが，かえって「創造」を妨げるというパラドックスを具体的に例示しています。例えば，演奏技法の隅々に至るまで，できる限り上手に意識的に演奏しようとした結果，芸術家として完全に行き詰まってしまったバイオリニスト。あるいは，スケッチを始めたものの全体の構図が浮かばないので，描くのをやめて台所仕事を始めるや否や，数日来探し求めていた線の組み合わせを心に浮べた画家など。つまり，意図過剰に陥ることなく，むしろ無心に何かからの呼びかけに自分を委ね，その「もとにあり」（受動），その何かの一回的で独自の可能性を，ポイエーシス（制作活動）を通じて

実現させること（能動）が「創造性」なのです。そこで模倣・再現（ミメーシス）されたものは，一つとして同じものはない。子どもの粘土だんごでも厳密にはそうです。そしてその形成過程における形成者自身の形成と相互の形成作用もまた，一つとして同じ仕方では起こらないのです。

このように創造性の源は，実に人間の計らいをはるかに超えたものであり，しかもそれは個に即して働く実体ならざる何かであるといえます。フランクルは，これを「超意味（Über-sinn）」と表現し，あるいは文脈によっては「一切にして無なる神」「識られざる神」という表現を用いて，それが実体化できない，隠された無的な働きであることを強調しました。ただこのことは，洋の東西の文化的相違を貫いている感があり，先に引用したように，フランクル自身も，ブラーフマン（大宇宙の摂理）とアートマン（小宇宙としての自我）の照応関係（梵我一如の思想）を説いたウパニシャッドの聖典ヴェーダを引いて説明してもいます。ここで，フランクルの意を汲んでさらに発展的にこのことを少しばかり敷衍してみましょう。

火は火自身を焼かない，水は水自身を洗わない，泥は泥自身を汚さないがゆえに，それ「自体」であり得ています。一切の形あるもの（「色(しき)」）は，それ自身の働きを否定する無的な働き（「空(くう)」）が，各々の個性や個物に即して働いているから，それ自体であり得ている（色即是空，空即是色），ということがあります。火や水や泥を見たり使用したりする私たちにも同様のことがいえるでしょう。それらを見ている眼は，その眼自身を見ることができないからこそ，その眼自体は正常に働いているといえます。また，手で粘土はつかめても，その手で手自体をつかむことができないがゆえに，手はまっとうに働き粘土だんごをつくっているともいえます。考えることは，その考えることそのものを考えることが不可能であるがゆえに成立しているのです。つまり，端的に言えば，自己は「無」となって，世界からの呼びかけに引きつけられ，見ること，聞くこと，つかむこと，考えることに徹するとき，はじめて自己は自己自身になるのです。なぜなら，この唯一無二の自己に即し

て自己を超えたものが働いているからです。

　「或ること」のリアリティーが，われわれを占有しわれわれのうちに「移り」，われわれのこころを「映す」。そのわれわれがその「こと」のうちへとリアルに「移り」，……われわれのこころがその「こと」になって働く。
（西谷 1961：200-201より抜粋）

西田幾多郎に学んだ西谷啓治はこのように述べ，これを奇しくも，何かの「もとにある」という言葉でも表しています。この，個々の「もの」「こと」「ひと」が相互に「うつり合い」，お互いの「もとにある」という「回互(え)的(ご)相入（eine wechselseitige Durchdringung）」の働きに，彼は「空(くう)（śūnyatā）の場」をみました。これは，フランクルの無意識の精神性による相互形成作用（創造性）とも通じ合っている事態ではないでしょうか。

（5）洗練させたい応答力

Points　視点のコペルニクス的転回を通じて

フランクルの考える援助者の課題は，人間相互の日常的な営みの底に，いつもすでに流れている「無意識的な精神性」という可能態（potentia）を，いったん行為によって顕在化（actus）させ，再び日常の自明性へと戻していくこと，そして，この運動を「習性態（habitus）」とできるように習慣づけることにあります。果たしてこのことを成就できる援助者の在り方はどのようなものでしょうか。

ここで再び，教育の在り方に話題を戻せば，近代に趨勢となった目的合理的な教育のシステム化に対抗して，20世紀初頭より「新教育」が現れ，子どもの内なる自然の自己展開の助成をその主張として，子ども中心主義の運動を起こし，自然の中での子ども自身の遊びや仕事，自治や共同性などを重んじました（日本では大正自由教育）。しかし，当時一般庶民はまだ農村生活が多く，この問題意識は，都市部の中間層以上のエリートにしか広がらなかったし，やがて2つの世界大戦と国家主義の台頭とともに，学校教育の画一化の波の中に消えるしかありませんでした。戦後まもない日本では，再び国家を挙げての経済成長へ向かうまで，つまり教育がいわゆる「逆コース」をたど

るまでは，一時，戦前戦中への反省もあって，革新的な個性尊重の教育が唱えられ，試された時期もありました。ここで，展開された考え方は多様でしょうが，なかには，フロイトを援用し，子どもの抑圧された無意識の解放を創造性と結び付けて考えるものもあったでしょう。

今，あらためて，創造性の生成に寄り添える援助者の在り方を考えるとき，子ども中心主義の考え方の枠組みが，本当に創造性の生成に資するものであったかを問い直すことが求められているかもしれません。その子どもの諸力の開発理論は，「胚の中であらかじめ形成された」可能性の「展開（Auswicklung）」を彷彿させ，それを妨げる拘束からの「自由」や「解放」が，その教育の目標とされます。しかし「自由」や「解放」は到達点ではなく出発点なのです。その意味で，子ども中心主義は，「〜からの自由」を尊重するあまり，「〜への自由」を視野に入れず，「創造性」の媒体でもありうる「過去」の文化との連関を軽視したかもしれません。

フランクルは，無意識を内的な自然の一般的法則に還元して解放の対象とみなすのではなく，対象化できない，しかも個別的な実存の働きとして無意識を捉え直し，そこに創造性の源を見たのです。

フランクルがその教育論（岡本 2002参照）で述べていることですが，その状況における，その人独自の「意味」は，決して他者が教えることはできません。つまり，それを「与えること」も「引き出すこと」も原理的に不可能で，それはその人自身が「発見する」しかないのです。そして，そもそも，大人も子どもも「世界」から呼びかけられて，それに独自に応答しながら，精神を活動させている「同行人（同じ求道者）」だといえます。共にそれぞれの状況を誠実に生きる者どうしであるときに，結果として真の交わりが生まれます。親や教師が，その子の個性を引き出そうと躍起になっても，あるいは「お手本」であろうと躍起になっても偽善を招くだけかもしれません。フランクルは次のように，「視点のコペルニクス的転回」を説きます。〈私が人生にまだ何を期待できるか

が問題なのではない。人生が，私に何を期待しているか（呼びかけているか）を聴き取り，それに具体的な行為によって応答（response）すること，そしてそれを習慣化することが大切である。このことによって，ひとは，それぞれの状況において，独自で，唯一無二の存在の「意味」（可能性）を実現することを積み重ね，人生に対しての「責任性」（responsibility），すなわち人生に「応答する力（response+ability）」を培うことになるのだ〉と。子どもと共に生きる人生（状況）から問われて，それに具体的に，真摯に応答する中で，大人自身の生の「意味」も発見されていくものかもしれないのです。そうした時，その大人の姿が〈触媒〉（＝「生きた実例」）となって，無自覚にせよ，子ども自身も自らの精神的無意識の創造性を活動させ，「意味」を感受する活動を開始するのです。

（6）ものたちは，花嫁のように待ち焦がれている

Points　存在の謎への応答を通じての自己の証し

そもそも「この世界の一切に意味はない」という断定は，実は誰にもできないことなのだ，とフランクルは言います。なぜなら，この場合，自分だけがこの判断を下せる唯一の有意味な存在であることを前提にしており，自己矛盾を犯すことになるからです。それは，自分を「神」の位置におき，「世界」を客観的に見下している態度でしょう。究極的に「この世界に意味があるかないか」は，人間の論理的判断，計らいを超えた問題であり，「謎」のままにしておくべき事柄ではないでしょうか。したがって，少なくとも子どもたちに「一切に意味はない」と断定することは，大人の思い上がりであり，かつ無責任な態度ということになります。そして，このような大人の態度が，子どもの「意味」の見失いに大きく影響していることを私たちは自覚しなければなりません。

むしろ，フランクルは，人は，生を授かったその瞬間から，自己が〈誰〉であるかという問いに，無意識のうちに応答するよう宿命づけられているのであり，その応答によって自己を証しすることが生の根源的な欲求であることを教えてくれるのです。そしてそこで実現されていくのが，そのつどの唯一無二の「意味」です。この「意味」の実

現こそが「創造性」に他なりません。「意味」の底には，まさしく自分がこの宇宙の中で〈誰〉なのかという「存在の謎」（「超意味」（über-Sinn））が隠れており，それが応答へと私たちを促しています。私たちが，生かされて在るということそれ自体が「意味」ということなのかもしれません。だとすれば，私たちは，自覚的であれ，無自覚であれ，生かされて生きているということを，その心身にリアルに体現しているときに，創造的であり，相互に形成的になれるのかもしれません。フランクルは次のように言います。

　　人間存在は，たとえそれが何であるかが人間にはほとんどわかっていないにしても，初めから意味に向かっている存在であり，…（その意味で）人間は，自分が欲しようと欲しまいと，認めようと認めまいと，息をしている限りは何らかの意味を信じている。…どのような意味も信じられないとするなら，そもそも指一本も動かすことができない。

　　　　　　　　　（フランクル 2002a, p.101）

だからこそ，逆に言えば，世界は，その子どもが自分の存在を証すべく，独自の仕方で，何かを創造することを待ち望んでいます。もしも，その子がいなくなれば，その何かも，生まれることなく消えてしまうような何かが生み出され，表現されることを。しかし，世界は，生み出されることだけを待っているのではありません。その子独自の仕方で見られたり，聞かれたり，受苦されたりすることを通じて，この世界自身の可能性の一端が，その子の存在（身体）全体を通じて，独自の仕方で実現されることを待ち望んでいるのです。

　　ものたちは，花嫁のように，精神的存在者を待ち焦がれている。

　　　　　　　　　（フランクル 2002a, p.126）

注
1) 本書の第2章　愛野良治氏による佐賀県の干潟における広く深い粘土の場所で遊ぶ子どもの例を参照のこと
2) フランクルの「意味」の捉え方は，ユダヤ神秘主義的な伝統を強く受けている。近代の哲学では，「意

味付与」「意味の創出」といった表現が一般的であるが，フランクルはその表現をとらない。むしろ「意味」は「発見」され，「摂取」されるものだという。彼は，主観と客観の分裂を前提として，主観が客観を認識しようとする際に，投影されるものを「意味」と呼ぶ近代の認識論的問題設定を否定している。むしろ主客未分の純粋な経験に拓かれるときにはじめて「意味」は感受されると捉え，後述するように，この捉え方が東洋のウパニシャッド哲学にも通じていることを示唆している。
3) なお，フランクルの「実存分析」の「分析」は，決して「実存」を対象化し，その因果論的「分析」を行うことではなく，ギリシャ語の語義どおり「分析（Analyse）」とは，「根源に遡って（ana-），解きほぐす（lyô）ことであり，「実存の本質の中に含有されていたものを明るみに取り出すという意味」である。それによれば，人間は，一般的事実性としての生物学的本能や原始心性の操り人形なのではなく，そういった事実性「からの自由」，つまり態度をとる「自由」をもっている。その上，人間は不断に，そのつどの状況からの「呼びかけ」を聴き，それに独自の仕方で「応答」することで可能性を実現する，そのつどの独自な「意味」を実現すること「への自由」を有する存在でもある。

参照文献・引用文献
フランクル，山田邦男監訳，岡本哲雄・雨宮徹・今井伸和訳（2011）『人間とは何か――実存的精神療法』春秋社
フランクル，山田邦男監訳（2001）『制約されざる人間』春秋社
フランクル，山田邦男監訳（2002a）『意味への意志』春秋社
フランクル，佐野利勝・木村敏訳（2002b）『識られざる神』みすず書房
西谷啓治（1961）『宗教とは何か』創文社
岡本哲雄（2002）「フランクルの教育観――教育の実存分析」『フランクルを学ぶ人のために』世界思想社，pp.252-287

　　　　　　　　　　　　　　　　（岡本哲雄）

帯紙の構造化　受講生

第3章　題材研究「学びのユニットA」
―造形遊び・体験・発見・発想―

この章は，学習指導要領の領域と共通事項の構成が理解しやすいように，基本的な教材研究を体験する章です。造形遊び，発見・発想，体験，色の体系，工作，鑑賞を学びます。

おしゃれな帯紙のスリッパ
受講生

かめ　切って寄せる
柴原美香

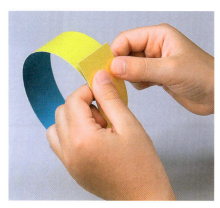

つくることは楽しい！

スーパーキャットの帽子
夢を形にする

帽子の図面
（円弧で谷折り）

着せ替えをつくってみよう！

ムササビ　基本形（p.81）から
切って寄せる　山本裕司

てんとう虫　基本形（p.81）から
青木利恵

どこにもいない不思議な動物　基本形（p.81）から　山田典子

> 造形遊び

1. 大きな空間 「キラキラ　ふわふわ」
－風や空気をつかまえよう！－

Points　体全体で，風，空気，大きな空間をつかまえる

Let's try 1 「キラキラ　ふわふわ」：
　ポリエチレンの薄膜シートで

　体全体を使って，風の流れや大きな空気のボリュームを感じる遊びをしましょう。グランドや体育館など広い場所で活動します。普段，風や空間は我々の体の近くにも存在しますが，なぜか意識することなく暮らしています。感性にうったえるオブジェクトを生活空間に持ち込むことで，「大きな空間」「大きな空気のボリューム」「風（空気の流れ）」を感じてみましょう。ポリエチレンの薄膜シート（養生用ポリエチレン厚0.01mm×幅90cm×長200m sp コロナ50ハンディ・クラウン社製など）を用意して，1枚あたり300～330cmに切ります。ペアや数人の班で活動します。

図1　広げると感じられる大きな空気・風のマス（量塊）が変化して感じられます。

　2人で両端を持ちます。このシートは，十分軽いので持った途端から風を受けています。どのような形が生まれてくるでしょうか。形はいかに変わっていくでしょうか。どうしても，自分が動くことを考えます。空間を感じるために，変わっていく姿を見ることが大切です。下げて－上げてをするとふんわりと空気がつかまります。お互いが前進しながらだと巨大な空気のマス（量塊）をつかまえることができます。2人で声を掛け合って空間をつかまえにいく気持ちで活動します。

Let's try 2　「ポリエチレン製テープで」

　ポリエチレン製（スズランテープ：伊藤忠サンプラス株式会社製など）を1本あたり300～330cm程度に切ります。ペアで両端を持ちます。まず，ピンと張ります。振り回したり・持って走ったりしてもよいのですが，リラックスしてお互いの力を抜いてみましょう。そうするとテープは，風を受けて，ヒラヒラとたなびきます。風が，どこに流れているのか。どのくらい流れているのか感じてみましょう。

　シートやスズランテープを長く出してやると，オブジェクトの変化を一層感じられます。これらのオブジェクトごしに空や周辺の風景を見てみましょう。日常の平板だった認識から，空間は，ダイナミックな存在感を復活し，空間を移動する風を感じられるようになります。　　（村田利裕）

図2　シートを2人で広げます。シートは，何もしなくても風の変化を受け止めています。
図3　シートを下げてみます。下にも風が来ています。

図4（左），5（右）シートを上げてみましょう。ふんわりした空気がつかまります。

図6　上昇する空気
図7　前進して積極的に大きな空気の塊を感じましょう。

図8　テープを長くしてピンとまっすぐに張ります。

図9　近づくと「C」の形になります。ゆらゆらと形を変えていくテープに注目しましょう。

図10　いっそう近づくと「S」の形になる時もあります。たこ揚げのように，上げてみるには，どうすればいいでしょうか。

図11　近づくと上下になった「C」の形になります。少し風のように上がり始めています。

造形遊び

2．広い場所で「教室いっぱい！」
－材料や場所と関わる造形遊び－

Points 材料と関わる，ならべる・つむ・つなげる，作品にしない

Let's try 1 「5種類に変わる新聞の帽子」をつくろう！（ウォーミングアップ）

まず，材料と関わるウォーミングアップです。新聞見開き1枚分を使ってトピックの5種類に変わる新聞紙の帽子（p.85）をつくってみましょう。幼保の造形遊びは，このような作り方が決まっている子どもと共につくる造形活動があります。図画工作科の造形遊びは作品づくりを目指しませんので，手のウォーミングアップや生活科やクラス活動で楽しんでいただければと思います。

Let's try 2 「教室いっぱい！－びりびり新聞紙とPE平テープの造形遊び－」を班で取り組もう！

教室全体など広い空間（場所）に関わる造形遊びを班で取り組んでみましょう！材料は，新聞紙見開き1+α枚，PE平テープは班の数，ハサミは班に数本です。新聞紙を破いたり・ちぎったり（図4）しながら，ならべたり・つなげたり・結んだりして楽しみましょう。「思いついたこと」を試してみること，作品にしないの2点が大切です。授業者か班のリーダーが，PE平テープを教室の対角線をねらって張っていきます（図1）。

蜘蛛の巣状のPE平テープに新聞を関わらせてみてください。「教室いっぱい！」のとおり教室空間をさまざまな形や色の関係づけでいっぱいにしましょう。

（村田利裕）

＊注1　PE平テープ（ポリエチレン平テープ）

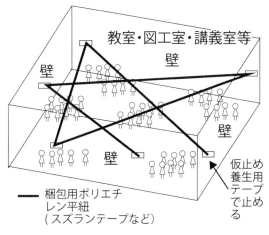

図1　教室全体を使った造形遊び

図2　PE平テープ　　図3　養生テープ
　　　　　　　　　　（手で切れて，壁等をいためにくい）

図4　びりびり　新聞をちぎる

図5　新聞の紙の目の方向
　　　真っ直ぐに切りにくい（切る方向1）
　　　真っ直ぐに切りやすい（切る方向2）があります。

| 造形遊び | **3．材料から感じて　クレヨン　パス　コンテ** |

Points　パスのしっかり塗り，パスの重色，伸ばす！広げる！　粉状のコンテ，複合遊び

Let's try　色の造形遊び

クレヨンは，固形ワックス（蝋）成分，パスは油性分，コンテは，パウダー状態が特色の描画材料です。握りやすいように棒状にしていますが，かなり違った材料なのです！

クレヨン　　　　パス　　　　コンテ

（1）「ごしごし　パスのしっかり塗り」：パスをカード型用紙（B6）の全面に塗ってみましょう。塗り残しの無いようにしっかり塗ります。パスがキラキラと発色してきます。

クレヨン　　　パス　　　コンテ

パスで，しっかり塗りつくしてみよう！

（2）「パスの重色」　白や同系色の色などを重色してみましょう。どうやったら重色できるか試してみましょう。

　　最左：とんとんと押しつけたもの　左：こすりつけたもの　　　
　　　受講生

（3）「伸ばす！広げる！パスの宇宙!!」（＋布）

しっかり塗りで円を描き，パスの色を粘土を伸ばすように自分で引っ張っていきましょう。何色かの色やいろいろな形を試してみましょう！　伸ばす時は，布を使って下さい。

　　　　　布を小さく切り，なでたり・こすったりしてみよう。

（4）「指のパス」遊び：指についたパスを紙に塗ってみましょう！　　（5）「粉のコンテ！指でコンテ!!」：ぼかし網でコンテを粉にして，指で描いてみよう!!

　さあ洗おうではなく，指のパスも楽しみましょう。面白い形や色が出てきます。　　　筆でも描けます。　　ぼかし網金属製　

（6）「出てくるパスの絵」〈複合遊び〉：白色パスで絵を描き，コンテをぼかし網で粉状にし撫でてみるとあら不思議？パスのところだけに色が定着して，絵が出てきます。

（7）「3つの○（マル）」（右上2段目の図）：クレヨン（さらさらと柔らかい線で円を描く），パス（しっかり塗ってみる），コンテ（グラデーションにしてみる。別の場所で粉にして指にまいた布で。）で描く。

画材のミニ知識：クレヨンは，色の線描中心。固形ワックス（蝋）などと顔料（色の成分）を練り合わせ棒状にした画材。パス（オイルパステル）は，油脂分を増やしている画材で，重色や混色に適しています。描く時に出るカスも意図的な性能のひとつです。捨てずに油絵の具のように厚く盛り上げるように活用しましょう。

（村田利裕）

| 造形遊び | **4．材料から感じて　色水遊び「ウォーターワールド」**

Points　にじみ，糊，液体石けん，アルコール

不透明　　透明
水彩絵の具　水彩絵の具

下の色に対し　透明感が高い
て，被覆力が　水彩絵の具
高い絵の具

Let's try　色水の造形遊びをしよう！

　ウォーターワールドは，水彩絵の具と水との一番基本的な関係を楽しむ造形遊びです。3つの水のコンディションで試してみます。第一は，画用紙をバットの中に入れて全面湿らせた状態での遊びです。第二は，紙コップなどで水をまくなどして，一部を水の多い状態にした遊びです。第三は，乾いた画用紙を使います。

【紙を全面湿らせて】

（1）「ぽたぽた，つんつん　ドリッピング」にじみ遊び。画用紙を全面ぬらし，カッターマットなど平面性の高い板にのせます。少し濃いめに溶いた水彩絵の具（あか，あいいろ，サクラクレパス）を筆でおとしてみましょう！朝顔が咲くようにどんどん広がってきます。「水＋絵具」という一番シンプルな関係の色水遊びです。どんどん落としてみましょう。したらせることをドリッピングといいます。

（2）「水彩のオーロラ！」平行に2本の並んだ線を描きます。広がっていく姿をみてください。次に，紙を置いたカッターマットの端を少し持ち上げます。ゆっくりと移動していく様子をみましょう！さまざまな形が生まれます。いろいろ試してみましょう。

  端を少し持ち上げる

（3）「透明の絵」：（2）のあとに洗濯糊（PVA：ポリビニールアルコール）をしたたらせたり，筆でも描いてみよう！

PVAを4オンス　紙コップの口は，　ドリッピング　筆だと油絵のような描き味　(1)〜(3)まで1枚
の紙コップへ　絞るように持つ　（したたり落とし）　　　　　　　　　にした例。
　　　　　　　　　　　　　　　　　　　　　　　　　　　　　　　　　別の紙でも可

台所用アルコールを吹き付けると点描のような模様ができます。

（4）「クレヨン島の出現」：クレヨンかパスの白で絵を描き，全面をぬらし，水彩絵の具で色をつけてみよう！はじく性質を使った方法は，バチックともいいます。

【紙の一部に水をまいて】（5）「水の迷路」：紙コップで水の迷路をつくります。絵具を水に接すると一気に広がります。

（7）「吹き絵」：絵の具を丸い点状に落とし，ストローで吹いてみます。

【乾いた紙で】

（6）「新聞紙のスタンピング」：新聞紙を丸めて絵の具をつけて押してみます。新聞紙は形を変えることができます。

（8）「水の代わりに石けんで溶いてみよう！」
石けんで溶いた2色の水彩絵の具を交差させてみましょう。

形を変えて押してみよう！

重なったところが見えている。透明水彩化している。

（村田利裕）

色の世界　**5．色の体系と感性教育**
　　　　　　－豊かな色体験・色を生かして使用する感性的イメージ生活－

Points　色の3属性（色相・明度・彩度），色立体，魅力的なカラーコーディネート，色彩調和

（1）色の世界の基礎・基本
　　　－豊かな色体験の生活，個性表現－

　色は，人の感情や意思を表現したり構成の仕方の違いで，多様で魅力ある世界を形作ることが可能です。また，生活を励まし豊かにします。人は，色を自己の内部に受け入れ，色の表現として外化させる行為を繰り返しながら感性的なイメージ世界を更新していきます。はたしてこの色体験のベースとなる色世界は，基本的にはどのような構造をしていると捉えることができるでしょうか。

　物体色の場合，色は，色知覚の心理的な3つの要素で位置づけることができます。3つとは，色相・明度・彩度です。これらは，色の3要素とか3属性とよばれています。色相（図1）とは，赤など色味の種別のことです。明度とは明るい－暗いの度合いのことです。彩度とは鮮やかさの程度のことです。これをx，y，z軸方向に位置づけるとすべての色を色立体として色空間（color space）に位置づけることができます（図2）。

　平成20年公示の学習指導要領では，低学年で「好きな色を選んだり」を学ぶことになっています。好きな色の自己決定を起点として小学校の間にできるだけ幅広い色空間を体験する流れが考えられます。29年公示の学習指導要領では，図画工作科の授業で，【低学年】いろいろな色を使えること，【中学年】色の感じ，形や色の組合せによる感じ，色の明るさなどを捉えること，【高学年】動き，奥行き，バランス，色の鮮やかさなど造形的な特徴を捉える，とされ特に色の学習が重視されました。

　これまでは，クレヨンや水彩絵の具など表現材料の固有なあり方からしか色世界の学びを意識できていませんでした。今回の改定は，「汎用的な知識」が議論され，「教科横断的」が盛り込まれ，共通する概念の重要性が認識される改定になっています。基礎的な色の学びが情報端末や他の材料

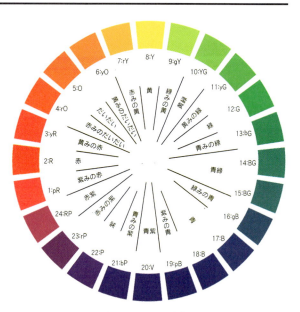

図1　PCCS色相

図2　PCCS色立体模型

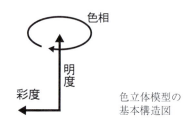

色立体模型の
基本構造図

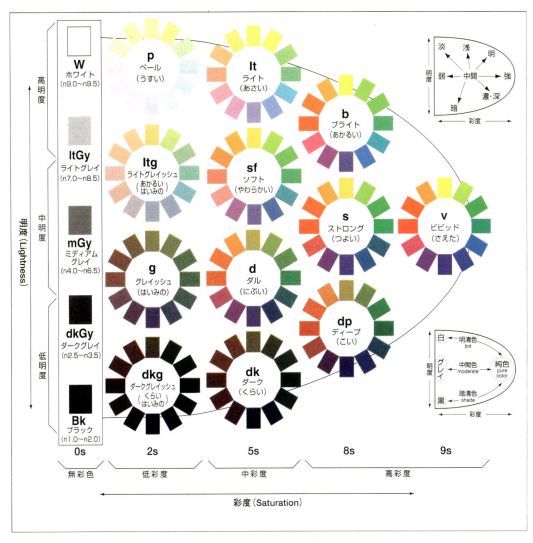

図3　PCCS　トーンの概念

での色彩選択にも生かしていけるように学んでいく必要があります。今後は，いろいろな材料を経験しながらも，共通する色世界としてはどのような色世界を理解できたかを認識しながら指導の計画と評価をしていく必要があるでしょう。色の体系から実践を振り返る例としては，身近な木や建物の色，土の色や人の顔の色などは，色立体の外周部ではなく，かなり内部にあります（図2色立体）。低学年では混色の少ない外周部にいて，教師が好んで写実的なものを描かせようとすればするほど，色立体の内部の勉強をすすめることになります。これは，同時に鮮やかさや明るさなどを見失いながら勉強を進めてしまうことにもつながります。低学年から高学年までの小学校教育の最終的な到達点として，色の全域を活用する取り組みへと実践を見直す必要が見えてきます。

（2）代表的な色体系と色のコミュニケーション

　ここでは，我が国で代表的な3つの体系についてご紹介します。まず，マンセルシステムです。アメリカの画家マンセル（Albert H. Munsell: 1858-1918）が系統的に整理したシステムです。アメリカの光学会や日本の工業規格JISでも取り上げられています。色相（Hueヒュー）・明度（Valureバリュー）・彩度（Cromaクロマ）の3つの属性が基本になっています。色相は，R（赤）・Y（黄）・G（緑）・B（青）・P（紫）の5主要色相と補色関係（反対の印象の関係）にあるYR（黄赤），GY（緑黄），BG（青緑），PB（紫青），RP（赤紫）の

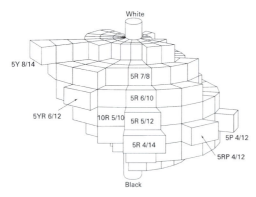

図4　マンセル色立体概念図

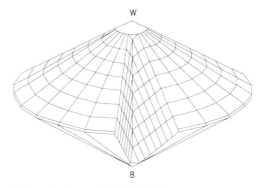

図6　オストワルト色立体概念図

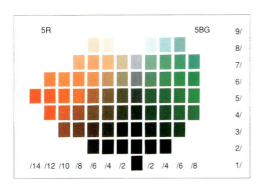

図5　5R（赤）とBG（青緑）の等色相面

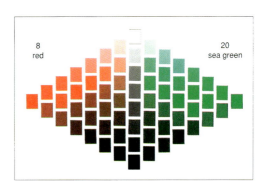

図7　オストワルト等色相面（8-20）

5色相を加えて合計10色相が，時計回りに等間隔に配置されています（色相環）。明度は，理想的な黒を0，理想的な白を10として感覚の差が等しくなるように配置されます。彩度は，色味のさえ方の度合いの増加を等歩度に1．2．3……とし，/1./2./3……と表現します。図4と5にみるように，それぞれの明るさで作れる彩度に限界があるので彩度は共通ではなくゆがんだ形になっています。表記方法ですが，色相5R，明度5，彩度14は，5R 5／14と表記し「5アール，5の14」と読みます。この色は，赤のグループの色で，明るさは中間，最高に鮮やかな赤色（赤の純色）を差しています。サンタクロースや赤ずきんちゃんの鮮やかな帽子の色です。色を数字で表記できるように分類した体系を表色系といいます。色の違いやニュアンスを使えるのにとても便利です。なお，白から黒までの無彩色は，明度の頭にNをつけてN5などと表記します。

　PCCS（日本色研配色体系：Practical Color Co-ordinate System）は，財団法人日本色彩研究所が1964年に開発したシステムです。主要色相として

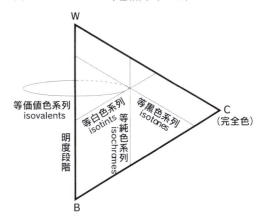

図8　オストワルト体系の色系列

赤・黄・緑・青を心理4原色とし，その心理補色の4色を対向位置に配置し，色相間隔が等歩度に感じられるように4色を加えて12色相とし，さらに分割して24色相としています（図1）。色相の番号は，pR（purplish red）を1としていて，1：pRと表記します。24色相なので24：RPまであります。明度は，知覚的等歩度を原則に17段階に分けています（まとめたもの9段階）。PCCSで特色があるのは，明度と彩度の複合概念であるトーンの概念（図3）が提案されていることです。

76

図9　光の三原色

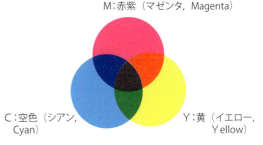

図10　色料の三原色

同じ色味でも印象がかなり異なる点に着目し，12種類のトーンに分類しています（図3）。表記方法としては，「2：R-4.5-9s」のように「-」で区切って色相・明度・彩度の順に表記します。同一トーン内は色彩調和がよく，カラーコーディネートに示唆が大きいといえるでしょう。

　オストワルトシステムは，ノーベル化学賞を受賞したウィルヘルム・オストワルト（1853-1932：独）が1917年に考案したシステムです。前者2システムは顕色系といわれるのに対して，混色系といわれます。理想的な黒，理想的な白，完全色（純色）の混合量によって表されると捉えたシステムです。4原色（黄・藍・赤・青緑）と中間に橙・青・紫・青緑を設定し8主要色相としました。さらにそれぞれを3等分して，24色相としました。明度段階は，8段階と設定し，純色に向かって各辺を8段階とする正三角形を構成しています（図7）。また，C＋W＋B＝100％の関係になるように構成しています。全体像としては，そろばんの珠のような円錐が2つ合体した独特の形状に特色があります（図6）。色彩システムは，伝達したい色を正確に伝えることができるコミュニケーションツールです。カラーコーディネーションをしようとすると，人に意志を伝える場面が多くなり，活用の必要性が高まるといえるでしょう。

（3）混　色

　光は，3原色（赤：R，緑：G，青：B）の3原色であらゆる色を作り出すことができます（図9）。3原色すべて混色すると白になります。加法混色（同時加法混色）といいます。点描のように併置させたり，回転円盤を塗り分けてそれを回してできる混色のことを中間混色（継時加法混色・並置加法混色）といいます。目の中で混色が生じ，色の明るさが中間の明るさになります。絵の具などの混色は減法混色と言います（図10）。原理は，カラーフィルムの場合典型的ですが，3つのフィルターで，どんどん暗くしていき黒を目指します。混ぜれば混ぜるほど，鮮やかさを失います。また，水彩絵の具ではどの色も明るさを持っているので，3原色すべてを混色してもかなり暗い灰色になるだけで，黒にはなりません。カラー印刷インキは，CMYKといわれ，シアン（Cyan），マゼンタ（Magenta），イエロー（Yellow）と，キープレート（Key plate）の4色で色再現をします。色の印象を重視した分類を表1に示しました。色世界は，人に強い印象を与えます。カラーコーディネーションをますます学んでいきたいものです。

表1　色の種類と印象・イメージ

色の分類	特　徴	
1．無彩色	白，黒，灰色のように色味のない色	
2．有彩色	色味をもつすべての色	
色の特徴のグループ名	色の組成とイメージ	PCCSトーンとの関係
純色	各色相で，最も彩度の高い色。	ビビッド
明清色	純色に白を混ぜた色。濁りのない印象。	ペール・ライト・ブライト
暗清色	純色に黒を混ぜた色。濁りのない印象。	ダークグレイッシュ・ダーク・ディープ
濁色中間色	純色に灰色（白＋黒）を混ぜた色。	ライトグレイッシュ・グレイッシュ・ソフト・ダル・ストロング等

参考文献

大井義雄・川崎秀昭（2008）『色彩－カラーコーディネータ入門－　増補第2版』日本色研事業株式会社。
　図1（p.16），図2（p.17），図3（p.19），図4（p.15），
　図5（p.15），図6（p.21），図7（p.21），図8（p.21）

（村田利裕）

絵や立体，工作　　**6．発見・発想**

Points　思いつきOK，質よりも量，自由奔放，自他を批判しない

（1）発想ボックス

発想を広げる練習をしましょう。できるだけ違った種類の発想が豊かにできるようにします。

Let's try 1　ひとつの発想ボックスです（図1，2）。四角の枠組に好きな絵を描いてみましょう。上部の長方形の部分に糊で紙を足したり，別の紙に沢山描きましょう。ポイントは，思いつきOK。質よりも量。自由奔放，良いか悪いを問わない，です。

Let's try 2　ふたつの発想ボックスに描いてみましょう。発想ボックスは日本地図（不定形）に2つの正方形を合成して元の絵をつくっています。

イラスト：佐々木美菜

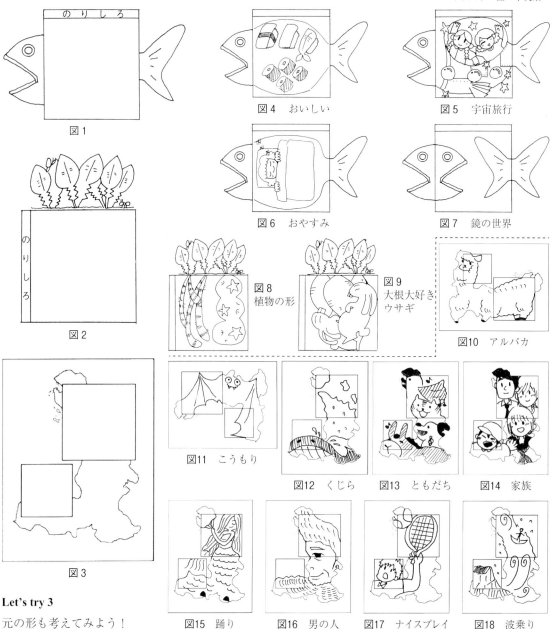

図1

図2

図3

Let's try 3
元の形も考えてみよう！

図4　おいしい　　図5　宇宙旅行
図6　おやすみ　　図7　鏡の世界
図8　植物の形　　図9　大根大好きウサギ　　図10　アルパカ
図11　こうもり　　図12　くじら　　図13　ともだち　　図14　家族
図15　踊り　　図16　男の人　　図17　ナイスプレイ　　図18　波乗り

78

（2）発見・発想！折ったところから

基本	簡単な形から発想する
操作	折る　切る　描き加える

Let's try 1　折ったり・切ったところからの発見・発想

その1　左の基本形態（○△□）を一回おって、できた形をもとにして、絵をつけ足してみよう。

その2　左の基本形態（○△□）を二回切って二回折ったところでできた形をもとにして、絵を描き加えよう。

図19　簡単な形から始める

図20　1回折って（上田そのみ）

図21　2回切って、2回折ったところから（上田二三）

Let's try 2　基本操作からの発見・発想　四角・三角・円など簡単な形から、好きな形を切り抜いて、「切り離す」「ずらす」「反転する」「回転する」「移動する」などの基本操作だけで形を発見し、表現してみよう。

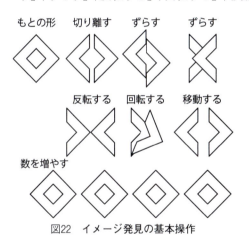

図22　イメージ発見の基本操作

図24　2つの長方形から　身近な風景

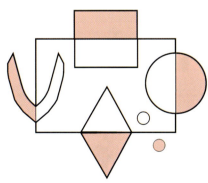

図23　「反転する」を使って

図25　「切り抜いて　移動」（村井桂子）

図26　「切り抜いて　移動」
（都知木裕子）

（村田利裕）

絵や立体，工作　**7．材料・経験・方法からの発見・発想**

　Points　材料を探す，経験した色を思い出す，違った比率から，編む方法から

いろいろなところから発想は湧いてきます。ここでは，材料・経験・方法からの発見・発想を試してみましょう。

Let's try 1　材料からの発見！

「こんな質感が面白いな～」と感じて材料を選んでみましょう。興味が大切です。好きな材料を台紙に貼ってみて，そこに絵をつけ加えてみましょう。紐を使った作品例（図1），紙を切ってそこから全体を発想した作品例（図2）です。

図1　おしゃれ　　図2　ネクタイ
（松崎結衣）

Let's try 2　色彩日記

色彩日記をつけよう。朝から見た色を思い出して表にします。好きな形にその色をつけて並べてみましょう。

時間帯		見た色，色で印象に残ったこと
5：00	6：00	まだ暗い　黄色の照明
6：00	7：00	パンの色（茶色＋白）イチゴジャム　紅茶
7：00	8：00	
8：00	9：00	

図3　5時から7時で発見した色を正三角形に切り，並べました。

図4　色々な形にその色をつけました。（イラストレータで作成しています。）

Let's try 3　帯紙でつくろう！

帯紙（プロポーションの違った紙）で「かたつむり・スプリング・ヘリコプター・編んで」をつくってみよう。

【かたつむり】　　　　　　　　　　　　　　　【スプリング】

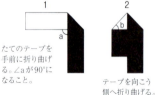

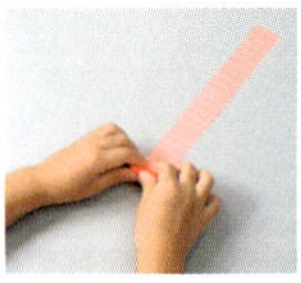

図5　帯紙を巻く 　図6　形を調整する 　図7　完成　　　図9　90度に置く　図10　折るように編んでいく

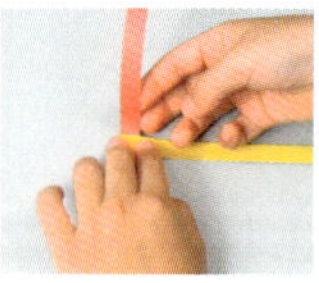

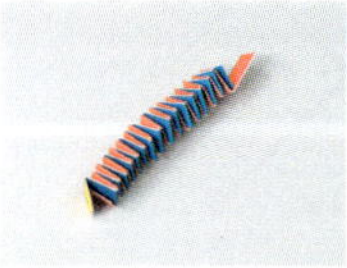

図8　輪を作ってから，縮めていく方法もあります。

ヘリコプターは，p.86に掲載しています。

図11　完成（編む基本として大切なので，次ページの立体化の基本にも入れています。）

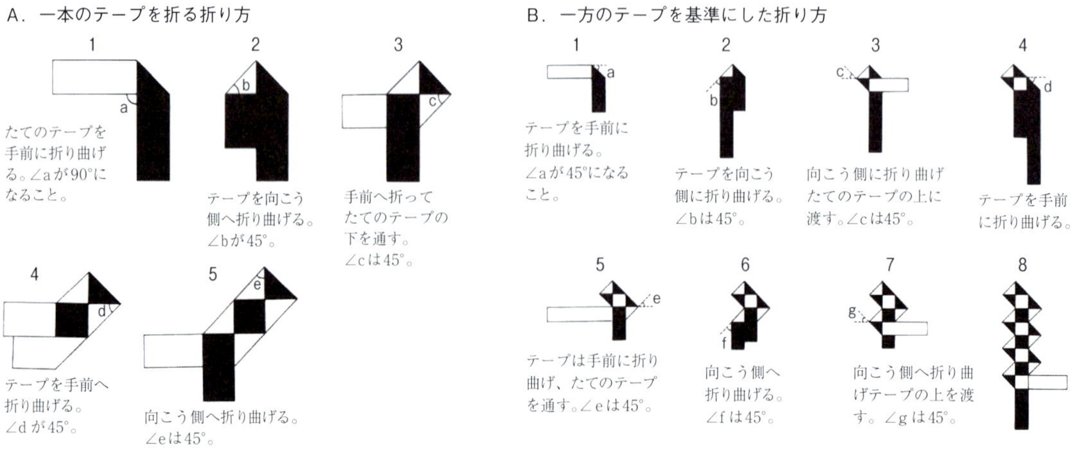

A．一本のテープを折る折り方　　　　　　　　　B．一方のテープを基準にした折り方

1　　　　　　2　　　　　　3　　　　　　　　　1　　　　2　　　　　3　　　　　4

たてのテープを手前に折り曲げる。∠aが90°になること。

テープを向こう側へ折り曲げる。∠bが45°。

手前へ折ってたてのテープの下を通す。∠cは45°。

テープを手前に折り曲げる。∠aが45°になること。

テープを向こう側に折り曲げる。∠bは45°。

向こう側に折り曲げたてのテープの上に渡す。∠cは45°。

テープを手前に折り曲げる。

4　　　　　　5　　　　　　　　　　　　　　　5　　　　　6　　　　　7　　　　　8

テープを手前へ折り曲げる。∠dが45°。

向こう側へ折り曲げる。∠eは45°。

テープは手前に折り曲げ，たてのテープを通す。∠eは45°。

向こう側へ折り曲げる。∠fは45°。

向こう側に折り曲げテープの上を渡す。∠gは45°。

図13　編む方法を試してみよう
　　　竹内博監修，中野隆二・村田利裕『造形コース』日本色研事業株式会社，p.13

（村田利裕）

絵や立体，工作　**8．紙の立体化の基礎・基本　－折り目の構造－**

Points　切って開く，差し込む，切れ目を入れて立ち上げる，互い違い

Let's try 1　一辺が，6cm前後の正方形から15個の基本形をつくってみましょう。

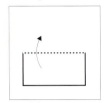
①切って開く
コの字に切って谷折りにする。

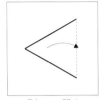
②切って開く
くさび形に切って谷折りにする。

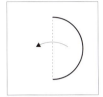
③切って開く
円弧に切って谷折りにする。

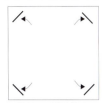
④切って差し込む
四隅に切り込みを入れ，同じ正方形を差し込む。

⑤切れ目を入れて
真ん中に切れ目を入れ，山折りと谷折りにする。

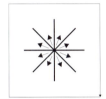
⑥十字に切れ目を入れて
中心で十字型に2回切り真ん中から引き上げる。

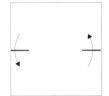
⑦切って寄せる。

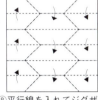
⑧平行線を入れてジグザグ
蛇腹　平行線とジグザグ線で山谷に折る。

⑨切って広げる
両端の片に平行に切って広げる。

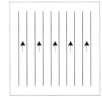
⑩平行線に切って，一つおきに持ち上げる
平行な長い切れ目を入れ順に持ち上げる。

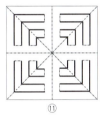
⑪

⑫
巻いていく

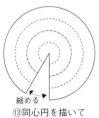
⑬同心円を描いて山谷にする
縮める

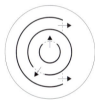
⑭同心円を描いて一カ所つなげて切って持ち上げる。

⑮編む
帯紙を90度に重ねて，編んでいく。

図1　立体化への基本形15　───切る（カッターを使って）

図2　基本形　制作例

Let's try 2　切って開く（基本形①②③）など15種類の基本形の中から1つを選んで表現しよう（図3）。

図3　切って開くの事例　受講生

図4　ペーパークラフトの折り目を入れるのに適した鉄筆

Let's try 3　2つ折りをもとにつくってみよう。

立つ形式：2つ折りにする
図5　2つ折りから立体へ（基本）

図6　2つ折りから蝶の表現　天満幸子

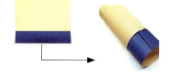

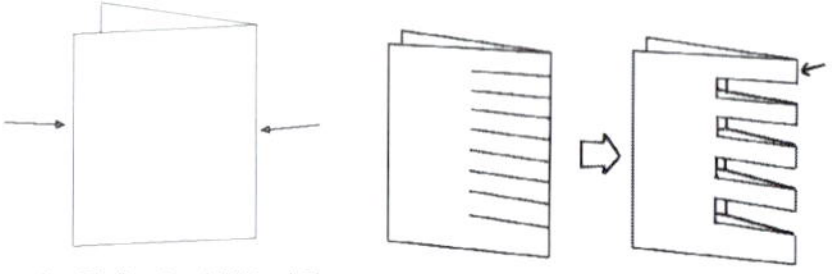

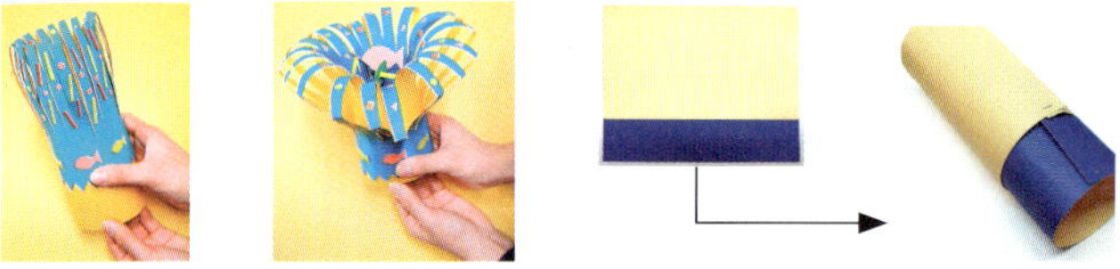

図7　イソギンチャク　左　動かして遊ぶ方法，中央　つくり方：2つ折りにして，内側どうし，外側どうしをホッチキスで留める。折った方からハサミで切る。

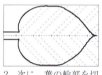

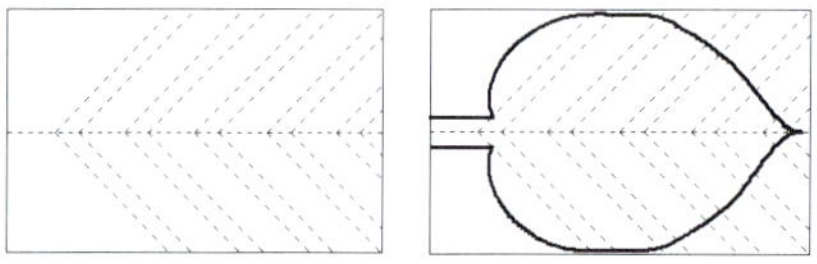

1　まずスコアー（筋）を引き折っていく。
2　次に，葉の輪郭を切る。

図10　2つ折り　　開いたところ
　　　メッセージカード　（村田・水島理絵プロジェクト）

図8　S字の立体化
図9　葉っぱ（上段：図面，下段：折り方）

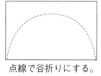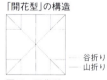

点線で谷折りにする。
「開花型」の構造
― 谷折り
― 山折り
26.2×36.9cm
ホッチキスでとめる。

図11　折り目でチロル帽子　受講生
図12　開花型 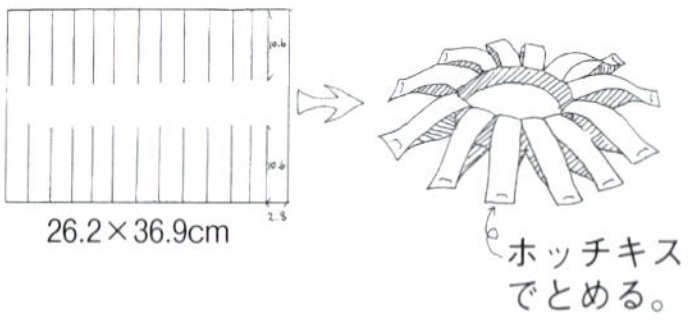
図13　UFO

Let's try 4　自分のアイディアを入れて，
　　　　　　　基本形を組み合わせて動物をつくろう。

図14　動物
やさしい動物
切って寄せる＋ジャバラ
　　　　　續萌子

図15　動物
ボクシングするたぬき
　　　　　森千賀

図16　動物
ガラガラヘビ
「切って開く」の基本を音を出す部分に使っている。

図17　同心円のクラフト

図18　スパイラルのクラフト

（村田利裕）

鑑賞

9．鑑　賞　－自立的な鑑賞主体者の育成－

Points　自立的な鑑賞主体者，感受性，イマジネーション，隠された絵の秘密

（1）鑑賞の目的

　自立的な鑑賞主体者を育てるのが鑑賞教育の目的です。子どもだけでなく，教師自身も眠っている感性を呼び起こし，自分の価値観を豊かに育てていく機会を持ちたいものです。

　表現と鑑賞とを往還しながら感受性を磨き，価値観をつくりながら，豊かな感性的イメージ生活者として新鮮な心で生きていくことが大切です。また，グローバル化された社会で，いかに我が国および諸外国，地域などの文化と向き合っていくかも問われています。

　図1は，レオナルド・ダ・ビンチの「モナ・リザ」です。世界で最も知られている美術作品のひとつです。一度細部も見てみましょう。画面を9分割したのが図2です。エリア1は，岩場の多い山岳地帯を描いています。エリア2は，女性の頭部です。エリア3は，川の源流域を描いています。遠くにあるものは，空気遠近法で，遠方の対象物がぼやけて見えたり，色彩遠近法で色が薄くなってくるのですが，かなり背景が克明であることに気付きます。美しい女性像を描くのが目的ならば，背景を塗りつぶしてしまうことも考えられます。エリア4，6には，石柱の下部が見えています。この女性は，ベランダで腕を組んで（エリア8）座っているのです。一番不思議なのは，エリア6つまり，この女性の美しい肩がきている所に，ま

図1　モナ・リザ（ジョコンダ）
ブルーノ・サンティ，片桐頼継訳（2005）『レオナルド・ダ・ビンチ』東京書籍，第1版第2刷，p.65。
右下　6の位置を拡大，肩右間近に「石の橋」

図2　9分割図

図3　部分拡大図エリア6

さに優美さを極めなければいけないところに石の橋が架かっているのです（図3拡大図）。「あれ？」っとなります。この混在している状況をレオナルドほどの画家が，何気なく描いたとは考えられません。美術作品は，何度見てもすべて分かったと言えない，どこか常に謎めいたところが残るものです。実は，子どもの作品も同様です。我々は，見たら分かるといちべつした第一印象で判断しがちですが，どんな場合でも驚くほど工夫して描かれているものです。子どもの作品も，一度細部をしっかり見て，それをもとにもう一度全体像を見直すなどの過程を経て，捉えていく工夫が必要なのです。

（2）鑑賞の方法

Let's try 1　「隠された絵の秘密」をしよう！（イマジネーションを使ったストーリーテリング法）

　絵を準備します。4人程度の班で，見ていきましょう。最初の指導言は，次の通りです。

　「絵は，こっそりとあなただけに絵の秘密を打ち明けます。提示した作品を見て，あなただったらどんな絵だと紹介してみたいですか？あなたの独自の説を予想や推測の力を十分使って，書いてみましょう。好きなところだけ見るのではなく，全体を見てみましょう。準備として，分析対象の絵を9分割した画面の中に描かれているものをそれぞれに1語以上の言葉で抽出します。すべて終わったら，それを元に自分の独自の説を書いてみます。どこにもない解釈でかまいません。あなただけしか考えつかないような独自の説を書いてみましょう。時間は，15分間です。書き上がったら，交換して読んでみましょう。」子どもに実施するときは，次のポイントも付け加えると活動が活発になります。ポイント①自分自身の気づきや発見・感動などを大切にする。②　鑑賞するときの発想法。ア．「こうなるぞ発想法」：私が考えると，こ

図3　黄金伝説　1956　95×129cm
マグリッド (René François Ghislain Magritte, 1898-1967)

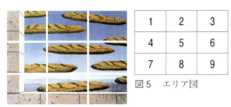

図4　9分割図　　　　図5　エリア図

準備の活動：各エリアに1つ以上見付けたことを言葉で抽出しましょう（**単位化**）。それをよく読んで連想力を使って，自分自身の隠された絵の秘密を書いていきます。

「隠された絵の秘密」（受講生Aさんの事例）

ある日の明け方（午前4時半頃）
古い城（誰も住んでいないお城）から奇妙な光景が見えました。
パンが，一定間隔を保って宙に浮いています。
おっー。よーく見てみるとかたそうです。
これは，パンではありません。パンに見える石です。いや，違う。石ではありません。
惑星です。パンに見える惑星だったのです。
天文学者は言います。「これはどういうわけだ。こんなことがあるわけがない。」
教師たちは言います。「これはどういうわけだ。歴史に残る重大な怪奇現象だ。」
天気予報士は言います。
「パンがとんでいる。いや惑星がとんでいる。今日の天気は，パンです。いやちがう惑星です。」
みんなは，天気予報士の言うことを信じません。
「天気が惑星なんてことがあるか。」
パンのような惑星たちは，北から南へ移動していきます。きっといつかあなたのまちにも。　THE　END

マグリッド「黄金伝説」の出典　ルネ・パスロン，巖谷國士訳（2006）『ルネ・マグリット』河出書房新社，増補新版初版，p.66

うなると捉え独自の説を提唱しましょう。イ．「これは，何だろう発想法」：これは，何だろう。どうなってるの，と疑問を持ちながら見ていきます。ウ．「連想的発想法」：飛躍の必要はありません。「まずは，これに注目して，それから次に…」と考えを少しずつ紐解いていくようにします。

Let's try 2　質問・感想法（何でも書き出し，吹き出し表現）

作品への質問を出していきます。制作者に質問してみます。存命ではない制作者へも歴史を越えて質問してみましょう。吹き出しを使ったりして，どこの部分から質問をしているのかも書いてみます。問題意識を高めて，質問を出すことそのものが重要です。

Let's try 3　コレクション法

B4の上質紙を用意しましょう。固い壁やざらざらしたところに紙を当てて鉛筆でこすってみると，地肌が転写されます（フロッタージュ）。紙一面地肌をコレクションして，班で，どのようなコレクションができたか紹介してみましょう。

Let's try 4　五感・操作等体験鑑賞法　触って感じて／遊んで感じて／なりきりアート

食器や茶器など，手の中で感じる鑑賞法です。水やお茶などが入っていると思って，こぼれない程度を考えて傾けながらぐるっと回してみます。器が話してくるように，バランスの実態が手の中に伝わってきます。ゲームでしたら遊んでみる，彫刻でしたら文化財のポーズを自分でしてみるなど体験から鑑賞してみます。

Let's try 5　対話型鑑賞法

班で，作品についてトークします。どこから話してもかまいません。隣の人と話して深めます。引き出し役をつくって，呼び水の働きをしたり，話が一層活発になるように仕掛けていく方法もあります。

Let's try 6　アートカードのゲーム手法

美術館や教科書会社などが，美術作品をカードにして扱いやすくした資料をアートカードと言います。ゲーム感覚で遊びます。マッチングゲームは，取り上げたカードの共通点などを言います。指摘が面白ければ拍手します。

（村田利裕）

トピック 5種類に変わる新聞紙の帽子

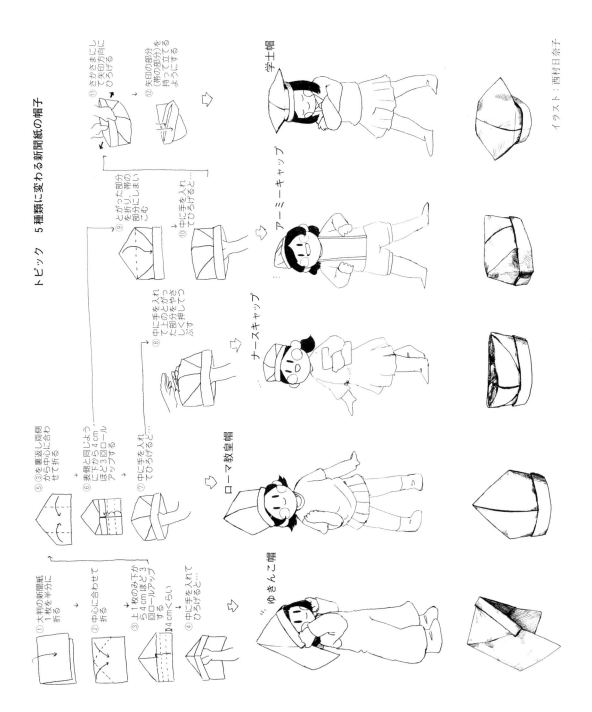

イラスト：西村日奈子

高く投げると羽が広がってくるくる回りながら降りてくるよ！

高い所から落とすのも楽しいよ！

イラスト：佐々木美菜

トピック　帯紙のヘリコプター（切れ目を入れて）

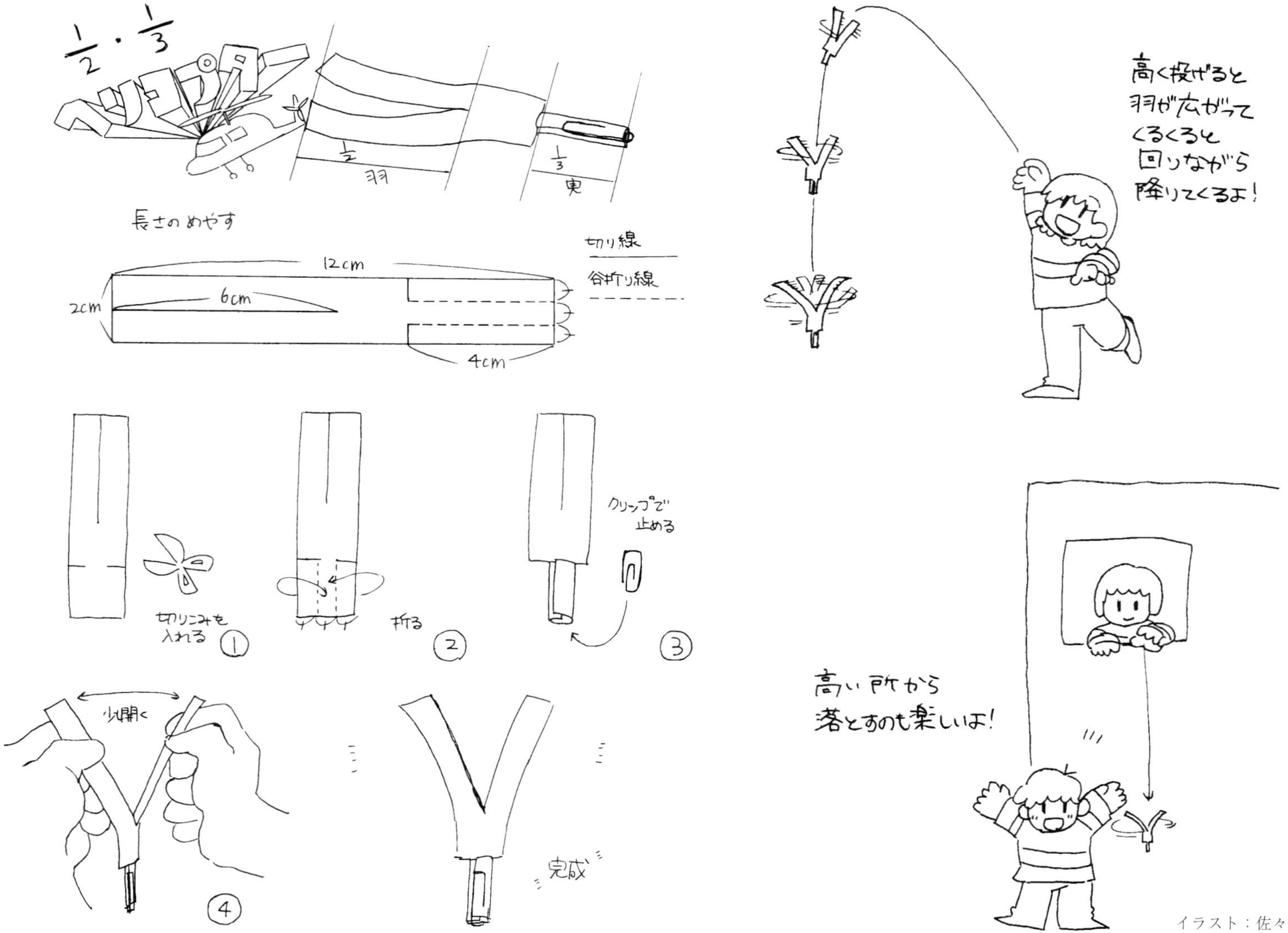

長さのめやす

12cm　6cm　2cm　4cm

切り線　谷折り線

① 切りこみを入れる

② 折る

③ テープで止める

完成

④ 矢印の方向へ

第4章　図画工作科の授業実践
―題材研究，授業設計から評価まで―

　我が国の小学校で子どもは，学習指導要領で規定された図画工作科を学んでいます。本章では，学校での教育実践の指導と学びの組み立てと舵取りの基本を紹介します。学習指導要領は1節で，学年の授業の特性については2節で紹介しています。また，創造教科の教育にはどのような特色があり，教育現場では，いかに工夫して授業に取り組んでいるでしょうか。基盤となる期待される指導者特性（3節）と，子どもの創造学習の理解と指導スキルアップ（4～6節）を押さえました。題材開発の取り組みとしては，絵に表す学習と粘土の学習（7，8節），学年を越えて教科の系統性を踏まえた年次計画の例として，木の工作（9節）を紹介しています。題材と子どもの学びの相互関係をいかに捉えるかを示しました。また，授業設計の基本である指導案の書き方と細案の事例（題材名「キラキラふわふわ」，下図の授業）を示しました。指導案が書けないという悩みをよく耳にします。そのため本扉の実践の指導細案を省略無しで紹介しました。最後に新たにカリキュラムマネジメントや情報対応が指摘されています。その新たな取り組みを取り上げました。

河南町立白木小学校1年生
　「キラキラ　ふわふわ」
門野勝也実践

　子どもたちは体全体を使って，自分らしく風をつかまえる方法を運動場で考え，とうめいシートやとうめいテープを使って大きな空気や風などをつかまえにいきました。造形遊びの学習です。

1．学習指導要領「図画工作」 －目標と内容－

Points 3つの学力時代の図画工作科の目標と内容構成，顕著となる創造教科の特性
造形的な見方・考え方，手や体全体で取り組む感性の学びの特性

（1）学習指導要領 図画工作科の育てるべき資質・能力 －造形的な見方・考え方とは－

目標と基本的な教科構造については，第1章で紹介しました。最も新しいところでは図画工作科で育成すべき資質・能力を目標で「造形的な見方・考え方を働かせ，生活や社会の中の形や色などと豊かに関わる資質・能力」と位置づけた点です。全教科で「見方・考え方（各教科等の特質に応じた物事を捉える視点や考え方）」（総則 第3 教育課程の実施と学習評価 1 主体的・対話的で深い学びの実現に向けた授業改善（1））を導入する改革であったのですが，造形的な見方・考え方とは，「感性や想像力を働かせ，対象や事象を，形や色などの造形的な視点で捉え，自分のイメージをもちながら意味や価値をつくりだすこと」（『小学校学習指導要領解説 図画工作編』（以下解説という，文部科学省 2017, p.11））であると提起されています。

また，全教科で「知識及び技能」「思考力，判断力，表現力等」「学びに向かう力，人間性等」の3つの学力で整理する方向で改革が進められました（第1章 総則 第1 小学校教育の基本と教育課程の役割 3）。今回の共通とする方向性と，これまで歩んできた教科像とを調整することは容易ではなかったことが窺えますが，3つの学力（1）（2）（3）それぞれに「創造」を位置づける工夫がなされ，創造教科であることが鮮明にされました（岡田 2017, p.2）。

表1は，解説の「小学校図画工作科 教科の目標，各学年の目標及び内容の系統表」の骨子を筆者がまとめた表です。すべてに共通する図画工作科の「知識」については，「共通事項」の（1）アに書かれることになりました。教育では，基礎づくりはかなり重要ですが，せっかく前回の改訂で「共通事項」がスタートしたのに付け足し程度にしか意義が理解されないままでした。知識基盤社会の到来にいかに対処するかという今日的な課題に知識が取り上げられるのは当然ですし，子どもからも社会に通用するしっかりした知識を身につけたいという発達的な要望もあると思います。

一方，子どもの成長の最大のポイントである興味・関心・態度の育成を表舞台から消してしまうという動向に，新たな詰め込み教育が（インドクトリネーション）が始まり，歴史が繰り返されているのではないかという懸念が生じたのは私だけではないでしょう。議論の中で，知識も重要だが予測困難な時代には，未知の問題に答えを出していく思考力や価値観の異なる人と関わり続け現実の問題を解決できる実践力の方にも着目すべきじゃないかという国立政策研究所の21世紀型学力（2013）も話題となり，今回の改訂は，これらの学校や学力の再定義とも言える大問題の中で図画工作科をいかに位置づけていくかが問われた改革であったと言うべきだと思います。

整理の仕方として，「自分の感覚や行為を通して，形や色などと豊かに関わる」ということが「知識」であり，「自分のイメージをもつ」ことが「思考力・判断力・

表1 第2 各学年の目標及び内容と3つの学力との関係

			3つの柱	項目	事 項	
1目標			「知識及び技能」	（1）		
			「思考力，判断力，表現力等」	（2）		
			「学びに向かう力，人間性等」	（3）		
2内容	領域	A 表現	「思考力，判断力，表現力等」	（1）	ア	造形遊び
					イ	絵や立体 工作
			「技能」	（2）	ア	造形遊び
					イ	絵や立体 工作
		B 鑑賞	「思考力，判断力，表現力等」	（1）	ア	
	〔共通事項〕		「知識」	（1）	ア	
			「思考力，判断力，表現力等」		イ	

表現力等」として位置づけられました。Ａ 表現・Ｂ 鑑賞の「領域」は，すべて「知識」ではなく，「思考力・判断力・表現力等」と「技能」に整理されました。ここでは，一層詳しく現代の図画工作科が学年毎に何を教えるのか。留意すべきことは何かなどをご紹介したいと思います。

（2）2年間まとめて示す目標と求められる系統性の認識

図画工作科の目標は，〔第1学年及び第2学年〕のように2学年まとめて示されています。1年毎に書かれていないので教育現場の方で2学年を見通して計画的に指導する必要があります。教科書もそれに対応し，出版社によって異なりますが，「上」「下」などの2冊構成にして，基礎編が「上」，応用発展編が「下」と位置づけるなど工夫して出版されています。この場合，低学年では，概ね「上」が「1年生」，「下」が「2年生」となります。直接的に「〇年生用」とならないのは，この目標のあり方に関係があります。子どもは概ね2冊とも最初の学年でもらうのでそこから指導すればよいのですが，「題材のつまみ食い」と言っておけばよいかもしれませんが，教師が題材を自分の好みだけで勝手に選べるわけではありません。学習指導要領では，「系統的，発展的な指導ができるようにすること」（総則　第2　教育課程の編成　3教育課程の編成における共通的事項（3）指導計画の作成等に当たっての配慮事項　イ）としていて，成長・発達を見通す必要があります。このように今日の学習指導要領は，総則と教科を連動して小学校教育の目指す姿を読み込む必要があります。これを総則主義といいます。

（3）「1　目標（1）」の「知識及び技能」について－「対象や事象を捉える造形的な視点」を「自分の感覚や行為」で理解するとは－

目標（1）の（1）の〈知識及び技能〉では，新たに「対象や事象を捉える造形的な視点について自分の感覚や行為」が盛り込まれました。この概念は，「気付く（1，2年）」，「分かる（3，4年），「理解する（5，6年）」の発達像で捉えられています（表2）。また，全学年で「材料・用具」を使い「表し方などを工夫して，創造的につ

表2　「造形的な視点」の発達特性

1　目標〈知識及び技能〉

対象や事象を捉える造形的な視点について自分の感覚や行為を通して	
学　　年	発達特性
第1学年及び第2学年	気付く
第3学年及び第4学年	分かる
第5学年及び第6学年	理解する

くったり表したりすることができるようにする。」なのですが，「手や体全体の感覚などを働かせ材料や用具を使い」という特徴に着目しています。

1，2年から「手や体全体…」なのですが，中学年では，「十分に働かせ」と成長像をえがいており，従来よりも直接的な感覚体験がしっかりと示されています。希薄になりがちでボタンだらけの実感の伴わない現代社会に，「手」や「体全体」といった感性的な成長・発達を重視しているとみることができます。

（4）「1　目標（2）」「思考力，判断力，表現力等」について

次に〈思考力，判断力，表現力等〉では，1，2年生で，「（2）造形的な面白さや楽しさ，表したいこと，表し方などについて考え，楽しく発想や構想をしたり，身の回りの作品などから自分の見方や感じ方を広げたりすることができるようにする。」とされています。思考力等を活躍させる点を大きく3つにみていて，造形的な思考を深めていく点，「表したいこと」という主題性を深めていく点，「表し方」という表現方法を深めていく点を提起しています。造形的な点で考えを深める学習では，「造形的な面白さや楽しさ（1，2年）」が「造形的なよさや面白さ（3，4年）」「造形的なよさや美しさ（5，6年）」と深まっていくと捉えます。

また，どのように発想や構想をするのかというと，「楽しく（1，2年）」，「豊かに（3，4年）」，

表3　「発想や構想」の発達特性

学　　年	発達特性
第1学年及び第2学年	楽しく発想や構想
第3学年及び第4学年	豊かに発想や構想
第5学年及び第6学年	創造的に発想や構想

「創造的に（5，6年）」とされています（表3）。

　従来，高学年の「絵に表す」は，先生方の目が完成度を目指した高度で偏った技法ばかりに集中していたところがありました。「絵を描くのが嫌い」に代表されるように，本来楽しく，一生自分を伝えていくという点で極めて重要な表現活動から子どもを遠ざけていたその原因が先生にもあったかもしれないのです。やはり学習指導要領が一貫して，子ども自身が創造的に発想や構想をすることを求めてきた点を銘記すべきでしょう。

　感受性の育成の側面（鑑賞）では，自分の見方や感じ方について表4にみるように感じる対象が「身の回りの作品など」から「身近にある作品など」，「親しみのある作品など」へ，自分の見方や感じ方を「広げる」から「深める」へと進むように位置づけています。今回の改訂で，鑑賞の力をいかに深めていくべきかが，かなり明確にされました。

　「2　内容」と関わらせて説明すると，感受の対象をみたのが表5です。鑑賞というと作品だけを見るのかというとそうではありません。子どもの興味の第一は，材料や製作の過程などです。材料が子どもに「あなただったら何をつくってくれますか？」と語りかけるようで，それに応えて「面白そう！」「やってみたい！」と思う実態があります。子どもは，自分もこんなことをしてみたいと好奇心を強く持つ学びの主体です。大人のように作品を眺めて感心するのではなく，自己体験や自分の生活に引きつけて見ています。その捉え方がいかに広がっていくのかに注目したいと思います。

　「B　鑑賞」での「自分たちの作品」は，自分や友達などの作品です。低学年では自己に近いところから自分の作品・友達の作品を鑑賞し，中学年で，身近な美術作品や製作過程なども視野に入れ，高学年で，地域や，我が国や諸外国の美術文化の作品を鑑賞します。中学校の学習指導要領では，「（6）各学年の「B　鑑賞」の題材については，国内外の児童生徒の作品，我が国を含むアジアの文化遺産についても取り上げる」（第3　指導計画の作成と内容の取扱い　第2の内容の取扱いについて）とされており，発達の連続性も視野に入れ

表4　「作品などからの自分の見方や感じ方」を広げ・深めるの発達特性

学　　年	発達特性	
	対象	自分の見方や感じ方の成長の姿
第1学年及び第2学年	身の回りの作品などから	広げる
第3学年及び第4学年	身近にある作品などから	広げる
第5学年及び第6学年	親しみのある作品などから	深める

表5　鑑賞の対象の発達特性

学　年	感受の対象			
第1学年及び第2学年	自分たちの作品	身近な材料		その他
第3学年及び第4学年	自分たちの作品	身近な美術作品	製作の過程	その他
第5学年及び第6学年	自分たちの作品	我が国や諸外国の親しみのある美術作品	生活の中の造形	その他

表6　「表現したり鑑賞したりする活動の取り組み」の発達特性

学　　年	発達特性
第1学年及び第2学年	楽しく
第3学年及び第4学年	進んで
第5学年及び第6学年	主体的に

る必要があります。少なくはなってきましたが「鑑賞はしない」とか，まだまだ鑑賞をしても取り上げる意図や意義が不明の美術鑑賞もかなり多いように思われます。しっかりとした取り組みが必要です。

（5）「1　目標（3）」「学びに向かう力，人間性等について」

〈学びに向かう力，人間性等〉では，1，2年で「楽しく表現したり鑑賞したりする活動に取り組み，つくりだす喜びを味わうとともに，形や色などに関わり楽しい生活を創造しようとする態度を養う。」とあり，表6のように「楽しく」「進んで」「主体的に」との発達がイメージされています。先生から投げられた課題をひたすらこなしていくのではなく，つくり出す喜びが生じて，楽しい豊かな生活が感じられることをねらっています。特に今回生活の創造の概念が新しく導入され，学校

知がどこで生かされるべきかが明確になりました。

（6）「2 内容」の発想や構想と技能に関する事項について －A 表現「ア 造形遊び」の学習－

改革で，「（1）造形遊び」と「（2）絵や立体，工作」という2つの内容は，「（1）発想や構想に関する事項」「（2）技能に関する事項」とされ，それぞれの事項の中に，「ア　造形遊び」と「イ　絵や立体，工作に表す活動」が設定されました。

まず「ア 造形遊び」ですが，昭和52年公示の学習指導要領で導入されました（表7）。この学習は，体験を豊かにすることが主目的で，一般にいう「作品」にしません。材料や場所に進んで働きかけ，思いのままに発想や構想を生み出していく学習です。大人になった人に聞いても，未だに「すべて作品にすると思っていました。」，「学んだ覚えがありません。」との回答が沢山寄せられます。教える先生自体が理解不足だったことが考えられますので，本書では題材研究を数多く掲載しています。作品にしてしまった子どもはそれでいいのですが，先生の授業の舵取りはあくまで体験を広げていく方向なのです。

低学年は，「造形的な活動を思い付くことや感覚や気持ちを生かしながら」活動します。「試してみたらこんなに面白かった！」など体験を広め，「並べたり，つないだり，積んだりする」という体全体の行為を大切にします（表8）。

中学年では，独自な「場所」の空間的特性に関わって，「組み合わせたり，切ってつないだり，形を変えたりするなど」して活動します。高学年では，「材料や場所，空間などの特徴を基に造形的な活動を思い付くことや，構成したり周囲の様子を考え合わせたりしながら，どのように活動するか」について考え，材料や用具の経験や技能を「総合的に生かして活動」します。中学校には，造形遊びは位置付いていません。体験的に関わり力を広げていく学びの集大成としての重要な学習と位置づけられています。

（7）「2 内容」の発想や構想と技能に関する事項について －A 表現「イ 絵や立体，工作」の学習－

「イ 絵や立体，工作に表す活動」では，子ども

表7　造形遊びの歴史的変遷（○：実施学年域）

公示年		低学年	中学年	高学年	備　考
昭和52年	1977年	○	×	×	導入　幼稚園との接続など
平成元年	1989年	○	○	×	
平成10年	1998年	○	○	○	
平成20年	2008年	○	○	○	「造形遊び」と明示

表8　造形遊びの学習の発達的特性

学　年	何を基にするのか	行為の種類
第1学年及び第2学年	身近な自然物や人工の材料の形や色などを基に	並べたり，つないだり，積んだりするなど
第3学年及び第4学年	身近な材料や場所などを基に	組み合わせたり，切ってつないだり形を変えたりするなど
第5学年及び第6学年	材料や場所，空間などの特徴を基に	経験や技能を総合的に生かしたり，方法などを組み合わせたりするなど

表9　絵や立体工作に表す活動　主題を見付ける経験の発達特性（要因は著者の分類用語です）

学　年	表したいこと（主題）を見付ける			
	要因1	要因2	要因3	要因4
第1学年及び第2学年	感じたことから	想像したことから		
第3学年及び第4学年	感じたことから	想像したことから	見たことから	
第5学年及び第6学年	感じたことから	想像したことから	見たことから	伝え合いたいことから

自身が「表したいこと（主題）」を見いだして作品にします。学校で造形展をされても，今日ですら違いが見付けにくく，ほぼ同じ作品が展示されている場合があります。作品をめざす学習でも，子ども自身が，「自分は，何が表現したいかな？」と思いその子が主題を探れるように工夫します。低学年では，「感じたこと」「想像したこと」から主題を発想し決めていきます。中学年では，それに「見たことから」が加わります。高学年ではさらに，「伝え合いたいことから」が加わります。小学校が終わるときに4つの点から自分自身の主題を見付ける力を身につける訳です（表9）。

例えば「見たことから」は，中学年からスター

表10　材料や用具

学　年	材　　　料	用　　　具
第1学年 及び 第2学年	土，　粘土，　木，　紙，　クレヨン，　　パスなど	はさみ，　　　　　のり，　　　　簡単な小刀類など
第3学年 及び 第4学年	木切れ，　板材，　　釘（くぎ），　水彩絵の具など	小刀，　　使いやすいのこぎり，　金づちなど
第5学年 及び 第6学年	針金	糸のこぎりなど

トします。低学年では，「野菜や花，虫やその他の動物を見たとおり描きなさい」や「野外の風景を見たとおりに描きなさい」「自分の靴をそっくりに描きなさい」などの学習は該当しません。一見同じようですが，子どもが動植物と実際に遊んで楽しんで感動を感じたり，絵の中で動植物と遊んだイメージ体験から発想したことからの表現学習は，実施可能です。

（8）「第3　指導計画の作成と内容の取扱い」のポイント

「1　指導計画の作成に当たって」では，「児童の主体的・対話的で深い学びの実現を図るようにする」という改革の主旨を押さえ，表現及び鑑賞に関する資質・能力を相互に関連させる学習の充実が基本であると述べています。

「B　鑑賞」の指導については，「指導の効果を高めるため必要がある場合には，児童や学校の実態に応じて，独立して行うようにすること。」としています。例えば葛飾北斎など我が国の美術やゴッホなど諸外国の美術の鑑賞などに単独の時間を配当することが可能です。

また，今回〔共通事項〕については，表現及び鑑賞両者に関わる共通な資質・能力としているので十分な指導が行われるよう明記されました。

作品をつくるイの授業時数については，「工作に表すことの内容に配当する授業時数が絵や立体に表すことの内容に配当する授業時数とおよそ等しくなるように計画すること。」とされています。例えば，絵に表す学習の指導が好きだと考える先生ですと，どうしても絵の学習に偏りがちになります。生活に美術を生かす工作の内容とバランスのとれた計画の立案が求められているのです。

さらに「共同してつくりだす活動」の実施や，積極的に関連をはかる点としては，「他教科等との関連」，「幼稚園など就学前教育との関連」，「小学校入学当初での生活科を中心とした合科的・関連的な指導との関連」，「障害のある児童などへの関連」，「道徳教育との関連」の必要性が述べられています。

（9）「内容の取扱いと指導上の配慮事項」

これまでの授業では，先生の決めたひとつの方法だけで表現している場合がありました。個性等に対応するため「学習活動や表現方法などに幅をもたせる」と求めていて，教科書も様々な方法が紹介されるタイプに変わってきています。

学習指導要領ができあがってくるまでの期間に「汎用的能力」が大きく取り上げられていました。〔共通事項〕のアの指導では，繰り返し取り上げるべき基礎力の定着の指針として，「ア　第1学年及び第2学年においては，いろいろな形や色，触った感じなどを捉えること。イ　第3学年及び第4学年においては，形の感じ，色の感じ，それら

の組合せによる感じ，色の明るさなどを捉えること。ウ　第５学年及び第６学年においては，動き，奥行き，バランス，色の鮮やかさなどを捉えること。」とされました。図画工作科で培った基礎力が他の学習でも生きて働く必要があるでしょう。

「Ａ　表現」の指導に当たっては，児童の思いを大切にした指導として「全過程を通して児童が実現したい思いを大切にしながら活動できるようにし，自分のよさや可能性を見いだし，楽しく豊かな生活を創造しようとする態度を養うようにすること」とされ，「各活動において，互いのよさや個性などを認め尊重し合うようにする」授業を求めています。

材料や用具は，表10にまとめました。「（６）材料や用具については，次のとおり取り扱うこととし，必要に応じて，当該学年より前の学年において初歩的な形で取り上げたり，その後の学年で繰り返し取り上げたりすること。」としています。

水彩絵の具の利用は基本的には中学年からです。実は，過去にいきすぎた展覧会での競争が行われました。その深い反省から，幼保でも使っていますが，筆を使った高度技法は，中学年となっています。

また，かなり前からあるのですが，「児童や学校の実態に応じて，児童が工夫して楽しめる程度の版に表す経験や焼成する経験ができるようにすること。」としています。「版に表す」とは版画を，「焼成する経験」とは陶芸を学習するという意味です。日本の伝統文化に版画や陶芸があることに注目して是非，指導を考えたいものです。

「Ｂ　鑑賞」では，「地域の美術館などを利用したり，連携を図ったりすること。」とされています（図１）。直接現場にでていく教育効果だけでなく，すべてを１人で抱え込まないで学芸員の方などとのティームで教育していく意義も検討の価値があります。

これらの学びで，「〔共通事項〕に示す事項を視点として，感じたことや思ったこと，考えたことなどを，話したり聞いたり話し合ったりする，言葉で整理するなどの言語活動を充実すること。」としています。これまでの図画科教育は言葉にな

図１　学校と地域の美術館・博物館などとの連携

らないから絵に描いているんだというように，言語活動を軽んじてきた傾向にありました。しかし言葉にしておかないと自分の思いも気づかなかったり，素晴らしいことに気づいていても，その時だけで忘れ去られる点もあったと思われます。

情報機器対応としては，コンピュータ，カメラなどを「表現や鑑賞の活動で使う用具の一つとして扱うとともに，必要性を十分に検討して利用すること。」と積極的な活用が提示されました。

価値観の成長の視点としては，「創造することの価値に気付き，自分たちの作品や美術作品などに表れている創造性を大切にする態度を養うようにすること。また，こうした態度を養うことが，美術文化の継承，発展，創造を支えていることについて理解する素地となるよう配慮すること。」とし，教育の場づくりとして校内や郊外で作品展示をすることを奨めています。

よく知られるところですが，はさみ・カッターなど安全指導が是非必要な用具もかなり多いです。図画工作科では，危ないから止めておこうではなく，安全に使える教育を目指しています。事前の点検や事故防止の取り組みが必須のことになっています。

参考文献
文部科学省（2017）『学習指導要領』
文部科学省（2017）『学習指導要領解説　図画工作科編』
阿部宏行編著（2017）『平成29年度小学校学習指導要領ポイント整理　図画工作』東洋館出版社
大杉昭英（2017）『平成28年度版　中央教育審議会答申全文と読み解き解説』，明治図書出版株式会社

（村田利裕）

2. ① 低学年（2年生）の授業実践

Points　手や体全体の感覚などを働かせて，いろいろな形や色を考えて表す

> 題材名　「とろとろえのぐで　かく」
> 　　　　（絵に表す）
> 目　標　指や手でかきながら感じたことを大切に，自分の思いに合うよう表し方を工夫して絵に表す。

（1）手や体全体の感覚などを働かせて学ぶ

　低学年の子どもたちは，身の回りのものに体ごと関わり，全身で感じるような，対象と一体となって活動する発達段階にあります。また，自分が直接関わったり，遊びを通して発想したりすると，生き生きとした発想が生まれてくる段階とも言えるでしょう。

　この題材は，まさにそのような低学年の子どもたちにぴったりな，とても楽しい活動です。「とろとろえのぐ」とは，指でかく絵の具です。指導する前に，材料の液体粘土（とろとろえのぐ）とはどのようなものなのか，自分で見て，触って，教材研究をしておく必要があります。小学校学習指導要領では，第3学年及び第4学年において，水彩絵の具を用いることとしています。そして，当該学年より前の学年において初歩的な形で取り上げても構わないとされています。

　子どもたちは，触った瞬間どんなことを感じるのでしょう。指や手が液体粘土に触れたときの感覚や，その「とろとろえのぐ」でかくときの感触など，なんだか不思議で，とても気持ちよい感じを大切に，活動を進めることになると思います。

　本時は，題材の指導時数4時間のうちの3時間目です。前の時間にとろとろえのぐに親しむ経験をして，その感触から表したいことを見付けたり，指や手でかいて生まれた形から表したいものをイメージしたりしています。そして本時は，とろとろえのぐ以外にも，パスやコンテなどのいろいろな描画材を組み合わせて，自分が表したいものを表現していきます。

（2）友達と話し合いながら学ぶ

　指導者は，子どもたちが前の時間にかいた絵をグループの友達に紹介することから始めました。少し恥ずかしそうにしながらも，一生懸命に自分の表したことを伝えています。見ている子どもたちも，興味・関心をもち，よく見て話を聞いています。このような交流によって，話す子どもも聞いている子どもも，感じ取ったことをこれから始める表現活動に自然に生かしていくことができます。そして，友達が興味をもって話を聞き，作品を見てくれることで自分の活動や作品に自信が生まれ，認めてくれた友達への信頼の気持ちも高まります（図1）。

図1　友達との話し合い

　教室の様子を見てみると，それぞれグループで活動できるような形になっています。これは，図画工作科の授業を行うときにとても大切なポイントです。子どもたちの視界には，常に友達の活動の様子や作品が入ってきます。友達の素敵な工夫や表現に刺激を受け，自分の作品にも取り入れたり，表現のヒントを得て新たなアイデアが生まれたりするのです。

（3）学習環境を整え主体的に学ぶ

　机の上の様子を見てみると，新聞紙が敷かれ，パスなどが使いやすく配置されていることがわかります。このように，子どもが活動しやすく，主体的に学習できる環境をつくることも大切な支援の1つです。

　友達と作品を紹介し合った子どもたちは，いよいよ本時の活動を始めます。材料が置いてある机に向かい，自分の思いに合う色のとろとろえのぐをつくりだしました。指導者は，どの方向からで

も材料を運べるように丸い机に液体粘土と絵の具を配置しています。そして、材料置き場に集まってきた子どもたちは、ここでも意欲的な会話を交わしています。「どんな色つくろうかな。」「ぼくはね、水の色をつくろうと思うから、青い絵の具を混ぜようかな。」「うわ～、その色いいね。何をかくの？」など様々な会話が聞こえてきます（図2）。

図2 材料置き場（材料を選びやすい丸い机）で生まれる自然な会話

（4）表しながら発想する

本時は、前の時間にかいたところに、とろとろえのぐやその他の描画材でどんどんかき足していくところです。自分のイメージしたことを表すには、何を使って、どのように表そうかなと考えながら活動を進めていきます。

図3 指でスタンプ

この子どもは、指先を使ってトントンとスタンプのように形を付けています（図3）。そしてしばらくすると、今度は緑のとろとろえのぐを指に付けてこすり合わせ、シュッシュッと画用紙の上で指を滑らせて草をかき始めました。思ったことがダイレクトに表されていきます。指と指をこすり合わせていたのは、草を表すときに少しかすれたような感じをだすためだったのです（図4）。

低学年の子どもたちにとって、自分の感じたことや想像したことから、表したいことを見付けて表すことは大切です。また、自分で試したことや偶然にできた線や形などから、表したいことをど

図4 指をすべらせてかすれを出す

図5 イメージをふくらませてパスでかく

んどん見付けていくことが楽しいので、指導者は表したいことの変化に柔軟に対応する必要があります。

前の時間にとろとろえのぐで表したところに、パスでかき加える様子も見られます（図5）。子どもにとって自分の作品は楽しい想像の世界です。感じたことを基に、表しながら想像を広げ、思いを膨らませてかき足していきます。しばらくすると、今度はまたとろとろえのぐを使って指でかき始めました。

（5）互いの表現を伝え合う

活動の後、グループの友達同士で作品を鑑賞しました。作品を指さしながら、身を乗り出して話しています。互いの表現を伝え合い、認め合うことで、それぞれの見方や感じ方を広げ、学びを深める大切な時間です（図6）。

図6 互いに鑑賞し合う

〈京都市立美豆小学校原信子教諭の実践より〉

（久米昌代）

2. ② 中学年（3年生）の授業実践
Points なかまと話し合いながら楽しく活動する

> 題材名 「切ってつないで大へんしん」
> 　　　〜だんボールで〜（造形遊びをする）
> 目　標　切った紙を動くようにつなぐことから，面白い形の変身を思い付き，つなぐ紙の形や組み合わせ方を工夫してつくる。

（1）材料や場所を基に活動を思い付く

　この題材は，いろいろな形や大きさの段ボールを，割りピンで動くようにつなぎ，できた形や動き方から思い付いた面白い形やつくりたくなったものをつくっていく，という造形遊びです。

　授業が行われる体育館に一歩入ると，目の前には楽しそうな活動の場が広がっていました。子どもたちは，目をキラキラと輝かせてワクワクドキドキしている様子です。大人でもその場に飛び込んで思い切り活動したくなるような気持ちになります。

　本時は，この題材の3時間目に当たります。子どもたちは，これまでに，段ボールを切ったり，つないだりしていろいろな形をつくりだしたり，できた形を動かしながら「何に見えるかな？」と考えたり，動かしながら「○○○みたい！」と思い付いたりする活動をたくさん経験しています。また，思い付いたことからさらに新しい形をつくりだしたり，面白いつなぎ方を考えだしたりということも経験してきているのです。

　造形遊びは，このように「材料や場所などを基に活動を思い付き，思い付いたことをやってみる」ということを繰り返すことが大切です。子どもは，時には自分一人で，時には友達と一緒に活動する中で，このような経験をたくさん積み重ねていきます。そして，材料の感触や目で見たこと，用具を扱いながらいろいろな使い方を経験することで思い付いたこと等を，どんどん次の活動に生かしていきます。

　本時では，形のつなぎ方や組み合わせ方を工夫して，思い付いたものやイメージしたものをつくることがめあてになっています。

　指導者は，子どもたちが活動の中から様々なことを思い付いたり，見付けたりできるように，また，思い付いたことや考えたことを実現したり，やってみたいことを試したりするのにぴったりな活動の場を用意しているのです。

（2）自分のめあてをもって，主体的に学ぶ

　子どもたちは，授業のはじめに学習の「めあて」を確認し，今日はどんなことを目指して活動するのか，見通しをもって活動を始めます。指導者は，黒板に「形の組み合わせ方やつなぎ方をくふうしよう」と提示しました（図1）。

図1　学習のめあての提示

　板書には，学習の流れも提示されています。本時は，「めあての確認」「活動」「伝え合い（鑑賞）」「振り返り」「後片付け」の5段階に分けることができます。子どもたちがつくったり試したりする「活動」の時間を十分に保障し，活動を通して学んでいくことが大切です。活動に入る前のめあての確認や説明などの時間は，コンパクトにまとめる必要があります。

　また，本時のめあてのポイントとなる「工夫」について，「どのような『形の組み合わせ方』や『つなぎ方』が工夫できるかな？」と指導者が問いかけると，子どもたちから「円と三角形」「大きいものと小さいもの」「いろいろなところにつなげる」「長く」「重ねる」などの意見が出され，指導者はそれを板書しました。これは，子どもたちがめあてに向かって活動する際，新しい形や色などを思い付いて活動していくための大変有効な支援となります。

　そして，活動中，子どもたちが自分で考え，判断して学習を進めることができるよう，用具の使

い方や安全指導，材料についての説明など材料や用具を適切に扱うために必要な手立ては，指導をしたうえで，子どもがいつでも見られるように分かりやすく掲示しておきます（図2）。

図2　用具の使い方

（3）対話を通して考え，深く学ぶ

いよいよ活動が始まりました。指導者の「どうぞ」という言葉を聞くと，子どもたちは迷いもなく自分の目的の場所へと向かいました。これから何をするのか，どんなことがしたいのかがはっきりと頭の中にあるのでしょう。

同じ形をつなげたり，違う形をつなげたりして，できた形から何かをイメージしている子どももいます。またその隣ではつなげた部分を動かしながら「次はどうしようかな。」と楽しそうに考えている子どももいます（図3）。

子どもたちは，このような造形活動の時間には，近くで活動している友達とつくっているものについて話したり（図4），協力したりしながら活動をします。そのことによって自分では思い付かなかったことを思い付いたり，友達の活動にヒントを得たり，共に活動することで意欲が高まったり，自分の取組みに自信をもてたりして，様々な面で学びが深まります。

「ここ押さえてるね。」「ありがとう。」というやり取りが，学習活動の中で自然に行われています（図5）。

図5　協力しながら活動

「うわーすごい！　私よりも大きいよ。」「本当だ，ぼくもやってみよう。」という会話が聞こえてきそうです。広い空間に適切な材料があり，友達がいる，この環境だからこそ生みだせる活動だと思います（図6）。

図3　材料に働きかけてイメージをふくらませる

図6　自分の体の大きさと比べる

このように，中学年の子どもたちは，友達と活動することを楽しみ，目的を共有しながら活動していきます。自分の体より大きな材料を使って，広い場所で行うこの造形遊びは，本当に楽しそうです。子どもたちがいろいろ試す中で発想が広がっていくよう，また，一人一人の気付きやイメージを自然に交流しながら活動の展開ができるようにすることがとても大切です。

〈京都市立西京極西小学校　伊藤愛奈教諭の実践より〉

（久米昌代）

図4　活動の中での交流

2. ③ 高学年（6年生）の授業実践

Points 自分の思いを作品に込めて計画的につくりあげる

題材名　「どんなうごきをするのかな」
　　　　〜はり金のクランクで〜（工作に表す）
目　標　動く仕組みから思いついたものを，自分の
　　　　イメージに合う材料を選び，形や色を工夫
　　　　してつくる。

（1）動く仕組みから発想する

　高学年は，計画的に行動する力が高まっている発達段階です。自分だけではなく人を楽しませたり，喜ばせたりすることを企画し，実現を目指すようになってきています。

　この題材は，クランクの仕組みを使って，楽しく計画的に動きのある作品をつくるものです。全部で7時間という長い時間をかけて取り組む，高学年ならではの題材です。

　まず，クランクがどのように動くかを試し，その動きから「楽しいな」「つくりたいな」「伝えたいな」と思うものを発想して工作に表していきます。指導者は，事前にいろいろな種類のクランクを用意して教室の一角に提示しておきました。休み時間に触ってみたり，友達と遊んだりすることで徐々にイメージを膨らませ，楽しい発想を引き出していきたいと考えました。

　1時間目は，この様々な仕組みの見本をグループで動かしながら思い付いたことを話し合いました。クランクにはいろいろな種類があり，様々な動きが表現できることや動きの面白さに気付くことができました。

　次に，どのような作品にするかを考えていきます。グループで話し合った内容を基に学級全体でもアイデアを出し合いました。このような話し合いは，アイデアが思い浮かびにくい児童にとっては助けとなり，イメージをもっている児童にとっても，自分のアイデアがさらに広がり深まっていく大切な時間なのです。

（2）自分の思いを表現するために考える

　そして2時間目は，いよいよ自分のつくりたいものを考え，動きからイメージしたものをアイデアスケッチします。そして，アイデアスケッチを基に，クランクの図をかいていきます。そして，それを見ながら，つくりたいものに合うように，クランクの仕組みをつくっていくのです（図1）。

図1　クランクの仕組みづくり

　3時間目は，クランクの仕組みを動かしてみて，イメージを膨らませます。

　ここで大切なことは，この図の通りのものをつくることが活動の目標ではないということです。図は参考にしますが，途中で上手くいかなくなったり，つくりながら動かすうちに新たに面白い動きが生まれたりして，予想外のハプニングが起こるでしょう。そのような時には，新たに浮かんだアイデアを活用して考え直したり，自分らしい表現につながる構想を重ねていくことこそが大切な活動なのです。

　4〜6時間目は，全体の仕上がりまでの見通しをもち，動きのよさや面白さを生かして表現していきます。仕組みによって自分の思いを表現していくためには，周りの様子を工夫していくことも大切です。子どもが考えるための時間を保障し，「やりたい。」と思う気持ちを表現の中で十分に出せるようにすることが必要です。

（3）「仲よく泳ぐ，イルカの親子」

　図2の作品は，2頭のイルカが泳いでいる様子を表しているものです。前の時間までのところでは，クランクを動かすたびにイルカがくるくると回転してしまい，ぶつかり合うような動きになっ

ていたのを，何とかしたいと考えていました。いろいろ考えて試行錯誤を重ねた結果，まずイルカの向きが変わらないように粘着テープで固定しました。そして，２頭は仲のよい親子のイルカであるように交互にジャンプしながら，同じ方向に泳ぐ様子を表現しました。濃い青色と淡い青色で大きさが違う２頭のイルカが，並んで泳ぐ姿と交互にジャンプする様子からは，親子であることや仲よく楽しそうで温かい関係であることが感じ取れました。

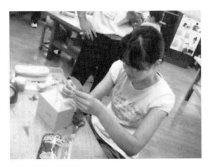

図２　イルカの動きをイメージしながらつくる

このような表現ができるのは，これまでの図画工作科の時間にたくさんの造形活動を経験してきた高学年だからです。このイルカの作品には，様々な工夫によって思いが表現されています。例えばイルカをつくった材料，形や色，クランクの動き方，２頭のイルカの位置や間隔などです。それらの一つ一つが総合的に構成されることで，全体からは作者の伝えたいことや思い，願いを感じ取ることができるのです。

（４）用具を活用し，試行錯誤を繰り返す

指導者は，子ども一人一人が自分の活動に見通しをもち，計画的に活動を進めるための支援としてワークシートを活用しています。題材全体の流れをワークシートに示したうえで，１時間ごとの学習の流れは，毎時間黒板に掲示します。それは，子どもたちが，その時間に自分はどのようなことをめあてにして，どこまで仕上げるか，どこに自分の思いを表していくかということをきちんと考えて活動していけるようにするためです。そして，活動の終わりには，めあてについての振り返りを行います。それは，その時間の自分の活動を振り返ってよく考え，それを次の時間にどのように生かしていくのかを意識するために大切なことなのです（図３）。

<図画工作５・６年下>

「どんな動きをするのかな」
～はり金のクランクで～

動く仕組みを生かして，楽しい作品を工夫してつくろう。

つくるポイント　・基本のしくみを動かして・・・何に見えるかな？
動きからイメージを広げよう！

★つくりたいもの〔　　　　　　　　　　〕

★学習計画　　☆動き方をためしながらつくろう！

	計画	ふりかえり
1		
2		
3		
4		
5		

図３　活動のワークシート

また，高学年の工作の活動にはいろいろな用具を扱います。この題材では，ペンチやラジオペンチ，針金などの材料・用具の使い方を，題材の学習を通して学びます。指導者は，これらの材料・用具の安全な使い方を丁寧に指導し，子どもが安心して扱えるようにすると同時に，自分で用具を活用してつくりあげていく楽しさを十分に味わわせ，子どもが工作の楽しさを体験することを大切にしたいと考えました。そのため，必要以上に出来上がりの完成度を求めず，失敗したらもう一度やってみる，上手くいくかどうか試しながらつくる，という子どもの取り組みの姿勢を尊重しました。子どもが自分で考えてできるように，「○○さんは，どうしたらいいと思う？」と問い返したり，自分で考えたことを試してみることを大切にするために，「思い付いたことをやってみよう！」と言葉をかけたりしました。また，「なるほど，○○のところを工夫したのね。よく考えたね。」や「最後までがんばって完成させたね。」などと，がんばりを認める言葉をかけるようにしました。

〈京都市立京極小学校　久米昌代の実践より〉

参考文献

文部科学省（2008）『小学校学習指導要領解説　図画工作編』日本文教出版株式会社

日本児童美術研究会（2015）『図画工作　１・２下』『図画工作　３・４上』『図画工作　５・６下』教師用指導書，朱書編

（久米昌代）

3．期待される先生の資質・能力と役割

Points　教職の専門職性と役割，授業力の３つの力量段階，子どもの学びが見える，主体的・対話的で深い学び，活動（Activity）を起こす，対話と集中価値観・世界観の育ち

（1）小学校の先生の専門職性と役割

　「よい先生とはどんな先生ですか。」と質問すると，様々な観点からの答えが返ってきます。よく取り上げられる回答としては「小学校の先生がよい先生でした。」，「一生忘れない先生です。」や，「分かりやすく教えてくれる先生です。」があります。前者は，総合的な意味での見方，後者は，授業力からみた見方を指しています。

　まず，前者について考えてみたいと思います。世界には，教科書を教える時間が終わると教室を閉めてしまう学校があります。その時だけ教科書を教えるのが先生の仕事なのです。それに対して，日本の先生は，子どもの成長・発達を願ってかなり関わってくれるタイプの先生だと言えるでしょう。先生は，元気のない子には「どうしたの？」と声をかけます。学習も断片的ではなく継続的に家庭とも関わって伸ばしていこうとしています。児童虐待やいじめ問題の例だけでなく，必要に応じては保護者よりしっかりと子どもの思いを受け止めます。また，運動会や遠足，宿泊学習など各種の活動を企画して，子どもとともに同じ場所で同じ時を過ごし共に感じる体験をします。この総合的で人間的な専門職のあり方が日本の小学校の先生なのです。

　このあり方は，プライマリ・ケアをめざす医療のあり方と似ています。プライマリ・ケアは簡単に言うと「身近にあって，何でも相談にのってくれる総合的な医療」であり，専門分化された医療のあり方と異なっています。小学校の先生は，身近に子どもの成長・発達を親身になって支え，様々な問題に相談にのってくれる総合的で最も重要な教育の役割を担っている専門職ということができるのです。このあり方については賛否両論あり，そこまでする必要がないという議論を出す人がいますが，地域や家庭環境が揺れやすい時代には，かなり必要とされ頼りになる存在なのではないでしょうか。いや健康な子どもの成長・発達を支える，社会が準備できる最後の安全弁かもしれません。先生の資質・能力（コンピテンシー）を教科書の知識伝達の人と定義するよりは，人の活動の全域を有効に活用し活躍できるようにしていくことは，人間教育を支えるうえで重要なことだと言えるでしょう。

　図画工作科教育でこの問題を取り上げたいのは，子どもの感性の育ちを重視すると，小学校の先生は全教科を教える機会を持っているので，図画工作科の表現と鑑賞といった感性の活動が活発になる学習の機会をできるだけ有効に生かしていくことが大切です。感性教育の舵取り役の観点から見ると今日的には道徳，国語科や生活科，社会科や家庭科などのいろいろな学習と連動させながら指導を構築していく，まさしく感性の育ちを軸にしたカリキュラム・マネジメントのキーパーソンとしての役割が期待されているのです。

（2）期待される先生の授業力
－授業力の３つの力量段階－

　次に，授業力について考えたいと思います。「分かりやすい先生」の言葉通り，指導内容を理解し，分かりやすく授業で教えることは先生の仕事の基礎的要件です。残念ながら先生自身が理解不足で，授業に臨んでいる場合があったかもしれず，「分かりやすさ」は「しっかり知っている先生・整理している先生」と同じ意味で使われています。ところが，今日，学力も高く十分理解できていると思っている教育実習生が教育現場に臨んだ場合でも，子どもがついてこないというかなり深刻な事態に陥る事例が増えてきています。つまり，「分かりやすい先生像」は，授業の実現という面では，期待される先生像の第一段階であり，第一歩だということなのです。

　ここでは第一段階の先生を「知識・理解提示型」の段階とよんでみたいと思います。この段階の先生からは，情報が一方的に投げられ（図１），子どもは聞くだけ・見るだけの授業になります。

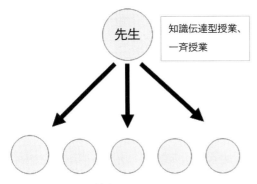

図1　一方向性の授業

表1　3つの力量段階ごとの先生の在り方と学びの特性との関係

力量段階	先生の在り方 （目指している授業＝役割）	子どもの学びの特性
第一段階	知識・理解提示型 （分かりやすく教えてくれる先生）	受け身
第二段階	子どもとの関係性獲得型 （あらゆる子どもの学びと関わり，すべての子どもを参加・活動させ，子どもを授業で生き生きできる先生）	主体性発揮，参加・活性化
第三段階	学びの深化・促進型 （授業であらゆる子どもが，向上できる先生）	深化 子どもが，深まる学びを実感する

表2　3つの力量段階における先生の自己意識と子どもの学びの関係図

	第1段階	第2段階	第3段階
子どもの学び 先生の自己意識	先生自身の 自己意識が優先する		子どもの学びが 見えてくる

「一斉授業」はこのタイプの授業が多く，かなり子どもを受け身の学びの状態にしてしまいます。

　本来，子どもの学びに直接コミットしていないので，「ついて行ける子」もいれば，「ついて行けない子ども」もどんどん生み出します。子どもが学びの実感が湧かないのに授業が進むだけでなく，「正解－不正解」との判定も受けます。子どもには取り残された悲しい思いや，意味も分からず否定された残念な思いだけが残り，当惑して座っているだけに陥るのです。「なぜ学ぶのか，どう学んだらよいのか，どこがこの学びの一番面白いところなのか」という学びの原点，子どもと共に学んでいく視点が不足している段階なのです。授業改善の観点からみて大きな問題なのは，分からないのは子どもの責任に帰される点です。この指導は，過去にはインドクトリネーション（注入教育）といわれましたが，現在でもなお，先生が意図していないのに実際には詰め込み主義に陥る場合が生じています。

　第二段階は，「子どもとの関係性獲得型」の段階です。クラスの子どもたちの思いや意見や考えを十分取り入れた指導の段階です。また，この段階の先生は，子ども一人ひとりの学習の状態をしっかりと見つめ，クラス全体の動向の組み立てと舵取りを意識しています。子どもの「学びの前進」こそ重要であることがしっかりと理解されている段階です。クラス全体の思考やそれが一人ひとりに返っていくような指導が基本になっています。小学校の教職の専門性は，この段階以上の力量を指すのではないでしょうか。表1，表2にそのあり方を示しましたが，先生が「これを教える」という見方から子どもが「これを学ぶ」へと転換が進んでいます（表2）。

　近年，教育実習生の一部が第2段階へのステップで，大きな壁が生じる場合が起きています。子どもの身になって考える「立場の転換の壁」を乗り越えることができないのです。自分の考え方や生活のペースを教育現場にそのまま持ち込もうとする場合が多いようですが，このケースでは早くから子どもに向き合う心構えや気持ちの準備をしていく必要があります。是非，子どもの展覧会に足を運ぶなどして子どもの思いを見てください。そして子ども一人ひとりの素晴らしい姿があることに気付いていくようにしてもらえればと思います。また，解決方策のひとつとしてこの章の指導スキルやカウンセリングマインドなどの見方・考え方を役立てていただければと思います。

　第三段階は，「学びの深化・促進型」の段階です。「○○の内容が身についた」「なるほど深く分かった」「次も一層学んでみたい」と子どもに学びの充実感が伴う段階です。これが教育実践のまさしく真骨頂です。この段階では，子どもから学校の授業が，面白くてたまらない状態となります。「できるかもしれないと思って取り組んでみたのだけれど，本当にできそうになったとき，わくわくしました。」という感想も生じます。集中力も

図2　構図・表現方法・印象が同一の指導

高まっています。図画工作科は，子どもに材料を渡すと静かになってつくり出すという点があり，その面では図画工作科はアクティブラーニングになりやすい教科だと言えるでしょう。ところが，課題を言って，あとは子ども任せという無責任指導も多かったのです。子どもは，発想が出たら誰かに知って欲しくなります。ちょっと困ったとき少しのつまずきで前進できない場合もあり，先生や友達のアドバイスが欲しいこともあります。また，思いを表現すると言っても，描いたり作ったりしていきながら，未知の自分の世界を究明するという側面があります。このような深めていく手立てが組めているかどうかがポイントになるのです。

経験豊富な先生でも，表現の完成度にばかり目がいってしまい，それぞれの子どもの表現主題を育てることを怠った授業もあります。かなり時間をかけているのに，同じ構図・同じ表現方法・同じ印象の絵ができあがるのです（図2）。この実践では表現技能は高まったかもしれませんが，個々の感性の教育が深まったとはいえません。学びの所産をどのように見るのかが大切なポイントなのです。

子どもそれぞれの主題が深まるように授業を組み立てて，各授業段階の支援をいかにするのか，対話と集中をいかに組み立てて授業に臨んでいるかどうかがとても大切になります。

(3) 活動（Activity）を起こしていく授業特性

小学校の授業の特性をひとつ選べと言われたら子どもの中に，「活動（Activity）」を起こしていくことと言えるでしょう。国語科で言えば音読や作文を書く活動や主人公の思いを想像する活動などですし，読書もあります。算数科は，算数的活動などが代表的でしょう。図画工作科は，絵に描いたり，粘土を練ったり，中学年では木の工作でどんどん木に釘を打ってみて材料に積極的に関わる活動があります。

ここで2年生の「ふしぎなたまご／ひみつのたまご（日本文教出版）」という長く愛されてきた題材を取り上げてみたいと思います。この題材は，卵が割れて不思議な世界が飛び出してきたところを表現しようというイメージ表現の学習です。この学習は，技能的な活動を引き出すというよりは，「自分だったらこのように想像する」というように発想活動を楽しむ学習で，発想する活動（Activity）が生じるように組み立てていく授業です。松田明日花さんの卵の事例（図3，カラー p.42）では，卵に黒が塗ってあり，8個もの星が瞬いています。この作品は，夜の世界（空間）が卵の殻と合成されているのです。飛び出してきたものは，太陽や船や海，そこに棲む魚たちです。つまり松田さんは，夜の卵が割れて，朝の風景が飛び出してきたと想像したのです。その朝を連れてきたのは，虹を渡る海鳥達でした。夜の卵の殻が割れて，海の朝が発想されたのです。子どもの詩的・文学的発想の活動が刺激された表現が生まれてきたのです。この教材も「飛び出たものだけでなく殻もカラフルにしなさい」といった偏った指導がなされ始めています。発想できる喜びを人生で生かして

図3　ふしぎなたまご児童例
　　（松田明日花　京都市立伏見住吉小学校　2年生）

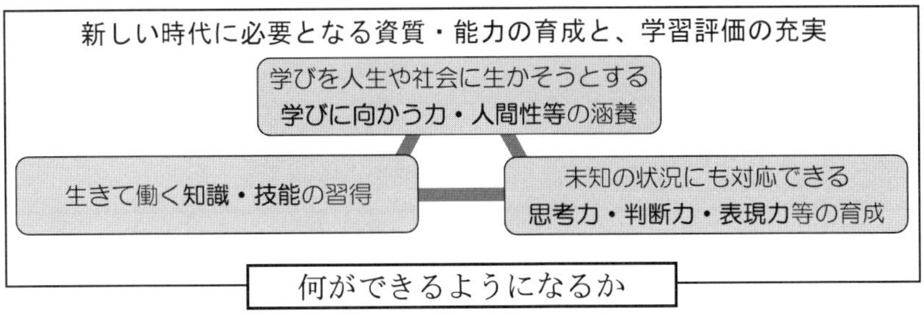

図4
新しい学習指導要領の考え方－中央教育審議会における議論から改定そして実施へ－　平成29年度　小・中学校新教育課程説明会（中央説明会）における文部科学省説明資料, p.12部分

いける教育こそしていくべきではないでしょうか。表現の核になる発想を出し1人ひとりの子どもの主題を育てる手だてが必要です。「卵になってみよう」と手を卵にして「なりきりアート」を導入したり，この題材の前に，連想や発想のウォーミングアップをさせたりなど，発想が出やすい指導方法の工夫こそ必要なのです。

（4）資質・能力を育てることと，その子の価値観・世界観を育てることの統一

① 大切にしたい一人ひとりの表現主題

平成29年公示の学習指導要領は，3つの資質・能力にみていく時代となりました（図4）。基礎・基本から捉えるとこのようになってくるのですが，育てる視点が教育内容というよりも「手段」に論点があることがわかります。実際の授業では，松田さんの表現の事例のように，図画工作科の授業では，子どもの内面には，価値観・世界観や美意識が育っていきます。毎日の授業で子どもの価値観や世界観の育ちを深めることが最重要のポイントになるのです。子ども自身の解釈や判断など，選択の基盤から表現したくなった主題性が立ち上がり，その世界の成長・発展が指導と学びの中心なのです（図5）。自己の世界の表現体験は，個の確立と深い関係があります。また社会との関連では，個の特色ある世界の成長は，社会や文化の特色あるあり方から影響を受けますし，大人になったときに社会や文化を動かす原動力になってくると考えられます。

② 発想段階

図画工作科では，発想段階とは子どもが着想を得る段階です。是非を問わず沢山発想することと，短い時間にどんどん発想させることがポイントです。子どもはわくわくしますし，同時に不安にもなります。外から見ると混沌としているように感じられ，早く描かせたいと先生も焦ります。平成29年改正の学習指導要領の「社会に開かれた教育課程」を実現するとは，将来起こるかもしれない人生の難しい課題，つまり荒波にそれぞれの子どもが自分の着想や発想を大切にして，答えを出していく姿勢を育てておかなければいけないのです。この点にしっかりと取り組めるのは，図画工作科です。

③ 構想段階

構想段階は，うっすらと得られたイメージを現実のものとしていく段階です。造形遊びでしたら，こうしたら良いのではないかと活動を思いつきますし，絵や立体・工作の内容でしたら，まだ作品として目に見えない状態から計画して目に見える状態にしていきます。計画性の場合，未知のものの選択肢を準備して自己決定していく重要な段階です。自分の目標を立てることが大切で，「夢の町づくり」など自分らしく世の中にないことを考えていく構想力そのものも大切な力といえるでしょう。

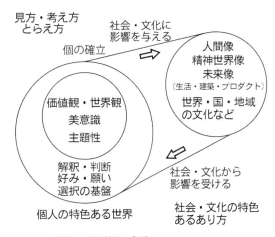

図5　価値観・世界観の成長
　　　個と社会との関係

（村田利裕）

4．子どもの思いを受け止める教科のカウンセリングマインド（傾聴技法）

Points 傾聴の５技法，３つの問いかける発話行為（質問・発問・リード）

（1）子どもの思いや考え・感じ方を受け止める指導スキルの向上をめざして（傾聴技法）

　図画工作科で子どもの自己表現を支援しようとすると，子どもの思ったこと感じたこと考えたことなどを受け止め，取り上げてくれる先生が必要です。一方的に先生のさせたい表現をさせたり，先生が見せたい美術のみを鑑賞させられたりするのではなく，子どもが表現したいこと，鑑賞してみたいことが取り上げられる必要があるのです。この力量は，意識的なスキルアップを必要としています。

（2）必要とされる思いを受け止める教科のカウンセリングマインド（傾聴技法）とスキルアップ

　ここでは，カール・ロジャーズの非指示的技法における５つのスキルを学び，子どもを受け止める力量アップをはかっていきたいと思います。傾聴の５技法とは，「受容・繰り返し・明確化・支持・質問」です。

① 受容の原理

　そのまままるごと受けとめる行為で，「ウン，ウン」と聞く実践力です。子どもが「先生できました。いいですか。」と作品を持ってきたとき，「良い−悪い」で即答しがちです。どのような作品であるのか，子どもが言いたいことは何なのかを十分理解する必要があります。そこで，まずすべてを丸ごと受け止める実践が必要になるわけです。

　隣の人とペアになります。そして，次の「今日の色」の対話をしてみましょう。Tは先生役です。Sは，子ども役です。

■ Let's try 1 【受容】今日の色

T：今日のあさ見つけたことを思い出して話して下さい。どんな色を見ましたか？いかに感じましたか？

S：〈自分の実際の色彩体験を述べる。〉

例：今日，朝，〇〇を見ました。〜に感じました。

T：ウンウンとうなずきながら聞く。

【ポイント１】評価する用語をもちいない。褒めたり，けなしたりしてはいけない。

【ポイント２】心の中だけでは分からないので，Sに理解されるようにしっかりとうなずく。

② 繰り返しの原理

　鏡に映るかのように言語化（動作：非言語化）します。いわゆるオウム返しになってはいけないのですが，そのまま反射（reflection）します。

■ Let's try 2 【繰り返し，反射】好きなこと，好きな人，好きなもの

T：あなたにはどんな好きなことや好きなもの（人や動物など）がありますか，述べてください。

S：〈自分の実態をそのまま話す〉

例：好きなことは，色鉛筆で絵を描くことです。家の犬や人を描くのが好きです。

T：あなたが好きなことは，色鉛筆で絵を描くことなのですね。家の犬や人を描くのがお好きなのですね。

【注目ポイント：絵のイメージの繰り返し】

　赤い色をしっかり塗っているリンゴの絵をSが描いていたとしたら，いきなり「リンゴですね。」と判断を投げる前に，「〈指差しながら〉赤がしっかり塗ってあります。カーブはこことここ。ハートに近い形です……。」と描かれている内容を取り上げることが大切です。そうすると，描いた子どもの気持ちがTにも伝わってきます。

③ 明確化の原理

　子どもが言葉にしていないが，潜在的に思っていることや気付いていることを話している内に理解されるようになり，先生が言葉にすることです。

■ Let's try 3 【明確化】今の思い，絵にしてみて

S：先生，描けました。（簡単な絵を準備し，それをTに見せる。）

T：〇〇のように，描いたのですね。（取り上げ箇所を指差しながらそのまま取り上げる）。〈繰り返し〉

S：…（思ったことを順不同でかまいませんから，いろいろ言ってください。例：○○の思いがありました。………）

T：○○○○の思いで，描いたのですね。（言葉で，子どもの思いの底にある気持ちを推察して言葉にしてみましょう。）

④ 支 持

支持とは，相手の話に共感できるようになったらそれを言語化することです。授業や授業以外でも頑張って表現する子どもがいます。絵の様子（ゲシュタルト）や工夫してきた過程を振り返り，「頑張ったね。」と子どもの心を支えるように言う場合の実践です。夏休みの工作などで，子どもの話を聞いて思わず先生にも嬉しく感じられ，その頑張りの心を受け止めようとするケース等が該当します。大切なのは，「褒める」ことではありません。先生の価値観を投げる行為ではないのです。

⑤ 質問（リード）

たずねる行為です。子どもが嫌がることは，リレーションをつけてから聞くなど信頼関係を構築することが重要です。相手の言葉につなげて聞く実践が必要です。粘土で作品を作っているとき，渡した粘土にカッターナイフの刃を突き刺して見せに来た子どもがいたらどうでしょうか。大切なのは，いきなり「駄目じゃないか。」と怒ったりしないことと，「現代美術的でいいよ。」と勝手に決めつけたり，何も言わずに無視してしまわないようにする必要があります。本当に話したいことが何かあるかもしれないので，先生が「どうしたの？」と聞いていく必要があるわけです。しっかりと関心を示し，友達の視線のある場では聞くことができない場合，場所を変える必要もあります。

（3）3つの問いかける発話行為

先生の子どもに問いかける行為は重要です。授業や教育実践で先生は，大きく3種類の発話行為を駆使しています。一問一答（多答）のように知識を問う場合が「**質問**」です。知識を確認したり，広げていくときに使います（表1）。

認識を深める言語行為が「**発問**」です。自分たちの思い込んでいる常識を疑い，一層深い認識に至るために問いかけます。揺さぶり発問と言われ

表1

	名称	機能	実 践	特 性
1	質問（Q-A）	知識を問う	一問一答，一問多答	答えが「はい・いいえ」「そうです・ちがいます」等になり子どもが考える余地がない
2	発問	認識を深める	弁証法的問い（揺さぶり発問），解釈・深い意味の探求，飛躍	言語的発問，材料的発問，空間（場）的発問
3	リード	関係を深める	共感，飛躍を含まない	ラポール（信頼関係）の構築が前提になる

る発問は，先生が問いを発し子どもの心をゆさぶる行為で，一般的な理解を否定するような問いかけを行うことが多いです。弁証法的な流れを作って，しっかりした認識をつくることを目指します。シュールリアリズムのルネ・マグリッド（1898-1967）のデペイズマン（dépaysement）の絵は，雲と岩が同時に浮かんでいたり，エッシャー（1898-1972）の作品は，流れ落ちる水が循環してまた落ちる場所に来たりするなど，作品自体が，発問的要素を含んでいることがあります。人物表現は，美しさや感情表現だと理解されやすいですが，様々な要素が1つになっている人の実存にせまる作品が多く描かれています。深い人間理解が発問の性質を帯びているのです。

「リード」は，かなり複雑な事案について解明をめざすため，信頼関係を深めながら情報を細かくえるための問いかけです。

最近，「**誘導**」したいという先生が増えてきています。子どもに何がなんでもねらった結論を言わせたい。あるときはどうしても分かったと言わせたいというのです。この先生は，子どもに発言を求めても，自分の言いたい発言だけを取り上げます。違っていたら遠ざけてしまいます。はたしてこれでよいのでしょうか。小学校では，「地震・火災など緊急時に行動する際にどうしても緊急なとき」に誘導を使いますがそれ以外では別の指導を考えたいものです。

参考文献

國分康孝（1979）『カウンセリングの技法』，誠信書房

（村田利裕）

5. 学習材への応答性

Points　材料・方法・空間・主題への応答性，学びの活力，反転学習など

（1）子どもの材料への応答性

　粘土や段ボール，木や針金など，図画工作科では様々な材料が登場します。何がつくりたいと思う以前に，すでに子どもの中には，触ってみたい，練ってみたい，切ったりつなげたりしてみたいなどの思いが心の中に生まれます。これを材料への応答性と呼んでみたいと思います。子どもが，クリエイティブを構成する潜在的要素に敏感に応答できることが極めて重要です。この材料への応答性は，小学校の低学年から高学年に向かって次第に力がついていき，パワーを感じられるようになればよいのですが，残念ながら意欲は次第に低下の傾向にあると言ってよいでしょう。次第に無関心・無感動が蔓延し，材料のような多様な特性を示すものへではなく，ゲームのような結果の単純なメディアに興味が向けられていきます。

　消費生活万能時代では，これもよかったのかもしれませんが，価値の創造に関わる力をできるだけ長く，維持・発展させていきたいものです。そのためには，6年間継続的に様々な種類の材料体験を準備していく必要があります。

（2）方法への応答性

　版画や陶芸，編む・染めるの方法など図画工作科には，独自な世界をかたちづくる表現方法があります。小学校では，上の学年のつくった立体作品や木の工作などをみて，自分もその学年になったら一度はつくってみたいものだと感じている子どもも多いことでしょう。表現方法が広がる楽しさが感じられるからで，羨ましいと言っている子どもの期待に教育関係者は，応えていく必要があります。

　図画工作科には，自分でみんなを楽しませる仕掛けやゲームなどをつくる学習がありますが，消費者ではなく作り手となる楽しさがあります。また，自分でつくった器で食事をすると，外観上の美しさだけではなく，バランスのよさなど使いやすさが，食を一層楽しくすることに気付くでしょう。方法の習得は，社会や自己の人生に関わる力を強くしていきます。

（3）表現主題への応答性

　こんなことが表現してみたいという主題に関わる興味・関心の強さのことを表現主題への応答性と捉えてみたいと思います。「生活に生かすものをつくる」「遊んで楽しいものをつくる」「個性的な表現をしてみる」など，表現主題は様々です。全体構成（例：絵においては構図）を決定するのは，表現主体者であり子どもです。徐々に表したいことが鮮明になるように，取り組みながら意欲が高まっていくように考えていきたいものです。

（4）反転学習など情報環境への応答性

　動画などネットワーク環境のソフトを事前に視聴し，そこで基礎を学んで，実践は学校で行う反転学習が取り上げられるようになりました。基礎は学校でやり，応用的な課題（復習や宿題）を家で行うという考え方を反転させて，基礎をネットワークソフトで取得し，実践的な実際を学校で実施する考え方です。今後，針金の曲げ方，のこぎりの使い方，電動糸鋸の使い方など，事前に視聴して授業に臨む等の効果的な事項を検討していくことが考えられます。また，図画工作科でよく行われてきた，使いたい材料を家で選んでくる行為は，反転学習的だと思われます。学習への応答性が高まることが予想されます。

（5）子どもによる企画・立案を実現するプロジェクトメソッドへの応答性

　「楽しいよ　みんなやってみて」と子ども同士で呼びかけて行うプロジェクト型の学習が，今後もっと取り上げられる必要があると思われます。学習発表会も，先生の指導力発表会ではなく，子どもが，取り組みの期間や発表場所を与えられて取り組みます。新しいカリキュラム・マネジメント下では実現可能ではないでしょうか。

　大人になってからプロジェクト的な仕事は多くあります。自らが提言し，プレゼンテーションをして理解をえて，その実現に向けて努力するという仕事です。その力が，文化的な活動ではかなり現実的に伸ばしていけることでしょう。(村田利裕)

6．関係をつなぐコミュニケーションスキルアップ

Points　意見の取り上げ，クラス全体で考えていくスキル，発想力に関わる力

（1）子どもの意見の取り上げ，関係をつなぐスキル

■Let's try 1 「開かれたトビラ」
－先生キーパーソン型スキル－

① 題材名「開かれたトビラ」
② 先生が中心となる，クラスの思いや考え・感じ方を取り上げるスキルを磨いていきます。先生は，ばらばらになりやすい子どもの思いを結びつけ，ひとつの思考にしていきます（図1）。
③ 4人班で実施します。
④ 指導者役（T）を決めます。指導者は，3人の子ども役（S）に⑤の導入の指導言を言います。
⑤ 導入の指導言

　夕方にお腹がすいて家に帰ってきました。良いにおいもしてきています。「（カチャリ）ただいま！」と言って元気にドアを開けたら，そこは，別世界！見たことも聞いたこともない世界が広がってきたのです。美しい歌や楽しそうな声もします。気がつくとこちらを知らない動物が見つめています。誰かが，伝説の動物だと頭に語ってきます。そして「まだ名前はありません。」と言ってきました。「目を閉じて，あなたの出会った世界を想像してみましょう！」「さあ，目を開けて。」「あなたの世界はどんな世界でしょう。」「紙に少し描いてみましょう。文章で書いてもかまいません。」「では発表してもらいます。」「○○さん。」
S：「私の○○は，沢山の木が生えている森です。」
T：「○○さんの世界は，沢山の木が生えている森だそうです。」

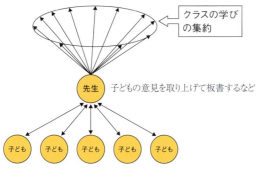

図1　先生キーパーソン型

　先生（T）は，A3の上質紙を黒板に見立てて板書してください。そして，「△さんは？どんな世界ですか？」と，全員の子どもにあてて思いを取り上げましょう。

ディスカッション：あててもらったときの気持ちを話し合いましょう。

■Let's try 2 「伝説の動物」子ども同士の話し合い型スキル

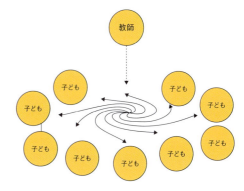

図2　子ども同士の話し合い型

　子ども自身で，話し合いを進めるようにします（図2）。

T：次に，伝説の動物を班の人に話しましょう。話し合いの前に，「私の伝説の動物の名前は，○○です。こんな動物です。性格は，……。」など，友だちに話したり見せたりする準備をしてください。発表のための練習もしてください。
〈時間をとる〉
T：では1番さんから発表してもらいます。他の人は，感想や質問を言ってみましょう。班に任せますので，終わったら次の人が発表しましょう。
S：「私の○○は，……」

■Let's try 3　場（フィールド）の捉え方

　感性教育には，創造的な場（場所）が個の成長を促すという考え方があります（図3）。北川民次（1894-1989）は，天才発見や激励を使った天才芸術家製造の仕事でなく，「私はこの学校で，コミュニティ・アートを作り出すこと，自由な社会人を作り出すことを考えている」（p.124）としました。学びの意識や意欲が高まっているクラス

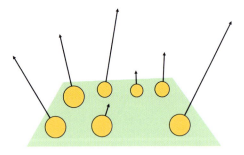

図3　創造的な場の構成
1人ひとりの思いが実現しやすい環境特性と準備

(=場，場所)は，そこにいるだけで大きな影響を受けるという考え方です。(北川民次 (1952)『絵を描く子供たち——メキシコの思い出——』，岩波書店，岩波新書E69)。

試みに，「夢と環境」をテーマにクラスのムードを高めていく指導の工夫について考えたり，話し合ったりしましょう。

(2) 学習環境について

① 対話的な学習環境

「ペアで話す」「班で話す」が，提唱されています (図4)。バズ学習のように，思ったことを思い思いに話す方法と話したいことを十分練ってから話させる方法があります。後者は，座ったまま考える場合や，起立して話してみる方法があります。しっかり伝えましょうという趣旨が子どもによく伝わります。イニシアチブをどちらかがとるのでない「対等性」「互恵性」「自発性」の学びがピア・ラーニングとして注目されています (2013)。

② 表現環境

材料・用具を取りに来るアクセス環境や子ども同士の話し合いを念頭に置いたU字型の机の配置がなされることがあります (図5)。先生と話す

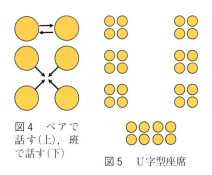

図4　ペアで話す(上)，班で話す(下)

図5　U字型座席

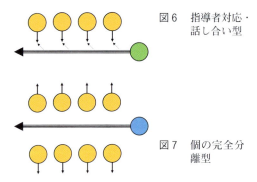

図6　指導者対応・話し合い型

図7　個の完全分離型

ことが重視される場合，図6のように，先生の方を向く環境にすることが検討されます。指導者対応・話し合い型と呼んでおきたいと思います。

実は，学習促進の視点からみると，いつも対話するとよいとは言えません。自己に集中することが大切な場合も多いのです。個の活動に集中する場合，幼稚園や保育所では壁を向かせるなどの配置も行われています (図7)。

座禅を組むときに，臨済宗では禅問答があるので面壁しない(壁を向かない)状況が取り入れられていますが，曹洞宗では，面壁する(壁を向く)形式で行われます。只管打坐「ただ　ひたすらに坐る」という意味が徹底されようとしています。子どもの学習でも，表現中に心と体が一つになることを目指す必要がある場合，独立・集中を実現する環境づくりをする等，活動特性に応じた環境の選択を工夫していきたいものです。

(3) 文化財・美術館・博物館などの文化環境へ出かけて　—社会や文化財との関係をつなぐ—

近くのお寺や神社など学校とは異なる文化環境に出かけて学習を促進する方法が考えられます。また，文化的な作品が集中する美術館・博物館にでかけることも効果的です。情報環境での学びが多い中で，リアルに刺激を受けることは，子どもの記憶に残るものとなるでしょう。農作業，林業，水産業，酪農の現場なども感動的な体験となります。感動空間に出かけていくことは，かなり計画性が必要ですが，是非取り組んでいきたい試みでしょう。

参考文献

中谷素之・伊藤崇達 (2013)『ピア・ラーニング　学びあいの心理学』，金子書房

(村田利裕)

7．絵に表わす活動の楽しみ，平面の造形の可能性
－目の前の子どものための新しい題材づくり－

Points　より広い色空間との出会いからうまれる子どもの豊かな気づき，大切にしたい
　　　　気づきの連鎖，色体験から子どもの思いのままの世界へ向かう授業にチャレンジ

（1）絵に表す題材の魅力と学びの可能性
　　　－より広い色空間から開かれる子どもの形や色の豊かな気づきを大切にして－

① 形や色，イメージの作品を見る！

　「縦向きがいい。だって，面白いよ。」と大部分の子どもが，そう反応します（図1，2参照）。この2枚の作品は，実は同じ作品です。この作品を展示するのに，縦に展示した方が良いのか，それとも横向きに展示した方が良いのか，子どもたちに尋ねてみたわけです。子どもたちの反応は先の通りですが，子どもたちはこの抽象的とも言える自分たちの色・イメージの作品を明らかに見取り，即座に展示する方向性を示すことができています。つまりこの作品をつくった4年生の子どもたちは，この作品を「つくる」と共に，自分たちがつくった作品の「よさ」をはっきりととらえ，鑑賞者に見てもらうためにはどう展示すれば良いのかまで，示すことができています。つまり子どもたちは，「自分の作品は自分がつくり」，それを良く見せるにはどうすればよいのかを「自分で決める」ことができるようになっているのです。

　子どもは，大人より好奇心旺盛で，自分の手や身体を使って，思いのままに絵を描きます。そして1枚の絵を完成させます。子どもの絵に表す表現は，実に多様です。子どもの思いと発達の数だけ多様な世界が広がっていると言っても過言ではありません。子どもたちの創造していく世界に足を踏み込むと，その表現の広がりの広さと深さに魅了されます。そして教師は，その子どもの主体的な表現世界を見取り，指導し，支援していきます。

　さて，図画工作科の学習において，最も重要なことの一つに，「自分で決めて，自分でつくる，あるいは表現する。」という子どもの姿があります。子どもは，もともと絵を描いたり，ものをつくったりすることが好きです。そして，必ずといって良いほど何らかの気づきを持ち，それを生かしていこうとします。この気づきこそ，とても重要なことです。この気づきがあるからこそ，その気づきをもとにさらなる表現へと向かっていくのです。そして，その気づきを大きくしてくれるひとつが，図画工作科の授業です。教師は，子どもの気づきを大きくしてやることによって，子どもの意欲を引き出し，表現の質を向上させ，ひいてはものごとにかかわって生きていこうとする態度を培っていきます。

　さて，先ほどの4年生の作品ですが，どのような気づきがこの作品をつくらせたのでしょうか。

② 形や色の作品の魅力

　この作品には，なにか具体的な場面や具体物が描かれているわけではありません。しかし，見る者を引きつける魅力を持っています。この作品には，作者の意図性はあまりありません。むしろ手が動くことによってそこにできあがったと言ってよい作品です。オーケストラの演奏者は，「次はどう弾くのか考えてはいけない。考えてしまうと音を間違えてしまう。」というように，この表現

図1　（左）
4年生女子児童作品
（縦置き）

図2　（右）
4年生女子児童作品
（横置き）

第4章　図画工作科の授業実践 | 109

では，慎重に描いていくといった制作態度では表現し得ない，つまり心身一如ともいえる創作態度で臨まなければ表現し得ない作品なのです。さらに，音楽は，音のハーモニーによってその美しさを表現しますが，この作品では，色と線・面によって，その美しさを表現しています。深層心理とも言えるかもしれませんが，作品ができあがってみて「これ，わたしが描いたの？」と自分自身が教えられるような表現世界があるということです。しかし子どもは，何らかの気づきをもって材料である絵の具と道具である筆を使い，手を動かし，この作品をつくりあげたのです。

（2）形や色，イメージの作品をつくる

子どもたちは，小学校に入学し，この3年間に筆や鉛筆，パスなどで絵を描いてきています。今回は，今まで使ってきた筆とは異なるもので描かせてみたいと教師は考えました。そこで，授業を始める前に，ホームセンター等に出かけ，スポンジやコップ洗い用のブラシ，紙コップなどを準備します。すべて筆として用いるためです。スポンジは，子どもの手には大きい物を購入し，はさみで半分や四等分などに切っておきます。

図3　表現の用具（スポンジ，ブラシ，紙コップなど）

① 活動をつかむ段階　－見て，塗りの違いに気づく－

子どもたちは，すでに「今日は何をするのか，期待感でにこにこしています。その笑顔を見ながら「不思議な筆で『ぐるっとまわして，すーっとひいて，かくーんとすすんで』」と題材名を板書します。「ぐるって回してって何だろう？」「何をすーとひくんだろう？」と，子どもたちの中にたくさんの「はてな？」が起きます。この題材名の板書は，子どもたちに，自分たちの活動性をしっかりと方向付けてくれます。子どもは，これまでの筆者と学んできた経験から，板書された行為をしていくことによ

図4
スポンジによる表現を行っている児童の様子

って，自分たちが納得できる作品を生み出してきたからです（本書「金属を使った工作」pp.211-214）。

そして実際に，して見せます。「今日はこれを使うよ。」と提示します。子どもは「スポンジだ。」と興味を示します。そこで版画用のバッドに大きめサイズのポスターカラー（230ml）の絵の具を2色出して見せます。そしてしめらせたスポンジの四隅の2カ所に異なる2色の絵の具をつけます。そして「ぐるっとまわし」ながら画用紙の上をすべらせます。その瞬間，「おおっ」といった歓声が上がります。画用紙には鮮やかな模様ができ上がっています。「次は，これを使ってみるよ。」と言いながらコップ洗浄用のブラシで絵の具をひっかけるようにつけて見せます。「違う，スポンジと違う。」と子どもの声があがります。子どもの反応を受け止めながら，さらに紙コップでのスタンピングなどをして見せます。この紙コップも，そのまま飲み口に絵の具をつけてスタンプすると，円ですが，切り込みを入れて，スタンプしたり，引いたりすると，違った感じになります。つまりこの教示の段階は，今回使う道具の特徴を目で捉えさせ，道具によって塗りの違いがあることをはっきりと気づかせたいと思っているのです。筆を用いずにスポンジなどで表現する方法は，教師が提示していますが，気づきが起こった瞬間からこの世界は教師の世界ではなく，もはや子どもの精神世界になっているのです。そして，子どものモチベーションを上げてくれます。

子どもは道具の特徴を捉えると同時に，自分で「試したい！」という気持ちでいっぱいになり，「したい，したい。」と言います。最後の指導に，何度も同じ場

図5　コップ洗い用のブラシで描く

図6　スポンジに青や黄色の絵の具をつける

図7　スポンジによるかすれた部分的な表現

図8
4年生女子
児童作品
（完成品）

図9
4年生男子
児童作品

図10
4年生女子
児童作品

所でぐるぐるして見せます。するとみるみる濁っていきます。行動が，表現に直結することを学びます。

② 平面表現をする －塗ってみて違いに気づく－

　ある女の子は，最初にコップ洗い用のブラシを手にしました。そして先の部分に赤の絵の具をつけ，画用紙の上を「ぐるーっとまわして」をしてみました。するとどうでしょう，画用紙の上にかすれた赤の線とも面ともいいがたい部分ができあがりました（図5）。ブラシなので，水を含みにくいことから，かすれがちになるのです。

　次に，その子は，スポンジを手にし，青や黄色の絵の具をつけました（図6）。そして，赤だけがぬられた画面に，青と部分的に黄色の面をつくっていきました（図7）。この時，スポンジに水をあまり含ませずに，ブラシと同じような動きをします。図1の作品では，渦巻きのような特徴のある太く赤い線は，スポンジにしっかりと水を使って，赤の絵の具を含ませ，描いています。それ故に，ダイナミックな太い線ができあがっています。これに対してこの子は，ブラシによってできた最初の塗り方に，触発されたのでしょう，ひっかいたような表現をします。触発されたと書きましたが，本当はこのひっかいた感じの良さに気づいたのです。そしてはっきりとこのひっかいた感じで描こうと決めたのです。そして彼女が「できた」と言って見せてくれました（図8）。

　他の場所でも，子どもたちは，思い思いに，自分がつかんだ気づきをもとに表現をしていきます。教師である私は，子どもたちの活動を見守ります。「先生，できた。」と子どもたちは見せに来てくれます。作品はどんどん完成し，そして最後に，この作品を展示することを伝え，「縦が良いのか，横にして見せるべきか」を尋ねるのです。

（愛野良治）

8．粘土の遊び，粘土の造形　－学びの連携・関連をはかる－

Points　粘土の可能性と指導法の工夫を拡げる，土粘土で遊ぼう

（1）粘土で立体に表す「題材」の魅力と学びの可能性：子どもが粘土から学べるものとは！

二人の子どもが全身を泥だらけにして遊んでいます（図1）。この子たちの周りでも「干潟の土って，ぬるりとする。気持ちいい。」「このあたりの土って，さらさらだー。」「うわー，抜けない，はまり込んで，足が抜けない。」などの子どもたちの声が響きます。ここは，有明海の干潟です。教科横断的な試みをした授業場面です（図1：題材名「干潟で遊ぼう」）。

図1　全身で干潟を感じる子どもたち

干潟は，粘土の塊です。この干潟は，地球の長い歴史の中でつくり上げられてきました。今，二人の子どもは，膨大な量の粘土と一体感を味わっているところなのです。干潟の土は，水の量によって，その特性を変化させます。岸辺に近いところでは，ねっとりとした粘土です。しかし，水辺近くでは，さらさらとろとろになっています。粘土は，水の含み具合によって表情を変えますが，干潟もまたその特性を良く表しています。この授業を参観したお母さんは，「いいぞ，いいぞ，全身で干潟に入り込んで。きっとあそこでは今までと違う世界が見えているのでしょうね。」と語っています。子どもたちは，体全身で干潟に入り込むことによって，体全身を使って粘土を取り込み，自然を取り込んでいるのです。

子どもたちは土の粘土に触れ，粘土は，一材料として子どもたちに様々なことを教えてくれます。材料が教えてくれることをもとに，子どもは特性をつかみ，そして多様な造形的な活動を行うことができます。それは子ども自らが行う主体的な学びの姿です。

本項では，粘土がもたらしてくれる主体的な学びの姿に着目し，このような「材料」と学び手である「子ども」との関係の視点から，いかに授業や指導をとらえるべきか考えていきたいと思います。

（2）材料を中心に題材を構成する

題材設定には，いくつかの方法があります。一つには，「つくりたいものをもとにつくる」題材の設定です。この指導方法では，できあがる作品を前提に材料の選択や学習過程（指導過程）を計画します。たとえば紙粘土を使って「どうぶつをつくろう」という題材を設定します。子どもたちは，心材や紙粘土を使って，様々な動物をつくります。また紙粘土ですから形が完成すれば，色もつけることもできます。子どもたちは，自分が思う「どうぶつ」をつくることができますし，「できた」という達成感を持てます。その一方で，教師としては，何気なく思いついたものではなく，図画工作の学びのなかで，どうしても表現してみたい・チャレンジしてみたいものや心を深く探っていくような「見方・考え方」を高めることができるような要素も欲しいところです。

これに対し，材料の特性をつかませるために，体験活動として十分な時間を確保する必要から造形遊びの時間として設定し，「材料」と「子ども」の関係をつくっていき，そこから作品をつくる授業構成もあります。造形遊びを通して材料の特性を獲得させ，作品づくりに発展させる方法です。造形遊びそのものは，「何か」をつくらなければならないものではありません。しかし，子どもたちが活動を行っていくことによって，「何か」ができあがります。その「何か」が，子どもたちに造形活動を中心とした創作活動に火をつけるので

す。その「何か」を引き起こしてくれるのが実は「材料」なのです。

（3）題材「粘土で遊ぼう」

土の粘土を使った授業を通して、子どもが材料である粘土とどうかかわり、そしてその特性を自分のものとし、作品をつくり上げていった過程を見てみます。そこには、子どもが主体的に学ぶ姿そのものが見えてきます。これは、子どもたちが1時間の活動の結果つくりだしたものです（図2）。丸い島のような形に何かが設置されているのがわかります。右側の部分を拡大してみます（図3）。すると大きなテーブルのようなものに四つ足の生き物が見えます。

この生き物は、恐竜です。その恐竜はテーブルらしきものにかぶりついています。このテーブルらしきものは、キノコなのです。「ここは恐竜島です。恐竜たちは、大きなキノコをえさに、幸せに暮らしているのです。」という作品とお話をつくったのは、1年生の子どもたちです。1年生の子どもたちが、土粘土を使って遊んだ結果、この作品とお話ができあがったのです。

そこで、授業者である教師が、授業を構想し、実践していった過程を見ていきます。その過程とは、教師が、「子ども」と「材料」の関係をつくり出していく過程です。また子どもにとっては、自分の中に材料の特性を取り入れた過程です。そして、子どもたちが主体的に表現していく世界をつくりあげていった過程です。

① 授業の準備

土粘土を使った造形遊び「粘土で遊ぼう」を実施するために、まず授業の準備を行います。

○土粘土を準備する！

1年生は、自分の粘土ケースに、両手にずしりと感じられる程度の油粘土を持っています。それは自分だけの粘土ですが、体全身を使って扱うような量ではありません。そこで今回は、油粘土より遥かに多い量を準備します。一人あたり5～10kg程度の量にします。

○ブラックボックス化した教室をつくる

床一面が使えるように、空き教室を使います。もちろん、カーテンを閉めておきます。床には、

図2 キノコと恐竜島

図3 キノコと恐竜島の拡大部分

土粘土を置くことからブルーシートを敷き詰めます。そこに粘土を置きます。それも出荷時のままの大きな円柱状の粘土です。それに小さめのシートをかぶせておきます。先のカーテンもそうですが、ブラックボックス化です。「先生は、教室の中で何かを準備しているけれど、見せてくれない。見てみたい。」と、子どもたちはわくわくします。

② 題材「粘土で遊ぼう」をやってみよう

○導入の段階

わくわく感いっぱいの子どもたちを教室内の外周部分、つまりシートの周りに並ばせます。中央には、シートに隠された粘土の塊があります。子どもたちはすでにそこに何かが隠れていることを推測できます。先生が見せてくれない気になる「何か」は、シートのなかに隠れています。「見たい、早く触れたい。」でいっぱいです。

そんな子どもたちに「今日は、これで遊びたいと

図4　友達と協力して粘土を切る

図5　薄く切って並べる

思います。」と言って，シートをめくると，子どもたちの前に大量の土の粘土が現れます。姿を現した粘土は，子どもたちに「やぁー，こんにちは。」と声をかけてくるようです。子どもたちは「粘土だー！」と歓声をあげます。そこで，黒板に「粘土で遊ぼう」と板書し，「粘土と遊ぶ前に，約束があります。そのことを守って活動しよう。」と活動のポイントを伝えます。

　　ポイント1：なかよく遊ぶ（友達との協働性を
　　　　　　　示す）
　　ポイント2：ふんだり，つんだり，切ったりし
　　　　　　　て遊ぶ（活動の方向性を示す）
　　ポイント3：粘土を投げない（安全性を示す）

　ポイント1の「なかよく遊ぶ」とは，子どもの遊びの中に見られる協働性と遊びの発展性に着目したポイントです。子どもは，友達と遊びながら，お互いがすることに影響し合います。ある子の活動から他の子は，影響を受け，活動を始めます。つまり子ども同士の相互作用です。またこの相互の関係は，互いが影響し合いながら発展的に活動内容を向上させていくことができるのです。それをねらって，「なかよく遊ぶ」と設定します。

　ポイント2は「ふんだり，つんだり，切ったり」です。この言葉を提示しておくことによって，子どもたちの活動の初期の方向づけを行います。実際，たこ糸を使って，粘土を切って見せます。子どもはまるで魔法がかかったかのように粘土が切り取られる様子を見ると，自分たちも「してみ

たい」という強い意欲を持ちます。そして，これらの活動をすることによって，粘土の特性は子どもたちの身体の中に入り込み始めます。

　最後のポイント3は，投げないです。室内での取り組みですから，友達に当たったり，蛍光灯や窓ガラスにあたったりして，活動が終了してしまうことをさけるためです。きちんとつかませておきたいです。

　以上3つのポイントを示し，「はい，どうぞ。」で始めます。

○展開の段階　―粘土とかかわっていく段階―

　子どもたちは，歓声を上げながら粘土に向かっていきます。ある子は，先生が見せてくれた魔法に，つまり粘土をたこ糸で切ることにチャレンジします。粘土は出荷時の大きな円柱状ですから，その子は「重いー。」と言いながら友達の力を借りて切り取っていきます（図4）。切るという行為は，とても魅力的です。薄く切り取りながら並べていく子たちも現れます（図5）。また少し厚めに切り取った粘土を使って自分の足を包み込み，そしてそいでいく子もいます（図6）。その子は，皮膚を通して，粘土を楽しんでいるのです。このように子どもたちは「切る」という行為から「並べる」「包む」「そぐ」などの行為へと発展させます。もちろん活動の方向性に「ふんだり」がありましたので，しっかりとふんでいる子もいます（図7）。ここでも大きいままの粘土でしたから思いっきりふむことができます。この子は，さらに粘土を積み，ふんでいきます。切った粘土を積み，そして「そぐ」子もいます（図8）。このように子どもたちは，粘土との関係を体全身を使って築き，

図6　足を包み込み、たこ糸でそぐ　　図7　粘土を踏む

図8　たこ糸でそぐ（切って、積んで、そいで）

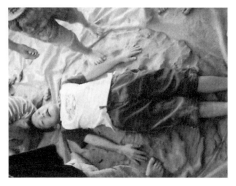

図9　島に寝そべる

粘土の特性を取り込んでいくのです。

〇立体の作品づくりへ　－表現への進化－

　やがて活動に変化が現れます。踏んだり、切ったりしたことから粘土の特性を自分の体の中に取り込んだ子どもたちは、その特性を生かした作品づくりを始めます。

　図9の男の子は、踏みつぶされた丸い粘土の上に寝そべった後、恐竜をつくり始めます。そして自分が寝そべっていた踏みつぶされた粘土を島に見立てます。ブルーシートは、海の役割を果たします。先ほどの男の子は、つくった恐竜を島に置きはじめますが、この行為が周りの子どもたちに火をつけます。周りにいた子たちも、恐竜や船、別の島などをつくり始めます。造形活動と共にお話もできあがっていきます。子どもたちは、「この島、いいよね。」「恐竜は、楽しそうにしているよね。」「こっちには、船がとまるところをつくったよ。」とお互いに話し合いながら、恐竜島はできあがっていきます。つまり子どもたちにとって、造形表現もお話の創作活動も、一連の物として起きていくのです。それは、造形表現がお話をつくっているのであり、逆にお話が造形表現をつくっていると言ってよいでしょう。子どもは、言葉によるお話の創造も、粘土による創造も、丸ごと一つのものとして行っているのです。

　これらの活動とは別のところで、大きな木の家が完成します（図10）。その子は、何を思ったのか、円柱形の大きな家をごろごろと転がしながら恐竜島へと向かってきます。そして子どもたち同士の話し合いが始まり、その家は、最後に恐竜島に設置され、大きなキノコになるのです。こうし

図10　大きな木の家

て「巨大なキノコのある恐竜島」は完成します。

　子どもたちは、何か教師の指示を受けて、この恐竜島をつくる表現をしたわけではありません。粘土を切ったり踏んだりしたことから粘土の特性を体の中に取り込み、想像力を働かせ、制作活動へとつなげ、そしてそれが周りの子たちへの刺激となり、一気に粘土の造形活動や、お話づくり、共同制作へと創作活動を発展させていったのです。

（愛野良治）

第4章　図画工作科の授業実践 | 115

9. 授業実践と創造的な場の構成
－系統的・発展的な学びの構築－

（1）木の工作で育てる子どもの学ぶ力

　木の工作の題材を事例として，題材配列と創造的な場の構成について述べていきます。

　小学校において木を主材料として扱う題材は3年生から始まります。木は，軽くて強い材料で，社会に有効に活用されています。木は，子どもが楽しめるおもちゃやパズル，食卓を楽しくするスプーンやフォーク，器から椅子，机，はては建物に至るまで自分でつくることができたらうれしいという期待感を持たせてくれます。実際につくり始めると，その難しさに直面することになりますが，このハードルの高さがあるがゆえ，本気で取り組もうという意欲にもつながる教材だと言えるでしょう。

　まず，のこぎりや金づちなど，基本的な木工道具を使い，木を切る，釘を打つといった木工に必要な基礎的な道具の使い方を学びます。そして，それらの道具に，電動式の糸のこや，必要に応じて手動のドリルなども加わってきます。子どもはつくる活動を通して，木の性質や道具への知識と使い方を習得していきます。指導者は，道具の種類とその目的，安全で効率のよい使い方を指導するだけでなく，文化としての道具の伝承という目的を含んでいることも意識しておくとよいでしょう。

　木の魅力として，強度があり，思いにぴったりな寸法に作品ができ上がるので，生活にうれしい変化をもたらす可能性のあることが挙げられます。子どもは，五感を通して木のよさや特徴を感じ取っています。木目や木肌の美しさ，自然素材の持つぬくもりや匂いだけでなく，シュッシュッという木を切る音や，釘を金づちで打つときのトントンといった音からリズミカルな心地よさも感じています。ですから，木を切るなどの行為そのものに対する喜びや楽しさを味わえることも魅力になっていると言えるでしょう。

　木を使った工作では，次のような子どもを育てることが期待できます。

○「あったらいいな」と期待したり，あこがれたりするなど，つくりたい欲求や思い，アイデアを持つ子ども

○先の見通しを持ち，立てた計画を実行していくことで，自分の思い描いたビジョンを実現していくことに期待感を持つ子ども

○問題解決に向けて，粘り強くやり抜く子ども

○自ら働きかけることで，よりよく変わっていくことのおもしろさや楽しさを感じる子ども

○環境への関心を高め，畏敬の念を持って自然と社会を見つめる子ども

　機械化や情報化によって，自ら積極的に働きかけなくても，何でも手に入る今だからこそ，自然と向き合い，自らの感性を働かせながら取り組む学びは，これからを生き抜く主体的な人間づくりにつながっていくのではないでしょうか。

　木は紙と異なり，容易に折ったり曲げたりできない材料でありながら，木を使った工作は，図画工作科の学習の中で魅力的に感じる題材の1つです。日常で使う機会の少ない道具を使って，切ったり，削ったり，くっつけたりするなどの多様な経験が楽しさを感じさせること，そして，程よい困難さがあることも魅力を感じる理由の1つとして考えられます。子どもは，困難を克服しながら，木の形を変えていくことにおもしろさを感じています。では，実際の学習場面において，子どもにとっての「困難さ」はどこにあるのでしょうか。大まかに次の2つの点が挙げられるでしょう。

・思い通りに切ったり，接合したりすることができない。

・設計図（アイデアスケッチ）通りにつくることができない。

　1つ目は，木は紙のように自在に扱えない材料であることや，道具の効率のよい使い方を知らないということができない理由になるのでしょうが，

使い慣れていないのですから当然のことです。2つ目は、描いた設計図に制作上問題があっても気づかないということです。つまり、空間的なイメージを持つことは容易ではなく、平面上は制作可能に見えても、具現化するのは不可能であると気づくことが難しいのです。しかし、困難さがあるからこそ、子どもは工作が好きなのです。なぜなら、試行錯誤を経て、困難さを克服できた実感と達成感を味わうことは、喜びにつながると考えるからです。ですから、学ぶ楽しさを感じながら創造的な技能を育てるためには、子ども自ら問題解決をめざすカリキュラムが有効であると考えます。

（2）基礎力として主体的に創造的な技能を獲得するためのカリキュラム作成

木を使った工作における子どもの実態を見たとき、つくりたいものをつくっているようで実のところ「つくりたいもの」から「つくれるもの」へと諦めたり妥協したりして、最初のイメージを変換していることがうかがえます。イメージしたことは、その通りに実現したいものです。ですから、子どもの本当に「つくりたいもの」をつくるための創造的な技能を獲得させることを指導者は考えなければなりません。楽しく活動できるだけでは、教科における目標を達成することはできません。「できた」「できるようになった」といった学びの成長を実感させ、「もっとできるようになりたい」という意欲を高め、持続させるためのカリキュラムが必要となります。カリキュラム作成のポイントとして、主に以下のことが考えられます。

・子どもも指導者も楽しいと思える題材であること
・見通しを持って、学習に臨めること（ゴールイメージを持つ）
・主体的な学びであること
・授業でつけたい力が子どもに明確であること（目標の焦点化＝ここでは創造的な技能）

カリキュラムを作成するとき、題材設定をどうするか思案することになります（次頁表1）。まず考えたいことは、題材が子どもにとって魅力的か否かです。そして、指導者である教師にとっても魅力的かどうか考えることも必要でしょう。な

ぜなら、授業として提案する題材に対する教師の思いは、そのまま指導に現れ、子どもへと伝わる可能性があるからです。教師も子どももわくわくするような題材は、子どもの意欲の継続につながり、よりよいものへと自ら追究していこうとする原動力になります。しかし、その楽しさはどの学年でも同じというわけではありません。発達段階を考慮しながら、切るなどの行為そのものや、自分の考えを実現するために工夫してつくることを楽しいと感じられるようにすることが重要です。楽しさの中に、子どもが何を学び、どんな力が獲得できたかという学びの実感が無くてはなりません。

では、どのようなカリキュラムが考えられるでしょうか。ここで示すカリキュラムでは、学年を追うごとに課題に負荷をかけていくことで、あえて子どもに困り感（困難さ）を持たせます（表2）。問題にぶつかったとき、どうすれば解決できるのかを子ども自身が考えることで、主体的に創造的な技能を獲得することが可能となります。子どもが個々に思考するには、考えるもとになる知識や経験が大きな手がかりとなります。子どもの実態を把握し、どんなところでつまずくか、どんな失敗が考えられるかを想定し、前学年までの学びをもとに、使用した材料や道具を継続して使うことで、子どもが既習のことを活用しながら自己解決に向かうことができるよう学びの系統性を考えていく必要があります。思考過程を重視し、学びの連続性を保つことがカリキュラムには必要だと考えます。

（3）主体的に創造的な技能を獲得するための支援

子どもが主体的に創造的な技能を獲得しようとするのは、困難にぶつかったときや失敗したときから始まります。しかし、放っておいては自己解決できません。支援のポイントは、失敗させないためではなく、失敗したときに自己解決できるための支援であるということです（表3）。支援する指導者の姿勢も大切です。子どもがわからないからと、すぐに教えてしまったり、できないからと手助けしてしまったりすることは、問題を解決する力を奪うことにつながります。多少時間を要

表1 創造的な技能の獲得をめざす題材設定の視点

題材設定の視点	方　法
○子どもが持ち得ている表現方法だけでは通用しないテーマ設定 □表現方法やそのものを楽しむことができるテーマ設定（意欲の持続）	○容易に解決できない課題 　（ちょっと難しいと思える課題） □扱いやすい材料 　いろいろな道具の提供 　失敗を生かす
◇ねらいとすることが明確で，最初に構想したことを変更できないという条件設定	◇自分のためだけでなく，相手意識を持たせた条件 　（例：誰かのためにつくる）

表2 発展的かつ継続的な学びのカリキュラム

	3 年	4 年	5 年	6 年
主体的な創造的技能獲得のための学習の流れ	楽しむ・知る・慣れる ——— 思考する ——— 生かす・深める			
学習の意図 （つけたい力）	楽しみながら，板や角材をのこぎりで切ったり，切ったものに釘を打ったりすること	既習のことを生かしながら，木材に異材料を加えることで使用道具や創造的な技能の幅を広げること	・自分の持ち得ていない創造的な技能と出合い，獲得すること ・バランス，丈夫さ，デザインを考えること ・他者意識を持ってつくること	既習の創造的な技能を生かしながら，曲面の材料の効果的な加工の仕方を工夫すること
題材名	トントンドンドン くぎうち名人 （全6時間） 日本文教出版 平成27年度版教科書	学校の妖精たち （全7時間）	ワタシノ　イスヲ ツクッテクダサイ （全10時間）	森の住人 （全8時間）
創造的な技能の内容	◎木工道具との出合いと基本的な使い方 　・切る，打つ ◎平面の結合	◎道具の基本的な使い方 ◎接合方法の広がり 　・木と他の材料との組み合わせ	◎工芸的な加工 　（指物，彫物） ◎立つこと 　（バランス） ◎制作意図に合った道具の選択と使い方	◎曲面の切断 ◎指物，彫物の接ぎを生かした曲面の接合 ◎流木の組み立て
材料（木材 cm）	角材 　2×1×60など 板材 　5×1×60など	角材 　2×1×60など 板材 　5×1×60など 円柱 　1×60など	ベニヤ板 　10×0.5×13 だぼ材，竹ひご，枝 板材 　5×1×60 円柱　1×60など 半円柱　2×60	流木 だぼ材各種 竹ひご，かんなくず 木くず
その他の材料		針金 金属板 （薄い真鍮） 麻紐		ビーズ （木・ガラス） 針金，麻紐，毛糸
木工道具 接着剤	のこぎり，金づち 釘ぬき，釘13～19mm 錐，クランプ，万力 木工ボンド	のこぎり，金づち 釘ぬき，釘13～25mm 錐，木工ヤスリ 紙ヤスリ，クランプ 万力，木工ボンド	電動糸のこ のこぎり 錐（鼠歯など） 手動ドリル 　5.5～12mm 木工ヤスリ 紙ヤスリ，彫刻刀 クランプ，万力 接着剤 グルーガン	電動糸のこ のこぎり，金づち 釘25，30，40mm 錐（鼠歯など） 手動ドリル 　5.0～12mm 木工ヤスリ 紙ヤスリ，彫刻刀 クランプ，万力 接着剤
その他の道具	水彩絵の具	ペンチ ラジオペンチ 金切りばさみ 水彩絵の具	ニッパー 水彩絵の具	ペンチ ラジオペンチ ニッパー

表3　支援の方法

自己解決にむけての支援	
〈支援の意図〉	〈具体的方策〉
・ものの見方の変換（解決の糸口） ・情報の共有化 ・場の設定 ・知識や創造的な技能の蓄積 ・児童相互の学び合い（学びの協働化）	・立場を変えた見方 ・黒板の活用（板書の工夫） ・思いついたことを試行する場 ・使用する道具の選定 ・個々の気づきや発見の掲示資料化 ・ピアトーク，班学習などの活用

しても子どもの思考過程を見守ることが，個々の思考力を高めるとともに，自己解決できた達成感を得て，自信とさらなる意欲につながっていくのです。

　有効な支援の1つとして，「板書の活用」があります。どの教科においても板書は重要です。まず，既習のことを提示し，どんなことを学んできたか，どんな道具を使ってきたかを確認できるようにします。そして，つくる活動の中で子どもが新たに見つけた表現方法や気づいたことなどをどんどん加えていきます。つまり時間を経るごとに進化していく板書です。子どもは個々によく考え，指導者が思いもよらなかった表現方法や工夫を見つけます。それらを板書することで，学級全体で共有するとともに，蓄積することができます。自分の考えが効果的なものとして取り上げられることで意欲が増し，さらに工夫しようとします。よい解決策が見つからないで困っている子どもにとって黒板は，頼りになるヒントの場にもなります。そして，これならという方法を試し，実践していくのです。

　図画工作科の授業は，どんな題材であっても場の設定が重要です。木を使った工作の場合，使用道具の中には危険な道具もありますから，児童の実態や活動場所に応じた安全な場の設定をしなければなりません。道具は，種類別に1ケ所に整理整頓をして置くと，どの道具がいくつ使用されているか把握できますし，道具を持ち運ぶ導線もはっきりしてきます。返却するときも整頓するよう指導します。また，利き手によって，のこぎりを使うときなど立つ位置が反対になりますから，これも考慮に入れながら安全確保に努めます。

　道具は，子どもの発想や構想を手助けするものにもなります。道具から表現方法を思いつくこともあります。ですから，子どもの発想や構想を見て必要となるであろう道具や用具を想定する必要があります。つくる過程で子どもの思考が深まると，要求される道具や用具の種類も増えてきます。

　この場の設定を基本としながら，試行の場の設定を行います。試行の場も道具と同じように1ケ所にします。子どもが何をするためにどう考えているか，指導者の見取りが容易になります。また，使用経験の少ない道具についてその使い方を確認

図1　板書の活用

図2　釘の位置を確認し合って

第4章　図画工作科の授業実践 | 119

することもできます。試行錯誤の場と失敗してもやり直せるという活動の保証は，ものづくりには重要なことと考えます。

（4）創造的な場がつなげる関係づくり

問題解決に向けて，子どもは個々に思考を巡らします。既習のことや生活経験から解決の糸口はないかと考えます。しかし，自分の力だけでは解決することが難しい場合は，自ずと子ども間で話し合いが生まれます（図2）。これは，個々に抱える問題は異なっていても，問題解決という同じ目標を持った立場の仲間だからこそ，互いの悩みを共感し，ともに乗り越えようとするのだと考えます。図画工作科のピアラーニングの場と呼べるでしょう。

立体で表される工作の場合，最初に何をつくるのか構想し，つくる順番などある程度，見通しを立てる必要があります。つくりたいものが，さっと思い浮ぶ子もいれば，そうでない子もいます。子どもは友達の考えをヒントにすることが多々あります。互いに考えたことを見合ったり，困ったことを話し合ったりすることは，想像力をふくらませるきっかけにもなるのです。

つくる活動が始まると，友達に自分の表現方法を見せたり，一緒に試してみたりします。上手に道具を使えない子どももいます。中学年から継続的に木を使った工作を学んでいると，道具を巧みに使いこなす子どもも現れ，どう使えばよいかそのコツを伝えます。3年生では，身長や腕の力によって，うまく木を押さえることができない子どもがたくさんいます。慣れない道具を一人で使うことを不安に思う子どももいます。例えば，のこぎりで木を切る場合，図画工作用椅子を使って木を足で押さえる方法と机上で手で押さえる方法を伝えると，子どもは自分のやりやすい方で切ろうとしますが，初めはうまくいかないのです。そこで頼りになるのが友達です。友達の手助けにより，木が固定され，のこぎりの動きもよくなってきます。一緒に活動することで互いに道具の使い方を確かめたり，アドバイスし合ったりします（図3）。

子どもの会話を聞いていると，友達のよいとこ

図3　友達と力を合わせて

ろを取り上げて認める言葉の多いことに気づきます。「丈夫にくっつけたね。」「どうしたらできたの？」など，表現方法や創造的な技能が介在するとさらに他を認める要素が増えます。技能や自分で工夫したことを認められるとうれしくなります。この喜びが積み重なることで，さらに工夫しようとします。もっといろいろなことを考え，新たな挑戦をしようとします。子どもは，ともに活動することで，相談したり，教えたりするなど，互いに支え合い，励まし合っています。そこに認め合う行為があると，さらに活動への意欲とつけたい力の向上が期待できるのです。

このように，児童相互の学び合い，支え合いは，互いの学びをより確かなものにするとともに，深化させていきます。そして，よほど困ったことがないかぎり指導者を頼らなくなり，子ども同士で解決に向かおうとする主体的に学ぶ集団になっていきます。

参考文献

喜久山悟（2012）「「工芸」と今日の小学校図画工作－ミニチュア椅子の制作実践から－」

妻藤純子・喜久山悟（2011~2012）鳥取大学附属小学校研究紀要「図画工作科における思考を高める授業の構築」

（妻藤純子）

10. 創造的カリキュラム・マネジメントによる相互交流の促進
　－個から学級へ，学級から全校へ－

Points　自他の心の世界にふれること，子ども同士の価値観のふれあい，
　　　　　交流への積極的な参加

　鑑賞教育は，指導者が作品の解釈を一方的に教示したり，児童の感想も互いのやり取りがなく，一方的に感想を述べたりするものが主流です。思いをこめた一人の児童の表現に対し，他者がどう思ったかを返し，何度もやり取りしながら，同じ学年や異学年の児童に声が届くような取り組みは少ないようです。そこで筆者が実践した全校クロッキータイム"心の目"（メディアを活用したティームティーチング）という取り組みで，新しい鑑賞教育に迫りました。

　この実践は，学年を超えた相互交流を生み出すために，全校規模で共通の場を二つ設けました。一つ目は，週1回1時間目が始まる前の朝の学習時間（15分間）を活用して，学年を超えた表現活動に取り組みました。二つ目は体育館に集まり学校全体で学年を超えた鑑賞会（全学年共通図画工作科の授業）に取り組みました。それぞれについて述べていきたいと思います。

（1）メディアを活用したティームティーチングによる学年を超えた表現活動の取り組み

　一つ目は，学年を超えた表現活動は校内放送を使って導入します。指導体制としては，全ての教員で取り組みます。（TTでの取り組み：TTとは全校のティームティーチングのこと）教員の研究委員会で毎週の題材を計画し，それを輪番制で実施します。ＴＴの取り組み方は，放送室で全校に向けて導入をする先生がT1，教室の学級担任の先生がT2で，それぞれの学級の児童に向き合って指導します。児童は鉛筆（4B以上）・水性スケッチペン・色鉛筆・面相筆（えのぐ）等，各自が用意した線描材で，その日の題材をスケッチブックに10分間で表現します。この実践では，「クロッキー」という言葉を，題材を表現することの総称として使っています。クロッキー本来の意味

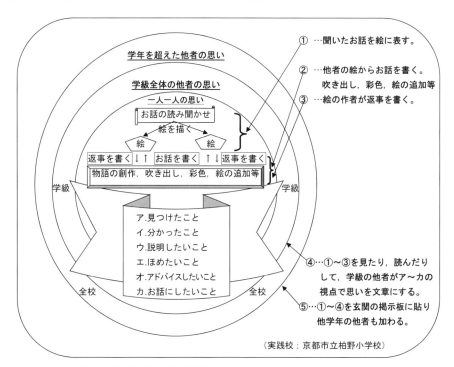

図1　"心の目"「鑑賞の図」（活動の交流）

「対象を見て速描する」ということではありません。実践を通して児童が教員から投げかけられた題材を元にイメージや感想をもち，試みに描いてみることを大切にしています。"心の目"というネーミングも心で見て感じることを表しています。ただし，心で感じることだけではなく，見たものから描いたり，お話を聞いて想像したものを描いたりすることもします。鑑賞の時はワークシートに文章などで表現します。単に形や色にするだけでなく，言葉を使って感想を書いてみる，国語科や生活科，総合的な学習の時間などに通じる，汎用的な感じる力のイメージや表現等の力を育てようとしています。つまり狭い意味の図画工作科の指導ではなく，教科横断的表現コアの活動ともいえます。

① 聞いたお話を絵に表す（図1の①）

ここで取り上げる題材はT1が読んだショートストーリーを絵にしてみようというところからスタートします。T1は「黒ネコ魔術師ディックが，みなさんの前で自分のシルクハットの中から，いろいろなものを出してくれます。さて，何を出してくれるのでしょうか？目をつぶって想像してみましょう。こんなものを出してくれたらいいなあと思うものを絵にしてみましょう」と全校に放送で投げかけます。児童は，魔術師の様子やどんなものが出てくるのかワクワクしながら楽しく想像して描いていきます。

② 友だちの絵から感じられる物語（お話）を書き，その作者から感想をもらう（図1の②③）

次はそれぞれに描いた黒ネコ魔術師ディックの絵の鑑賞の時間です。全ての児童の作品を扱うのが難しいので，次週までに教員が各学級で児童の表現した絵の中から何人かを選んで，その作品を鑑賞できるように考えました。お話の要素が充足されていて他の児童が見て理解でき，表し方が違うものを2点程度選びます。上半分には選んだ絵を，下半分には児童の思いを文章に書きやすいように配慮した罫線を引いたワークシートを準備します。当日児童はワークシートの絵を見て，興味をもって選んだワークシートで自分の作品の見方，例えば「このような絵になっている」あるいは

図2 （右）絵から思いついた物語を書く，（左）絵の作者が返事を書く

「こんな絵と思える」とよく見てインスピレーションを大切に書くようにします。そして，絵から感じられる思いついた物語（お話）を作文します。（この児童による作品解釈は，児童によっては，自分も参加して絵に対して色をぬりたい，絵を描き加えたい，吹き出しを書いて話している内容を書きたい等を希望する児童も出てきます。ここではそれも許可するように対応しました。）次に完成したワークシートを絵の作者の児童に一読してもらい，その中から気に入った作文を書いてくれた友達に返事を書くようにします。全ての人に返事を書くことが難しいので，ひとまず1人に書きましょうとしています。

次に教室の後ろの掲示板に，絵の作者の児童が選んだワークシートと作者の返事を貼ります（図2）。このようにすると学級全体の児童が，絵についての作文をどのように本人が受け止めて返事を書こうとしているのかを見ることができます。また，絵について書いた作文に，絵の作者からの返事が返されることに，児童は大変興味をもって読んでくれます。

③ 学級規模での意見交流の拡大（図1の④）

①と②の実践を踏まえて「友だちにつたえよう～絵から思いついた物語と絵をかいた人からの返事を読んで～」として，他の児童もこの2人のやり取りに参加する機会を作りました。このことにより，2人の対話でなく，開かれた学級の対話にして，今求められている主体的で対話的な深い学びを期待します。2人のやり取りにどのように関わっていくかの6つの観点（表1）を抽出して，起点となるやり取りに学級全員が思いを発想させ

表1　6つの観点

ア　見つけたこと	イ　分かったこと
ウ　説明したいこと	エ　ほめたいこと
オ　アドバイスしたいこと	カ　お話にしたいこと

ることが重要です。それを作文することで参加することにより深い学びになっていきます。

次に担任は，学級全体が参考になると判断した見方・立場の違う作文をいくつか選び，学級全体に知らせるために，起点となる2人のやり取り（図2）と共に掲示しました（図3）。このように，お話を聞いて描いた絵からスタートして，絵の解釈や捉え方について，児童同士の思いの響き合いの輪が広がっていきます。

④ 学校玄関の掲示板を活用した全校規模での意見交流の拡大（図1の⑤）

さらに学年を超えた児童交流を考え，学校玄関の掲示板を利用することにしました。

学級全体まで交流をもった模造紙（図3）を玄関掲示板に貼ります。この取り組みでは，まず，5行程度の文章が書ける大きさの付箋と，鉛筆，消しゴムを用意します（図4）。次に通りがかった児童が掲示を見たり読んだりして，付箋に自分の思いを書きます。そうすると即座にそれを模造紙へ貼りつけることができるというわけです。このようにすると書いてもらった児童も，学年を超えてその感想や意見に対して，付箋に書いて返事をするチャンスが生まれます。あらゆる学級や学年の児童に意見をもらうチャンスをつくるため，時期により，掲示する学級や学年を決めて，1年間で全ての学年・学級が登場できるように計画します。貼り終わった模造紙は，学級に持ち帰って再掲示します。そのことで学級の児童は，どのように思いの交流が進められてきたのかを振り返り，交流の意識を高めていくことができます。近年必要性が取り上げられている関わりのメタ認知が生まれていると考えます。

（2）体育館に集まり学校全体の学年を超えた鑑賞会の取り組み

この鑑賞会は，直接に全校児童が参加する学年を超えた相互交流を生み出す二つ目の実践です。

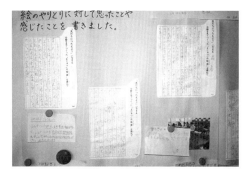

図3　他児童の思いの参加を可能にした掲示物

図4　（左手前）付箋，鉛筆，消しゴム置き場

授業として全ての学級が45分の時間を使い，学級の交流を全校の取り組みへとつなげていったり，表現コアと教科を組み合わせていったりするためには，全校的な視野のカリキュラム・マネジメントが必要となってきます。

この活動内容は，前述の（1）で描きためているスケッチブックを体育館に展示して，鑑賞会をする取り組みです。作品展示のポイントは，自分が選んだお気に入りを紹介することにあります。全校の児童が体育館へ集まってきて，自分の手でスケッチブックを体育館の長いすで作ったギャラリーの上に置きます（図5）。児童は，指導者から先ずどういう観点と手順で鑑賞をしていくか説明を聞き，全学年の作品を見て回る時間が始まります。「自分の自信作を全校の児童に見てもらえる」と喜び，「同じ学年の学級やほかの学年の人はどんな作品を展示しているのか楽しみ」とワクワクしています。（1）③の作品鑑賞としての関わり方「表1　6つの観点」をもとに，作品への自分の思いをワークシートに書きます。ワークシートは，鑑賞しながら書きやすいようボードに

図5　長椅子のギャラリー

図6　友達と鑑賞

図7　良かったところの発表

図8　スケッチブックを映して発表

止めて見て回ります（図6）。時間は1学年につき5分間で、6学年なので30分間で全学年の作品を回ります（1学年1学級の場合）。

まとめとして残りの15分間は、友達や他の児童作品のよさを発表する交流会とします。挙手した児童が気に入った児童の作品について、よさを発見したことを発表するようにしました（図7）。その際、作品はスケッチブックを長いすに展示しているので、選んだ作品をすぐに実物投影機まで持ってきて写せます。そして、よさを映像で示し自分の思いを述べることができます（図8）。取り上げられた作品の作者からも感想を聞きます。回りの者も話し合いに加わり、鑑賞を深めていくことができます。

（3）相互交流による児童の意識改革

これまで紹介してきた二つの取り組みでは、学年（年齢）を超えて児童同士が交流していきます。低学年は高学年への憧れや驚きの念をもって、高学年は低学年への優しさや励ましの念をもって関わっていきます。

現代の大人の関係を見ていると、年を経る毎に、人間関係は形式化・希薄化していっています。そして、人はお互いのよさや関わることの素晴らしさを感じられなくなっています。すなわち個と個は分断・孤立化を深めていってしまっているといえましょう。

そこで、どうしても教科単独の状況では、その教科で始まりその教科の一定の範囲の中で学習を終わらなければなりません。しかし、ここに紹介した図画工作科と国語科、道徳等の横断的な取り組みは、一生を通して互いの世界に気づき尊重し、自他の世界のよさに関わったり認めたりするコミュニケーション力という、一番学んでおくべき資質・能力を育てることを可能にするのではないでしょうか。自他の世界のよさに関わる体験や対話をし、それが人と人の相互交流の積極的な参加へ、そして、参画へとなることを願っています。

【協力いただいた小学校】

京都市立柏野小学校の子どもたち、教職員の皆様に感謝いたします。

（塩見考次）

11. ICT の活用

Points　子どもの興味・関心を高める ICT の活用

（1）美術教育における ICT[1] の活用

　美術教育は創造性を育む教科です。そこでの ICT 活用は，子どもの創造性の土壌を豊かにする可能性を秘めているといえるでしょう。ICT を活用することで，ゲーム感覚・疑似体験から子どもの興味・関心を引きつける，動画と音声の合成等マルチメディア機能により表現の多様性を引き出す，時空間を超えた対話や行為のフィードバックを行うなどの教育的効果が見られます。

　教育現場で扱われる ICT には，パソコン，電子黒板，タブレットなどの機器，デジタル教科書[2] スライドショーなど様々なアプリケーションソフトウェア，インターネット回線への接続によるデータベースへのアクセスやビデオ通話の機能などがあります。社会の情報化の急速な発展に伴い，情報通信技術を最大限活用した21世紀にふさわしい学びが，今日，学校において求められています。美術の教育実践においても，ICT 機器を使うことに興味を示し，新しい世界へのツールとしてワクワクした気持ちをもつ子どもの様子が見られます。単なる機材の技術的指導に終始するのではなく，現代の多様なメディアを扱い自分の感性を発揮できるような支援，教材の開発が求められます。

（2）ICT を活用した授業

　ICT の活用というと一般的には，学習内容が分かりやすくなるよう画像や動画などを大画面で見せる，手元の小さなものを書画カメラで拡大し見せるなど機器を補助的に使用する事例が挙げられます。また，「造形遊び」のように作品が残らない活動においては，制作過程の写真や映像記録が，学習の振り返り・評価に活用されます。これらの蓄積データから一人一人の学習履歴を視覚的に把握，分析するなど学習者のポートフォリオを作成・共有する場面での ICT の活用が期待され

ます。その他，ICT 活用による教育的効果のみられた美術教育題材の事例を紹介します。

■「色彩ヘルパー」を用いた授業（高学年）

　カメラ付タブレットで色と言語を体験的に結びつけ色への関心を広げる授業です。児童は独自に混色し作成した色紙（数枚）の色名（慣用色）を「色彩ヘルパー」というアプリ（カメラで色を感知し慣用色名を表示する）で調べます。映し出された画面上のいろいろな部分（赤丸表示）を選択し，興味のある色名を見つけます。児童は見つけた慣用色名を発表し，同じ色名でも色には幅があることや光のあたり方により変化することを発見しながら色への関心を高めていきます。瞬時に色名が分かることで，色紙の周辺，服や机などあらゆるものにカメラを向け色を調べ始める様子も見られます。

■「ストップモーション・アニメーション」の授業（高学年）

　立体物を動かしながら連続撮影し，複数の写真を一定速度で再生する実写アニメーションの授業です。児童は粘土や針金等で動物やキャラクターなどを作成し，それをストップモーションアプリ（撮影画面に以前撮影した写真が半透明に重ねて表示され，動きを確認しながら撮影できる）で撮影・映像化します。撮影枚数の指定，小道具・背景の工夫などを条件に，動き・リズム・展開の面白さなどから時間・変化に対する感覚を広げていきます。

■「影絵劇」の授業（中学年）

　プロジェクターとスクリーンの間で影を操作し，現実にはない想像の世界を楽しむ授業です。暗幕等で教室全体を暗くしプロジェクターをパソコンに接続してスクリーンに照射します。多様な色や写真を映し自分の影と合成したり，純粋に光と影で遊んだり，光源の近くとスクリーンの近くでは

影の大きさが変わるなど発見をしながら，身体表現を行います。児童にとって体の動きで変化する影は，見ているだけで十分楽しいものですが，タブレットでスクリーンの状態を動画記録し制作を振り返りながら構想を練ると，身体の動きと表現のテーマ（物語）を擦り合わせ検討する態度が生まれます。

■通信機能を用いた交流授業（高学年）

相手の反応を確かめながら，作品に込めた思いをくみ取ろうとする姿勢を育む鑑賞交流授業です。海外・日本の児童（できれば同学年）双方が「15年後の私と世界」という同一テーマで作品を制作し，インターネット・ビデオ通話で作品を見せ合い交流します。ビデオ通話では，画像が見えにくい，音が聞き取りにくいことがストレスとなるため，性能の良いカメラ，集音マイク，スピーカーを用意します。また，交流先の時差を考慮した実施時刻の調整，ネット環境の確認，スクリーン／電子黒板とカメラの位置の検討が事前に必要です。あらかじめ作品データを交換しておくとよりスムーズに交流計画が立てられます。授業では交互にWebカメラの前に作品を持って立ち感想を伝え合います。画面上とはいえ海外の子どもと対面すると恥ずかしがりますが，外国語コミュニケーションの学習と連携し，簡単な挨拶や感想が言えることで自信が生まれます。自分の絵との比較から異なる国の子どもが描いた絵に興味を持つきっかけとなります。

■スライドショー機能を用いた鑑賞授業（低・中・高学年）

スクリーンの前に児童を集め，投影された作品画像をよく見クラスの友達と一緒に対話をしながら作品鑑賞を行います。画像入手方法は画集のスキャン，美術館からの借用などがありますが，見えにくさによるストレスを減らすため高解像度のものを準備します。メトロポリタン美術館など収蔵作品の画像を無料で提供しているところもあり，ネットを介して世界中の作品に出会えます。壁画などを実寸大で見ることで作品の迫力を実感したり，細密画を大きく引き伸ばして見ることで作り手のこだわりに触れることもできます。スライド

に画像だけでなく制作過程の資料画像や動画，問いかけや文字情報を加えスライド教材とすることもできます。

（3）ICTの活用上の留意点

ICTの活用については，画像の加工・編集が手軽にできることから，ネット上の画像を勝手にコピーする，違法な動画をダウンロードするなど著作権侵害についての理解が重要です。また，ウィルス対策等も考慮に入れておく必要があります。ICTでは，ノイズの多い複雑でアナログな刺激ではなく，単一のデジタル信号を扱っていることを認識し，発達の段階，具体的な活用目的や場面等に十分留意しつつ，学びの充実に資するようにしましょう。

注
1）ICT とは Information and Communication Technology（情報通信技術）の略称で，"電子機器や通信機器を使い情報・知識の交流をする" ことです。
2）デジタル機器や情報端末向けの教材のうち，既存の教科書の内容と，それを閲覧する機能，編集，移動，追加，削除などの基本機能を備えるもの。

参考文献
文部科学省（2011）「教育の情報化ビジョン～21世紀にふさわしい学びと学校の創造を目指して～」報告（平成23年4月28日）
http://www2.japet.or.jp/info/mext/ICTvision-pamphlet.pdf

（渡邉美香）

12. 指導案の書き方 －授業設計と評価－

Points 年次計画・年間計画・題材の指導計画（指導案），細案・略案

「授業で勝負する」という言葉は，毎日の授業を大切にする教師の姿勢を述べたものですが，子どもにとっては1回の授業が分からなかったといって過度に緊張する必要はありません。その日のうちに分かればいいのですし，次の授業で挽回すればいいのです。教育は，1年間なり6年間といったスパンで育てていこうとする計画的な行為です。1年生から6年生までの年次をおった教育計画のことを年次計画と言い，学習指導要領などが該当します。1年間の教育計画は年間計画と言います。ひとつの授業を計画したものは，題材の指導計画といい指導案と言われています。教師は，授業の基本設計能力として，指導計画の作成スキルが必要になります。ここでは指導案の基本構成を知り，題材特性を明らかにする指導計画が立案できることをめざしていきたいと思います。

（1）「指導案」とは授業計画であり，コミュニケーションツールである

題材（単元）の指導計画で，実施対象としている授業の計画を「指導案」と言っています。

どのような意図で，いかに工夫して授業を行おうとしているのか。その有様を自他に表明するのが指導案です。教育実習生や初任者，公開授業を行おうとしている教諭にとっては，指導案は，授業の実施前に自分の授業を詳細に検討し，落ち度の無いように自己チェックすることや授業参観者との質疑応答の場面で不可欠となるコミュニケーションの基本資料です。教育実習生にとっては，免許を持たずに指導を担当するので，その指導が子どもにとって意義が有り，実施可能なものかを指導教員に判定してもらう重要な計画書といえるでしょう。

（2）指導案を書く基本姿勢

① ポイント1：指導案の文章は，「短文主義」で書こう。

重文や複文など，複雑な文章構造は理解するのにかなり時間がかかります。細部にわたってまで分析した計画を細案といい，概要だけを書いたものを略案と言いますが，細案はかなりの分量（A4 7ページ以上）になることが予想されます。実習生に多いのですが，要点が未整理で，思いはあるけれども大混乱な指導計画が提出されることがあります。読み手が指導教諭など考えられますが，「子どもが見えていない」「指導が見えていない」「教材の学びのポイントが見えていない」などと指摘を受けます。「いかなる内容を，どのような授業としていきたいのか」が一読しただけで分かる文章にしていきたいものです。つまり，指導案は，読み手とのコミュニケーション手段です。形式的には，重文・複文などだと分かりにくくなる傾向があり，長い文章をいくつかに切ってみることも大切です。内容もポイントを押さえ，つかみやすい，読み進めやすい文章を心がけたいものです。

② ポイント2：語句選びが大切

教科内容は，学習指導要領の持つ教科の思想性に影響されます。例えば，描くやつくるという行動を起こすことが多いので，どうしても「作業始め」と言ってしまいがちです。ところが，図画工作科は，表現教科なので，単なる作業ではないというのが図画工作科の公式見解です。生活科や総合的学習の時間，理科や家庭科などの作業とは異なるという考え方なのです。つまり，あらゆる学習活動を作業と一括りにしないことが大切です。

では，どうすればよいのでしょうか？

もし，「作業する」と使いたくなったら，「表現する」「描く」「つくる」，「活動する」，「学習する」「学ぶ」といった具体的に何を指すのかが分かる用語に置き直しが可能かどうかを検討してみてください。

また図画工作科は，「作品をつくる」教科だと思っていると，造形遊びの学習は，一番狭い意味の作品をつくることをめざす学習ではありません。

子どもが体全体で自分の感じる力を発揮して，こう思う，こう考えた，こう発想したなど，体験を広げていけばよい学習なのです。ですのでいつでも，「作品を作りましょう！」といっているとそれは，誤りと言うことになります。また，造形遊びの題材を立案しているのに「材料を生かす」という言葉を選ぶと，「材料を生かして，世界に一つしかない○○をつくろう。」という文章になりがちで，作品づくりをめざしているかのような文意に陥ってしまいがちです。

さらに，「自由に○○させる」といった時の「自由に」も分析したことにならない場合が大半です。自由にしない図画工作科の授業はないからです。

授業分析は，実際に起こることを予想した世界（現象世界）を文字に書き起こす活動です。指導案の基本形式を知ることは，スムーズに表現する点で有効ですが，内容面と行ったり来たりするスキルを身につけましょう。

（3）型（スタイル）から入る指導案の作成
指導案のスタイルの種類と構成の違い
－指導計画の基本を知っていくことが大切－

指導案は原則として，授業目的により指導案のスタイルは選択されます。つまり，指導案のスタイルは，1種類ではないのです。何から書き起こすのかという点から見た3種類の指導案の形式的分類をあげました（表1）。小学校では，子どもの実態や学力分析から書き起こすことが多いようです。

盛り込む内容としては，「指導案を書いてくるように」とか「指導案を書かなければいけない」と言われたとき，教育の三角形（三角構造，子どもの要素，題材の要素，教師（指導）の要素）を必ず含むように分析を進めます。「このように教える」とだけ書くと，子どもの実態を無視して指導するのではないかとの懸念が湧きます。子どものことばかり分析していると，何を教えたいのか・どんな方法で教えるのかと思わず質問をしたくなります。指導法だけ述べていると，はたして当該学年でつけるべき資質・能力（教科内容の体系的視点）が気になります。この3要素は完全に独立しておらず，相互に関わることも多いのです

表1　指導案スタイルの形式的分類

指導案スタイル	優先される要素
児童観先行重視型	子ども観から書く
題材観先行重視型	教材観から書く
目標－評価分析型	全体として目標と評価をしっかりと書く

が，どれかが欠けていると不十分に感じられるのです。つまり，「授業分析は，3要素を含んだ多元分析である。」と捉えて下さい。

指導者は，子どもの学習活動を起こし，しっかりした学習の所産を生み出すことをめざして計画します。教授－学習過程の分析が必要で，教える過程と学習する過程は，相互作用的ですが，同一ではありません。しっかり分析していないと授業中に立ち往生してしまいます。

授業の立案で，どんなときにも問われているが「子どもの成長・発達」です。指導に工夫をして学習の促進を目指し，指導に責任をもってあたる。教師には，まさしくその姿勢が問われています。

（4）指導案立案に影響する活動

指導案を書く行為に関連が深いのは，教材研究と授業準備です。授業準備の流れは，① しっかりと教科書を読み込み，学習のポイント，重点事項を把握する。② 教材（題材）を試行してみる。③ 指導法の事例として，指導書などを研究する。④ 材料・用具や題材の細部にわたって理解や検討を進める。⑤ 指導計画を立案する。⑥ 模擬授業をしてみる。⑦ 板書の準備，提示物，視覚資料の準備，の流れになることが多いです。この総合的な活動の中に「指導案を書く」位置づけられており，授業計画とは，総合技術であることが分かります。

（5）指導案（細案）の書き方・読み方
① 指導案のタイトル

それでは指導案を書いてみましょう。

まず，はじめに書くのは，指導案のタイトルです。先頭部分に，通常センタリングで「図画工作科学習指導案」などと書き，その下に，授業者の名前を明示します。公文書であることを示すのに印鑑を押す場合があります。

② いつ・どこで・誰が・誰に・どんな授業をするのか

本文の冒頭では，授業の基本的な条件・状況を書きます。その授業が，「いつ・どこで・誰が・誰に・どんな授業をするのか？」を明確にします。教育実践には，時間・季節・学習者の年齢発達・個性の違い・指導者の違いが，大きな影響力を持っています。そこで授業の５Ｗ１Ｈを示します。どこで（場所，ＷＨＥＲＥ），いつ（時，ＷＨＥＮ），誰が（人物，ＷＨＯ），何を（どんな題材，ＷＨＡＴ），どんなふうに指導するのか（方法，ＨＯＷ）です。例えば，12月などの寒い季節に砂場の造形遊びを計画することはありません。野外活動なので，雨天の多い時期は避けることになります。１年生だと，子どもが４月の緊張感で硬くなっているところを開放する意味で，５月初旬に計画するなど積極的な選択がなされます。

また，授業者は，授業の実施者であると同時に授業のクリエータです。新しい授業を企画し提案する場合，その企画書として「指導案」が活躍します。

③ 題材名について

次に，題材名を書きます。授業を一口に要約した授業のタイトルです。コピーライターになったような気持ちで，子どもに伝えても一度で興味を持ってもらえるように書きます。なお，音楽科と図画工作科では，題材名とし単元名と呼びません。

④ 目標について

A　目標と評価の関係

（ⅰ）指導目標

どこまで指導したいかを書きます。指導者は，めざす指導目標を明確にします。

（ⅱ）目標と評価の相互作用，ズレの関係

基本となるのは，「目標＝評価」の一致関係にあるとみます。「目標と評価のズレ」が生じる場合，達成できなかった場合ばかりでなく，目標の範囲を成果が超えていく場合もあります。また，目標の根本問題として，「学びに向かう力，人間性等」の項目の情操などが，どのように評価することができるのかという問題もあります。

B　図画工作科の評価観点

公教育では，文部科学省の国立政策研究所の評価資料の観点を使います。平成20年度改訂の学習指導要領下では４観点（【造形への関心・意欲・態度】，【発想や構想の能力】，【創造的な技能】【鑑賞の能力】）でした。平成29年改定学習指導要領では，３観点になる見込みです。

⑤ 題材について（教育の三角形，３要因分析法）

A　児童観を書く

題材について，３つの角度から分析をしましょう。まず，児童観です。子どもの学びの実態や発達から，その学習の必要性を主張するわけです。教育実践をいかに積み上げ，どこへ向かおうとしているのかを述べていきます。つまり，「実績主義」の手法で書くことがよく行われています。ここでは筆者が，３要素分析法と呼んでいる方法をご紹介しましょう。

第１要素は，クラスの発達の状況（個人，クラスなど）の分析です。毎日の生活場面での活動から，子どもの心や態度，学力の状況を省察します。クラスで取り組んでいる事項をただ羅列するようにして書かれることが多く，筆者は，**「事実－解釈」文の関係**と呼んでいますが，事実を取り上げたならば，教師がその意味をいかに捉えているか，どのように解釈しているかを必ず書くようにするようお勧めしています。

第２の要素は，教科の系統性からみた発達の観点です。４月から実施日まで，教科の学力がいかについてきているか，どのような取り組みの経緯を経ているのか，また，それをいかに見ているのかを書きます。系統性は，易から難へ，基礎から応用へと無理なく配置されている必要があります。

第３要素は，指導者が目指す成長・発達の目標・願いの分析です。クラスをどのように成長・発達させていきたいか指導者の見解を分析します。「現状を踏まえて，○○のような資質・能力を育てたい。」とか「子どもの成長・発達の姿」，「教師の願い」を明確にします。教師は，子どもや保護者の方への指導の説明責任があります。公的な仕事である教師は，問われた時にいかに指導しているのかを責任をもって答える必要があるのです。

B　教材観を書く

次に教材観を書きます。教材観とは，図画工作

科の学習内容についての分析です。これも3要素分析法で要点を掴んでいきます。

第1の要素は文頭に,「学習の定義文」を書きましょう。「学習の定義文」は,その授業をひとくちに「総括した文章」です。実施学習がつかみやすいように書いたまとめの文章です。書く姿勢としては,短い文章を心がけて下さい。例を挙げると,「この授業は,体全体を使った砂場の造形遊びである。」となります。例えば,「新聞紙を丸めたり,切ったり,並べる,組み合わせる,結びつけるなどの行為を思いつきながら教室全体に広げていく造形遊びである。」とすると長い傾向にあります。文章を分けて,「この授業は新聞紙を使った造形遊びである。思いついた行為を重視し,紙を丸めたり,切ったりしながら,並べる,組み合わせる,結びつけるなどを行う。子どもどうしで,このような活動を教室全体に広げていく造形遊びである。」と書けるでしょう。先頭に学習定義文を置いて,次第に詳しく具体化して分析します。

読み手に,指導案から授業の概括が迅速に理解できるようにすることが大切です。木と森の関係で言えば,「森」に当たる分析です。授業者が読み手に,題材の主旨を絞り込んで提示する働きがあります。

次に第2の要素ですが,公教育の指導計画で必ず踏まえなければいけないのが「学習指導要領」です。学習指導要領のどこに該当するのかその部分を抜き書きするなどして明示するようにしてください。

第3の要素は「教材分析」です。教材観では教材選択の理由を明確にし,図画工作科の学習の「本質」や「意義」,題材の「魅力」と「可能性」について,徹底的に分析するのが役割です。「学習の定義文」で書いた内容の授業について,学習選択の必然性・妥当性,「なぜ,その学習が必要であるか」,「学習の意義は何か?」,「学習の特色(特性)は何か?」,「学習のポイントとなるところはどこか?」などをアピールして下さい。

書くに当たっては,読み手に学習材がありありと見えてくるように書き進める必要があります。この努力は,指導者自身の認識を深めることにも

つながっていきます。

実際には子どもが,材料を手にしている楽しんでいる様子や,表現主題を深める様子などを予想して「このように活動するだろう」と記述したり,典型的な芸術家の作品や活動などを例に出して,その特徴分析をするのも,記述していくときの手がかりになります。

当然,教材価値については,指導者が教材をいかにみているかという「解釈」を含んでいきます。教師が教材をつかまえるのに教師のフィロソフィーが必要なので観の字をつけて教材観とよんでいます。

C　指導観を書く

最後に指導観を書きます。指導の工夫,子どもへの題材を投げかける基本的なストラテジー(Strategy,方略)を書きます。実践現場の教師の腕の見せ所です。学習指導上の工夫(教材の出会わせ方,学習課題の困難な点とその克服の方策)や学習過程(段階)を予想し,対応策を準備します。また,ペア学習や班学習や調べ学習など学習方法を工夫して組織していきます。時間経過は,横方向に時系列で並べてまとめる方法もわかりやすいです。指導案例に例示しています。

⑥　題材の指導計画

学習の時間配分を書きます。当該時間がどこに当たるのか必ず明記します。全体時間と○次など段階で示します。指導段階と評価方法を対応させた表で表す詳細分析も行われています。

⑦　本時の展開　－学びと指導過程の分析－

時系列で,学びの過程を明確にします。児童の学びが左に置かれ,学習主体であることを意識するようにします。時系列は,導入－展開－まとめの3段階か,どれかを細かくして4段階に分析します。子どもの反応を書かずにこう教えたいというように指導のフローだけを書く方法もありますが,今日は子どもの学びを重視する方向にあります。書かないスタイルを選んだ場合,別紙で子どもの反応を予想してみることが重要でしょう。

⑧　準備物について

準備物は,教師,子どもに分けて述べます。野外で活動する場合は,帽子なども必要となります。

材料・用具は十分なチェックが必要です。子どもばかりに準備させようとすると持参できない子どもへの対応が不足しがちになります。図画工作教室の十分な活用を考え，夏休みや冬休みに材料・用具のめどを立てておく必要があります。

⑨ 板書計画

よく，板書は使いませんという実習生や先生がいます。視覚的な提示は，必ず工夫してみてください。運動場でも，白板を持ち出すと視覚効果が高まります。広い場所であればあるほど視覚的な提示効果をねらいたいものです。

⑩ 教室環境分析

授業が終われば，必ず授業後の反省会を開催します。そこで，参観者が「○○の子どもがこうしていたけれど……」と指摘しやすいように子どもの学習場所等の配置を明確にします。個人情報が書かれるので，印刷機にかけるとき原稿が残ったりしないように気をつけます。

⑪ 評価

最後に評価を書きます。今日的にはパフォーマンス評価となっています。どのように資質・能力が高まるのか記述文で示します。評価基準表のかたちが導入され，達成目標とレベルの表（マトリックス）は，ルーブリックと呼ばれています。

経験者でもこれを書き上げることは容易ではありません。早くから取りかかる必要があります。

基本となるスタイル

```
                    図画工作科学習指導案

                              指導者（所属）○○○○　印
        （ティームティーチングの場合，Ｔ１，Ｔ２と書いて明記する場合がある）
                              （指導担当教員　○○○○）
```

1　日時　○○○○年　○月○日○　時間（例　2．3校時）
2　学年・組　第1学年　　　組　全○○名
3　場所　○○図画工作室（第○学年○組教室，体育館，グランド，砂場などがある）
4　題材名　「すなや　つちと　なかよし」「ねんどをつなげてつなげて」「キラキラふわふわ」など
5　題材の目標

(1)　　　　　　　　　　　　　【造形への関心・意欲・態度】
(2)　　　　　　　　　　　　　【発想や構想の能力】
(3)　　　　　　　　　　　　　【創造的な技能】
(4)　　　　　　　　　　　　　【鑑賞の能力】
　　　　　　　　　　　4観点は平成20年度対応です。平成29年度は3観点です。

6　題材について

① 児童観

3要素を必ず書くこと。
第1要素　クラスの発達の状況の省察
第2要素　図画工作で取り組んできた実績からみた発達の状況と発達課題
第3要素　指導者が目指す発達の目標（指導者が，育てたい資質や能力）を明記する

② 教材観

3要素を必ず書くこと。
第1要素　教材のまとめ（学習定義文）を最初に書く
　　　　　この学習は，○○の学習である。
第2要素　学習指導要領のどこに該当するかを明記する。

　　　　第3要素　題材の意義，題材設定の理由，教材の学習特性，学習のポイントなどの分析，
　　　　　　　　　なぜその学習をするのか，その教材を選択した理由は何かを明らかにする。
　　　　　　　　　子どもが，どのように活動できるのか。それぞれの子どもで学びの姿がど
　　　　　　　　　のように異なるのか分析する。予想も書く。児童観で同様の分析を書いて
　　　　　　　　　いたらどちらか一方でよい。
　　　　　　　　　Aの場合，Bの場合，Cの場合……。

　　③　指導観

7　題材の指導計画（全○○時間，下の場合，合計3時間）
　　第一次○○○○…1時間
　　第二次○○○○…2時間（本時1/2もしくは，2/3と書く。分母に総時間，分子に当該時間）
　　　評価を重視した場合，次の表のような形式が使われます。

段階	時間	学習内容	評価の観点，評価基準	評価方法

8　本時の学習
　　①　本時の目標
　　②　本時について
　　　　　本時の学習は，○○である。……。
　　③　本時の展開

時間	児童（子ども）の活動	指導者の活動	準備物・資料等
導入 0〜5分	1．……………… 「子どもの発言を書く」 2．………………	「指導言を書く」	
展開			
まとめ			

　　①　教科指導のカウンセリングマインド：
　　　　子どもの思いや意見を傾聴すること。子どもの思いや意見を取り上げる必要があります。
　　②　指導段階主義：
　　　　学習目標や課題をいきなり投げないで，目標やねらいや課題が明確になっていく過程を大切に
　　　　します。いきなり表現方法でなく，表したい内容が心に育っていくようにします。
　　③　学びのかたち：単一の順序（シーケンシャル）の過程と，並行的（パラレル）に進行する過程
　　　　があります。

④　それぞれの過程は，話し合いを入れて交流する場面を作る必要があります。
　　　⑤　学習段階毎に，評価項目を明確にする場合があります。
9　準備事項（教材・教具，配布する資料，プロジェクター，タブレット，OHC など）
　　指導者：
　　子ども：

10　板書計画

　　　　┌─────────────────┐
　　　　│　　黒板　（電子黒板）　　│
　　　　└─────────────────┘

　　①　子どもの思考過程の縮図となるように（小学校では，基本は，消しません。）
　　②　子どもの意見を取り入れる板書となるように工夫しましょう。
　　　　　　　カード
　　　　　　　キーワードの提示用紙
　　　　　　　ポイントを作成。大きく拡大も可

11　教育環境（教室環境：児童の座席表，班編制，用具・資料の配置など）

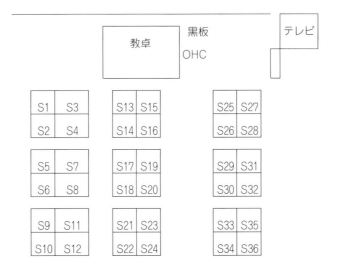

　　①　授業反省会で，意見をもらうために明示する。
　　②　環境も「指導者」であるという考え方である。TT で指導，野外・美術館など
　　　　多様な設定を身につけたい。
　　　　　　授業研究会などで座席表は必ず，必要になってきます。子どもの分析でも有効

12　評価
　　２つのストラテジー：Aタイプ：目標の優先順位の高いもの，重要度の高いものから順に書く。
　　　　　　　　　　　　Bタイプ：目標を多角的・多面的に書く。

　　Aタイプ
　　（１）
　　（２）
　　（３）
　　Bタイプ　指導要録に対応する。
　　（１）【造形への関心・意欲・態度】
　　（２）【発想や構想の能力】

（3）【創造的な技能】

（4）【鑑賞の能力】

ポイント

・指導と評価を一致させて書く（目標が，４項目なら４項目，３項目なら３項目を評価する）

・箇条書きにできるくらい明確にする。時間を考慮に入れると，あまり，多くのことを計画できないことが自覚できます。

【必要な姿勢】

① 常に学習者支援のための評価であるべきです。

② 今日的な傾向

（ア）オーセンティックな評価（"Authentic Assessment"，アセスメント）

アメリカで主張されたもの，「真の評価」「真正の評価」「信頼できる評価」などと訳されます。現実的な場面を設定し，そこでの子どもの振る舞いや，作品，パフォーマンスを評価します。パフォーマンスには，思考・判断，スキルなどの評価があります。

G・ウィギンズの教育評価論

（イ）ルーブリック

ルーブリック（Rublic）とは，レベルの目安を数段階に分けて記述して，達成度の判断基準とします。この評価基準表は，複数の評価項目と，各到達度をあらわす評価語で構成します。「何が評価されることがらなのか」を記述します。

ホットなキーワード：形成的評価，絶対評価，ポートフォリオ評価，診断的評価

③ 子どもならびに保護者への説明責任に十分対応できるようにしていきます。

図画工作科学習指導案

指導者（所属）○○小学校　指導者名○○○○印
（実習生の場合，担任の先生等のお名前）○○○○

> 屋外での活動なので，晴れて，のびのびと活動できる時期を選択している。

1　日時　　　　平成○年１０月１０日（月曜日）第２・３校時
2　学年・組　　第１学年　○組　　計○○名
3　場所　　　　運動場
4　題材名　　　「キラキラ　ふわふわ」　【造形遊び】
5　題材の目標
（1）風や大きな空気のボリュームを自分の身体や「とうめいシート」，「とうめいテープ」などでつかまえる活動を通して，体全体の感覚や行為から様々な形や色に気付いたり，活動を工夫できるようにする。【知識及び技能】
（2）運動場など空間（環境）を自在に流れる風や，大きなボリュームの空気に向き合い，自分の空間（環境）のイメージを広げながら，友だちと思いついたりして感覚や気持ちを生かしてどのように活動するのか考え，自分の見方や感じ方を広げることができる。【思考力，判断力，表現力等】
（3）風や大きな空気のボリュームに一体感を感じて，多様な形や色，動きと大きさのある空間に自分の思いを関わらせ，感性的な見方から身近に楽しく環境と関わり，生活を創造しようとする基本的な態度を養う【学びに向かう力，人間性等】

> 注：2018年3月には，図画工作科の３観点が公表されておらず，一般名称となっています。

6　題材について
① 児童観

　本学級の児童は朝の健康観察でも，「元気100倍…」と返事する子がでると，次々と自分らしく健康を言ってくれるクラスである。５月末の運動会でも友達を増やし楽しく意欲的に参加・応援することができた。責任感や協調性を養う活動は，給食当番や係活動，清掃活動などを行ってきており，学習の班活動でも，友達と学べて本当に楽しいという実感が育つように取り組んでいるところである。

　クラスに自分から何か表現できる機会を増やすために「一言スピーチ」を実施し，９月からは，週末明けには「１分間スピーチ」と時間を広げ，土日で楽しかったことやおもしろかったことなどをいってみる自己アピールの機会を増やしている。また，週に２回は，クラス全員で遊ぶ"みんな遊び"をしてきた。当初は教師側から遊びを提案していたが，９月からはペアになって子ども自身で遊びを考え楽しんでいる。友だちと関わりたい思いの成長は，友達関係づくりだけでなく，主体的に学びたいと

> 児童観の冒頭は，クラスの日常からみたこの題材と関係する成長・発達や学力の視点を分析している。

いう学びへの思いの基盤づくりにつながっていると捉えている。

一方，1年生の学習の時間では，頑張って勉強しなければいけないと思い，実際にも努力を必要としている。毎日，学力定着を狙った学習も多く，就学前と異なった環境で緊張が先行することもある。導入等の工夫をしているが，どうしても集中力が途切れたり，やや受け身な正解－不正解に取り込まれる毎日となっているのも事実である。自分から学べる生活科や図画工作科の学習を効果的におりこんでいく必要性を感じている。

図画工作科では，造形遊びの学習を重視して5月には「すなやつちとなかよし」で，それぞれ家庭から持ち寄ったカップを使って砂を「並べたり・積んだり・つなげたり」の活動をしてきた。砂場は，子どもたちにとって幼稚園や保育園の頃からの身近な親しみやすい遊び場である。カップでできる形が増殖するのを楽しんだり，スコップでどんどん深く掘ることを楽しんだりと，自分の思いを出して砂場の造形遊びが体験できた。ひとりでも進められ，自然に友達と話す機会も持てる活動であった。9月には，「余った箸の切れ端を使って並べよう」で，並べてどんどんつながる楽しさを味わった。「こんなに長くなったよ」「つなげてみよう」などの声を掛け合っていた。これらから，材料や空間に関わって行動していく大切さを学んだと考えている。絵や立体，工作に表す活動では，「ちぎったかたちから」という題材で，色画用紙を自由に破って，見立てから何に見えるのかを想像して作品にしていった。発見を絵にしていく喜びをつかんだと思う。その一方で，ほとんどの子どもは自分の思いを素直に表現し，描いたり，つくったりすることに意欲的であるが，一部の子どもの中には苦手意識があるのか，「これでいいですか？」と聞きに来る子どももいた。一層のびのびと表現活動に取り組むにはどうしたらよいかが課題となっている。

そこで1年生は，心身ともに大きく成長したいという子どもの思いがあり，体全体でのびのびと体験できる題材が重要と考え，運動場で実施する題材を選択した。環境という多様な状況と自分の感覚や行為で関わり，一層体全体で大きな空間とつながる体験活動ができればと考えている。この学習では，風が移動していくユニークな場所や大きな空間を捉える視点を持つ大切なきっかけとしていきたい。なお，3・4年生の「材料や場所，空間の特徴などを基に」する活動へ接続・発展していく学習と位置づけている。

② 教材観

本題材「キラキラ・ふわふわ」は，体全体を使って，運動場に流れる風や大きなボリュームのある空気をつかまえにいく造形遊びの学習である。子どもは，身体の感覚や「とうめいシート（ポリエチレン薄膜シート）と「とうめいテープ（合成繊維製テープ，スズランテープ）」を使って，風の流れや大きな空気のボリュームを感じていく。運動場や体育館など，登下校の道にも空間はいつもそこに存在するが，われわれは意識することなく暮らしている。身体を使おうという働きかけや，感性にうったえるオブジェクト（「とうめいシート」と「とうめいテープ」の活動）を空間に持ち込むことで，「風（空気の流れ）」「大きな空気のボリューム」「大きな空間」を感じるきっかけとしていきたい。

この学習は，A表現の造形遊びの学習である。〔共通事項〕「知識」では「ア　自分の感覚や行為を通して，形や色などに気付くこと」，「思考力，判断力，表現力等」では，「イ　形や色などを基に，自分のイメージをもつこと。」に該当する。活動中の「キラキラ・ふわふわ」の形や色はもちろんであるが，活動する場である運動場で見る空の色や様々な事物と関係する形の経験を大切にしていきたい。発想や構想の側面では，「ア　造形遊びをする活動を通して，身近な自然物や人工の材料の形や色などを基に造形的な活動を思い付くことや，感覚や気持ちを生かしながらどのように活動するかについて考えること。」，技能の側面では，「ア　造形遊びをする活動を通して，身近で扱いやすい材料や用具に十分に慣れるとともに，並べたり，つないだり，積んだりするなど手や体全体の感覚などを働かせ，活動を工夫してつくること。」に関わる学習である。特に，「手や体全体の感覚などを働かせ」という点が不足しがちなので，空間とつながる感覚体験を存分に経験させていきたい。

まず，「空気や風をつかまえよう！」となげかけ，空気をつかまえるにはどうすればよいか子ども自身に発想させたい。アイディアを出させたり，実際に運動場に出て行って試しながら思いつくなど，体全体を使った発想をさせたい。図画工作科では，砂場の造形遊びと木切れの造形遊びで広い場所を経験してきたが，どうしても子ども自身の視野に入る範囲に限定されていたと思われる。絵や立体・工作などでは一層，机の上での活動であり限られた小さな空間での学習だった。この授業では大きな空間が存在する環境に向き合い，遊び心や感覚をオープンにする活動として関わらせたいと考えている。

次に，「とうめいシート」を用いた活動である。ポリエチレン(PE)の薄膜（900×3000×0.01mm）シートを2人一組で持って空気をつかんでみる活動である。第一は，「とうめいシート（PE薄膜シート）をもってみよう」である。2人で広げてみると，すでに薄膜シートは，風や持ち手の動きに反応しだしている。一度「ぴんと張って，緩める」を試すと，緊張ばかりしている意識から，力を緩める体験もできる。何歩かお互いが歩みよるだけで，大きなボリュームの空気がそこに見えてくる。変化のある多様な形の種類や色に気付いていきたい。

［欄外注］
「事実－解釈文」。事実の単なる羅列でなく，自分の解釈や意見を一対の組みにして示している。

「学習定義文」：教材分析の冒頭で短い文章で学習を要約している。

学習指導要領

運動場に出て自分から発想する活動

PEシートの活動

　2人で持ちながら走ってみるとかなりな手応えを感じることができるだろう。形がどんどん変わっていくので，それに気付きながら，次の発想をしていくように展開していきたい。なお，強風の場合，室内の体育館等の活動を想定している。授業では，この体験を元に活動を自分たちで発想させていきたい。「どんなことができそうか。考えてみよう」となげかけていきたい。

　合成繊維製テープ（スズランテープ）でも，試してみたい。どうしても振り回すことが多いが，「ぴんと張って，緩める」時にできるテープのS字・C字の形を楽しんでみたい。この活動は，手を高く上げるとテープが，凧のように舞い上がる時がある。テープの長さが短いと発生しにくいので，ある程度のテープの長さが必要と考えている。これも，どのように環境に関われるか子どもからの発想が出てくることを大切にしていきたい。

　最後に，4人班で大きめのPE薄膜シートを使って「下げて－上げて」としながら自分たちで空気を「ふっくらと」つかまえにいく活動から発想をしていきたい。このようにすると空気の大きなボリュームがシートの中につかまる。お互いが，近づくと一層球のようなボリュームをつかまえることができる。さらに，動かし方や持ち方などを工夫してみると，波が伝わっていくダイナミズムに接近できる。4人のグループの活動として，お互い思いつきながら活動をどんどん試して欲しいと考えている。いろいろと考えあっていくところを大切にしたい。

　③　指導観
　この授業は，造形遊びの学習であり完成作品をつくる授業ではない。体全体を使った活動から，子どもの気づきや空間への理解，体験の広がりを重視したい。
　PE薄膜シートと合成繊維製テープから生じる自然や空間に流れる風などへの驚きを重視し，次の図のような，基本体験から，子ども自身が発想する活動へとつなげていきたい。
　環境からのさまざまな変化が生じているにもかかわらず，自分が動くことだけに気をとられて変化に気づかないことも考えられる。「ここで起きている。」「ここにも起きている。」と指導者が指さしをする必要もあるだろう。

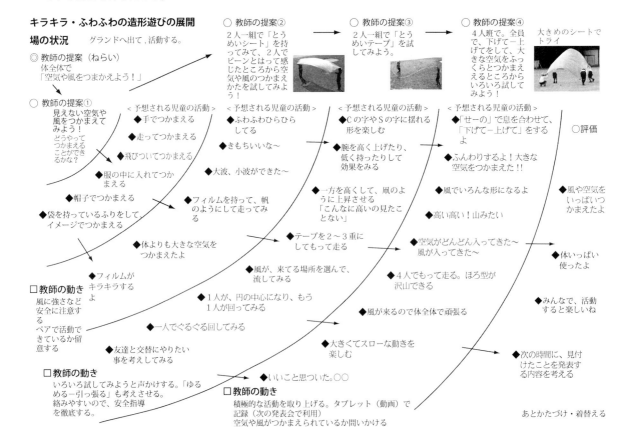

この授業では，遊びの質を変えていくために「試してみよう」「持ってみよう」「ゆるめることも」「下げて－上げて」をポイントとし，「自分で試す」，二人で「とうめいシート」「とうめいテープ」を試す，4人で試す，の4つの提案をしている。これは，完全にこなすというのではなく，それをきっかけに自分の活動を発想する方向へ展開する手がかりと考えている。子どもが，友達と一緒に「こうしよう－ああしよう」と考えることが大切である。なお，運動場というかなり広い場所を選択しているが，一部の場所に偏った利用もあり得るので，常に広く使うように声かけを行う必要がある。また，周りを見ずに長いテープを持ったまま走ることも考えられ，接触しないように安全指導していきたい。

　第2次は，自分の活動やクラス全体の活動を振り返り，体験を発表する学習である。体験は消えて忘れ去られることも多い。どんな体験だったのか発表することで，体験をあじわい次の意欲としていく時間としていきたい。第1次にタブレットで，活動の動画を撮影し，その様子をもとに第2次で発表させたい。

7　題材の指導計画（全2時間）

　　第1次　　「キラキラ　ふわふわ」をしよう！　　・・・・・1時間（本時　1／1）

　　第2次　　みつけたことをともだちにつたえよう！　・・・・・1時間

8　本時の学習

① 本時の目標

（1）風や大きな空気のボリュームを自分の身体や，「とうめいシート」・「とうめいテープ」などでつかまえる活動を行い，体全体の感覚や行為から様々な形や色に気付いたり，活動を工夫できるようにする。【知識及び技能】

（2）運動場など空間（環境）を自在に流れる風や，大きなボリュームの空気に向き合い，自分の空間（環境）のイメージを広げながら，友だちと思いついたりして感覚や気持ちを生かしてどのように活動するのか考えて活動できる。【思考力，判断力，表現力等】

（3）風や大きな空気のボリュームに一体感を感じて，多様な形や色，動きと大きさのある環境に楽しく自分の思いを積極的に関わらせて活動できる。【学びに向かう力，人間性等】

② 本時について

　この題材は，運動場で大きな空気や風をつかまえる造形遊びの学習である。つかまえ方を体全体で発想したあと，ペアでポリエチレン薄膜シートと合成繊維製テープで生じる形や色を味わい，4人班でポリエチレン薄膜シートで体験活動をする。経験しながら自分たちでどんどん工夫して活動を考えて広げていく。

③ 本時の展開

時間	児童の学習活動 （予想される児童の学び・反応） s ●クラス全体の反応	教師の活動 （指導・提案・支援）	準備物・資料など ■評価項目 指導上の留意点・支援・評価
0		「赤の帽子に変えておきましょう。」	運動場に白板を準備する。1時間目の体育服のままで授業を受ける。
	S「これから2時間目のお勉強を始めます。」 s ●「はい！　礼」 s ●「やったー。」	▼「今日は，外（運動場）で，図工をしたいと思います。」	
	目には見えない空気や風をつかまえよう！		
		▼どんな図工かな？ ▼Q1「さて目には見えないけれど，みんなの周りにあるもんって何だろう？」	
	1.身の回りにあって，見えないけれどあるものを予想する。		
1分	s ●予想の発表（挙手） 　口々に「空気！」 s1:「（挙手）空気だと思います。」 s ●「空気だ！」「空気があるよ！」	・「はい，S1さん。」 ・「S1さんは空気と言ってくれました。」 ・「みんなの意見はどうですか？」 ・「なるほどそうですね。1限の体育で深呼吸しました。ちょっと，してみましょう。」【行動プラス】	■目に見えないけれど，身の回りにあるものを考えることができたか。

第4章　図画工作科の授業実践 | 137

時間	児童の学習活動	教師の活動	準備物・資料など ■評価項目
	s●【行動】深呼吸してみる。 　＞空気を体感 S2：「ほら，フー，空気をすって吐いてるよ。」	・「S2さんが，空気をすって吐いてるって教えてくれました。確かに目に見えないけれども，身の回りには『空気』があります。」	
	・もう一つ，身の回りにあって見えないものを考える。	・「他にもありますか？」	
	s●挙手 S3：「風だと思います。」 s●「風だ，風がある。」	「S3さん。」 ・「確かに（木々をさして）風があります。」	■予想を広げられたか。
	2.「くうきやかぜをつかまえよう！」という今日の学習のめあてを知る。	▼活動のねらいの提示 「今日は，目には見えない空気や風をみんなにつかまえてもらいたいと思います。」	
	s●活動に興味を持つ「えー。」 s●めあてを読む（一斉に） 「めあて。くうきやかぜをつかまえよう！」 S4：「つかまえられないよ。」 S5：「面白そうだから，考えよう！」	【学習のめあての提示】 ・白板にねらいを貼る。【視覚化】 「めあて：くうきやかぜをつかまえよう！」 ・「さぁ，読んでみましょう。」 「空気や風をつかまえよう！」	■めあてを持てたか。 ┌板書──────── 「くうきやかぜをつかまえよう」 └────────────
	３．つかまえ方を考える	▼Q2どうしたらつかまえられるかな〜	
	s●くうきやかぜのつかまえ方を発表する。 　（挙手） 「はい。」 S6：「（挙手）はい，袋に入れます。」 S7：「手でつかむ。（動作をしながら）」 s●手でつかむ動作［実感］ S8「入った。」S9：「入らない。」	・「S6さん。」 ・「袋に入れるんですね。」 ・「S7さん。」 ・「今，みんなで手でつかまえてみよう。」［行動プラス］ ＞手のカードを白板にはる。 ・「どう？　入った？」 ・「お友達にも見せてみましょう。」	■どうしたらつかまえられるか予想を立てることができたか。 ┌板書──────── 　手のカード └────────────
	s●すぐに立ち上がり，試しに走り出す。 「やったー，行こう！行こう！」	▼活動の提案①　運動場へ，空気や風をつかまえに行こう！ 「今から運動場で，空気や風のつかまえ方を探しに行ってみます。自由にいろいろ試しましょう。ホイッスルがなったらこの場所にすぐに集合して下さい。」	
3 分	４．運動場全域での発想と試行活動 【運動場で各自で行動】 ○思いを広げて ・「手でつかまえるのをしよう。」 ・「手でぐるぐるするぞ〜」 ・「帽子でつかまえるよ。」 ・「ジャンプしてつかまえるよ。」 ・「速く走るとつかまえられるかな。」 ○行動で（思いを試してみる） ①運動場を走る	・子どもの取り組みを見る。 ・安全確認	■運動場で，思い思いにつかまえ方の案を考え，試行できたか。

138

	②友達と一緒に取り組む ③風を受けて感じてみる		
	白板のところに集合	▼集合ホイッスル！	■白板のところに集合できた か。
5 分		Q「みんなどのように風をつかまえま したか？考えたり試したことを言っ てください。」	
	5．運動場で試した「風のつかまえ方」 を発表する		
	○帽子でつかまえる。 S10：「帽子で！（こうするんだと帽子 でしながら）」 S11：「僕もなんだー」	・「はい，S10さん。」 「そうか。S10さんとS11さんは帽子 でつかまえたそうです。」	■発表 みんなの方を向いて，動 作などを入れながら紹介でき たか。
	・何人か手を上げる。	「同じように帽子を使ったという人， 手を上げて！」 「帽子で」と板書して取り上げる。	■友だちの考えやアイディア を自分も参加しながら楽し く聞けたか。 ┌板書─────────┐ 　帽子で
	○服でつかまえる。 S12：「服でつかまえました。」 　【動作で表現】服の前を空ける－閉 　じるを見せる。	・「はい，S12さん。」 ・「服でつかまえたそうです。面白いつか まえ方をした人がいました。他にはどう ですか？S13さん。」	
	○口でつかまえる S13：「口でつかまえた。」 ・口でつかまえるのをみんなの前でや ってみる	・「やってみてよ」 S13をみんなの方にしっかり向かせて	
	・友だちの提案である口でつかまえる をやってみる。 ・口を膨らませているのを見せる。	・「みんなでやってみようか？」 「せーの」	
	○耳でつかまえる S14：「耳でつかまえた。」 　【動作で表現】耳を手で押さえるよ 　うにして s●「面白い。耳餃子！」	・「s14さん。」 ・「耳でをやってみよう。」	
	○自分が考えた動作でつかまえる。 S15：「風が来たなと思ったら，こうして 　一度ジャンプして足で挟んでつかま 　えた。こうするんだ。」 　【動作で表現】	「他にどうしたかな？S15さん。」 ・先生も動作化　「なるほど，こうし たのか。（面白いね）。」	
	○イメージでつかまえる S16：「私は，袋があると思って，そし て，絞って（動作化），触って固かった ら空気が入っていると分かります。」	「ウンウン。はい，S16さん。」	
	s●「みんな面白いね！」	・「いろいろな試みをして楽しいね。」	
	┌──────────────────────┐ │　とうめいシートで空気や風をつかまえよう！　│ └──────────────────────┘		
		・大きな空気や風をつかまえるために 「ひみつのどうぐ」を準備しました。	
	6．材料に注目する。	・白板に貼って提示 ・透明シート 「言ってみよう。とうめいシート」	┌板書─────────┐ 　とうめいシート
	s●「透明シート」（一斉）		
	・「ほんと！広いね～。」（感受）	「今から透明なフィルムを見せます。」 実物提示 「幅が広いね～。」「もうふわふわです。」	薄膜PEシートを提示

第4章　図画工作科の授業実践 | 139

時間	児童の学習活動	教師の活動	準備物・資料など ■評価項目
		「やり方を見せます。」 ▼活動の提案②③ 　ＴＴの教師と行う（モデリング） ・「教室の２人のペアでしてみます。まず，２人でピーンと張って持ちましょう。下げて－上げてもできます。シートがどうなってるかな？何か気づくことはありませんか？」	
	ｓ【見る】「あんなふうに両端を持つんだ～」 7　ピーンと張られたとうめいシートがすでに風を受けているところを見て，発見したことを発表する。 ・「もう風来てるよ。」 ・「ふわふわしてる。」 ・「ゆらゆらするんだー。」	（両端を持ってみせる。シートは，少したなびいている。） ・「ウンウン」	■気づく活動を活発にできたか。 ■示範をみて，どうするかポイントをつかむ。
		・早速，教室のペアでやってみましょう。また，自分たちでも，こうしてみよう！と思いついて活動してみましょう！	
		▼シートの配布 ・「ではシートを先生のところに取りに来て下さい。もらった人から運動場でします。」	
	・シートの受け取り　【受け取る】 ・「やった～いくぞ～。」 ・「空気をつかまえるぞ～。」 ・「風は，つかまるかな？」		
	8．【とうめいシートの活動】 　　ペアでの取り組み ○思いをひろげて ・シートの両端を持って「ピーンと張って」をしてみる。 ・「ふわふわしている！」 ・「こっちの端が揺れてるね。」 ○行動で ①真ん中が膨らむ，端が揺れるなど形が変わる。（形の変化の体験） ②上げたり下げたり。大波，小波など多様な波をつくる。（波の形状体験） ③縦にシートを持って走る。風の力を強く受ける。（膨れる形状体験） ④水平に持って走ると，上に昇っていく。（上昇体験） ⑤広がったシートを２人が円を描くように接近して合体する。	学習指導 ・「どうなっている。」 ・「空気や風はつかまえられたかな。」 ・タブレットでの動画記録 接触事故への安全確認・指導 ・「広い場所へ行って活動しよう。」 ・「周りを見て活動しよう。」	タブレットの動画記録をして，3限の発表会に活用する。 ■空気や風をつかまえることができたか。 ■形や色，動きやボリューム感等を積極的に受けとめられたか。
	白板のところに集合する。	集合ホイッスル！	
20分	とうめいテープで空気や風をつかまえよう！		
		▼「沢山，面白いつかまえ方をしていました。次の時間発表してもらいます。カメラで撮り始めていますが，面白いつかまえ方を考えたよという人は，先生を呼んでください。撮影しますから。」 ▼活動の提案④ ・「次は，透明テープです。長いから上手くつかまえられるかもしれません。」 ・「近づいてみると，くねくねーひょろひょろとなります。ゆるめることも大切ですね。いろいろ試しましょう。」 ・「やってみますよ。」 ・（垂直C型：上昇しているC型）示範（モデリング）「手を高くあげると	

		風を受ける。」	
	・「きれい！」 ・「大縄に見えた。」 ・「竜に見えた」	・いろいろ，自分たちで工夫しましょう。	
	9．【とうめいテープの活動】 　　ペアの取り組み ○思いを広げて ・くねくねする。「くねくねーひょろひょろ」 ・山・蛇みたいに見える。「にょろにょろ」 ・「ふわふわしているよ」 ・工夫を言葉にする。「もっと高くするにはどうしたらいいだろう？風のあるところへ行こう。」 ○行動で ①ピーンとはってみる。 ②テープを持って走るとI型，水平S字型，垂直S字型，水平C字型，垂直C型，α型になる。 ③上に上げて凧のように上昇させる。	学習指導 ・「どうなっている。」 ・「空気や風はつかまえられたかな。」 ・タブレットでの動画記録 接触事故への安全確認・指導 ・「広い場所へ行って活動しよう。」 ・「運動場全部を使いましょう。」 ・「テープが絡んだら，止まってほどきましょう。」	■空気や風をつかまえることができた。 ■テープの形や色の変化に気づくことができたか。 ■活動を自分達で考えることができたか。
	白板のところに集合する。	ホイッスル集合！	
35分	4人班で大きなシートで空気や風をつかまえよう！		
	・シートが大きいね。 ・どんな風がつかまるかな。 ・先生，早くしたい！	▼活動の提案④ ・「どんどん面白いつかまえ方を見付けてしていました。」 ・「もう一つ，透明シートのさらに大きなシートです。低いところに置いてみたり，上に上げてきたりして（「低いところから上げてきて」）風や空気の様子を見てもらいたいと思います。これは，4人の給食班で取り組みましょう。」	
	10．【大きいシートの活動】 　　4人班での取り組み ○思いを広げて 　「どうしてみよう」（話し合い） 　　提案1，提案2… ○行動で，空間に大きく関わって ①シートの端を4人以上で持って「ピーンと張って」をしてみる。 ②4人で「低いところから上げてきて」をしてみる。 ・「やったー！大きな空気がつかまった！」 ③2人がしゃがんで，2人が高く持つ縦に持つ：縦に持つと帆のようにする。それぞれの持ち方でどんどん運動場を走る。 ＞風を強く受ける ④上げたり下げたり「もう一度，やるよ」繰り返しやってみる ・「大波，小波いろんな波だー。」 ⑤4人でもって走ってみる。 ・「いいこと思いついた。」 ・「どうしよう？」	学習指導 ・「どうなっている。」 ・「空気や風はつかまえられたかな。」 ・タブレットでの動画記録 接触事故への安全確認・指導 ・「広い場所へ行って活動しよう。」 ・「運動場全部を使いましょう。」	■一層，空気や風をつかまえることができたか。 ■つかまえ方を自分達で工夫できたか。
45分	白板のところに集合する。	▼集まれのホイッスル	
	後片付け，振り返りシートを書く	Q「どうでしたか？時間が来たので終わりです。教室へ帰って振り返りシートを書きましょう」	

第4章　図画工作科の授業実践 | 141

9　準備事項
　　指導者：ポリエチレンフィルム（とうめいシート，900×2000×0.01mm　1本，
　　　　　　1800×2000×0.01mm　1本），樹脂テープ（とうめいテープ，○本），
　　　　　　ハサミ，振り返りシート
　　子ども：体操服，赤白帽

10　板書計画（持ち運べるミニ黒板）

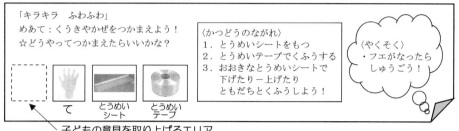

子どもが参加できる板書をめざし，実施内容が，授業終了時点で一覧できるようにまとめる。

11　教育環境

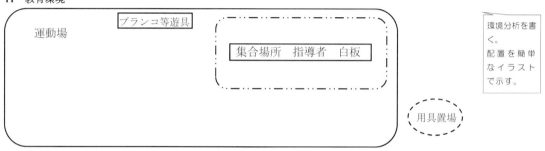

環境分析を書く。
配置を簡単なイラストで示す。

12　評価
（1）風や大きな空気のボリュームを自分の身体や「とうめいシート」，「とうめいテープ」などでつかまえる活動を行い，体全体の感覚や行為から様々な形や色に気付いたり，活動を工夫できるようにする。【知識及び技能】
（2）運動場など空間（環境）を自在に流れる風や，大きなボリュームの空気に向き合い，自分の空間（環境）のイメージを広げながら，友だちと思いついたりして感覚や気持ちを生かしてどのように活動するのか考えて活動できる。【思考力，判断力，表現力等】
（3）風や大きな空気のボリュームに一体感を感じて，多様な形や色，動きと大きさのある環境に自分の思いを積極的に関わらせて活動できる。【学びに向かう力，人間性等】

（村田利裕・岡田陽子・門野勝也）

トピック　教育実践現場に向き合う教科教育共通の見方・考え方
　　　　－大村はま（国語科教育）と図画工作科教育に通底する教育実践理解－

　教科指導の研究分野は，教科教育と呼ばれています。このトピックは，教科教育の共通となる教育実践との向き合い方と，単元学習と図画工作科との関係に光をあてます。

　取り上げるのは，国語科教育の大村はま先生（1906-2005）です。氏は，明治生まれで戦前・戦後を通じて約50年間，教育現場の教師として子どもに向き合ってこられ，大村単元学習で知られています。ペスタロッチ賞を受賞されました。

（1）「生き生きとした教室」への願い

　誰でも共感されるでしょう。氏は，「いきいきした教室，これは全部の先生の悲しいほどの願いです。」（1995, p.7）と思いを語ります。図画工作科でも，材料や方法に子どもの目はいきいきと輝きます。その期待に応えようとするのが教育現場の教師なのです。一方，氏のいきいきした教室というのは自分が伸びていると感じ，確実に成長感が高まる教室を指します（1995, p.7）。そして，すべての子どもに対応しようとすると，「ひとりひとりをとらえる。」（1955, p.18）ことが重要ですし，教師は，「あり合わせ，持ち合わせの力で，授業をしないように，……何事かを加えて教室へ向かい，何事かを加えられて教室を出たいと思います」（1995, p.8）と日々の研鑽と子どもから学びの姿を受け取ることの大切さを語るのです。

・大村はま（1995）『日本の教師に伝えたいこと』筑摩書房

（2）大村単元学習

　ペア学習やグループ学習が注目される今日，氏の実践は，大変参考になります。「話し合い」の学習では，司会を決める話し合いなど基本的なものから，話す中身をもたせる学習の重視など，形式先行のグループ学習のあり方に一石を投じます。また，言葉の意味を「カードで比較する学習」は，教科書全頁を使って「ことば」という用語が出てきたらカード1枚に書き出し，一対比較で違いを考える授業をされました（2003, pp.41-60）。読めない言葉には，横から氏がふりがなを振ってサポートしたそうです。カードに書き上げる段階では語彙力が，全体では意味分析力がつくと思われます。氏の単元学習では，話すことや書くことは，既存学問の単なる羅列的習得ではなく，自分の心をそれらを使ってそのまま伝わるものにする力量形成なのでした。安野光雅の文字のない『旅の絵本』（福音館書店）をみて作文する単元学習では，子どもは，絵から何ページでも言葉にしてもいいのです（2003, pp.60-64）。本書の「隠された絵の秘密」は，1枚の絵を言葉にします。図画工作科の題材は，単元学習的です。是非，比較してみてください。

　授業も，黒板と机の授業ではなく，大きな情報源を扱える図書室で行われました。図画工作科でも，図画工作室を十分活用し，図書室・運動場・ICT教室などの活用が必要でしょう。学習スタイルでは，学校と言えば教科書とノートで行われますが，氏の実践は，「授業中にとる記録，てびき，資料，週間の国語教室通信，作業のためのメモから構成案，作文，試験問題や答案，解答の解説や評価表などは，すべて穴を空けてバインダーに綴じ込んでいく（2003, p.24）」という実践でした。また，「自由に」という学習では，教師が何もしない学習ではなくて，子どもが何をしたいのか考えていけるように学びの段階に応じた「手引き」が一層必要な学習と判断していました（1995, p.29）。図画工作科では，「自由に」といったまま放置する指導や，自由にできる範囲が狭すぎる指導があります。本当に自由に表現するにはどのような組み立てと舵取りが必要か考えたくなります。

・大村はま・苅谷剛彦・苅谷夏子（2003）『教えることの復権』筑摩書房

（３）「優劣のかなたに」の思想 ―「学びひたり，教えひたる」―

「優劣のかなたに」の思想は，1983年すでに明確なかたちで語られています（1983,『さまざまのくふう　大村はまの国語教室２』，小学館（1990,第4刷）野地潤家氏との対談形式）。教育への思いを最後の時まで推敲を重ねた詩が，「優劣のかなたに」です。教育現場は，あらゆる子がのびる機会とすることができることを，またすべきことを，この教育実践思想は指摘します。「優劣のかなたに」の思想から見ると，図画工作科でも，それぞれの子どもが一生懸命に取り組んだ，そして支えていった表現が，一人ひとりの優劣のかなたの表現として認めあえる姿がそこに見えてきます。

・大村はま（1973）『教えるということ』，共文社
・大村はま（1994）『新編　教室をいきいきと２』筑摩書房，ちくま学芸文庫
・野地順家（1995）『大村はま国語教室の探究』共文社
・橋本暢夫（2009）『大村はま「国語教室」の創造性』渓水社

（村田利裕）

優劣のかなたに　　大村はま

学びひたり
教えひたる、
それは　優劣のかなた。
ほんとうに　持っているもの
授かっているものを出し切って、
それだけの世界。
それはそうだとしても、
合格者をきめなければ、
成績をつけなければ、
教師も子どもも優劣のなかで
あえいでいる。

優劣を論じあい
気にしあう世界ではない、
優劣を忘れて
ひたすらな心で　ひたすら励む。
学びひたり
教えひたろう
優劣のかなたで。

優か劣か
そんなことが話題になる、
そんなすきまのない
つきつめた姿。
持てるものを
持たせられたものを
出し切り
生かし切っている、
そんな姿こそ。

優か劣か、
自分はいわゆるできる子なのか
できない子なのか、
そんなことを
教師も子どもも
しばし忘れて、
学びひたり
教えひたっている、
そんな世界を
見つめてきた。

今は　できるできないを
気にしすぎて、
持っているものが
出し切れていないのではないか。
学びひたり
教えひたっている、
授かっているものが
生かし切れていないのではないか。

出典：大村はま（二〇〇五）
『教室に魅力を』国土社、
表紙裏・裏表紙裏
大村はま先生の「優劣のかなたに」の掲載にあたり大村務氏に掲載の許諾をいただきました。記して御礼申し上げます。

第5章　創造活動の中の子ども研究

　教育現場では，教師の思いや子どもの思いが相互に交わされています。教育実践者は教育現場をいかに省察（洞察）していけばよいでしょうか。小学校で，自由に表現するようにと言われて表現したのに，先生から直すようにと言われ「なぜ？」という思いが残ったことはありませんか。また表現教科なのに先生が，自分の思いを分かってくれない気がしたことがありませんか。この章では，このような絡みついてほどけなくなった相互関係を解きほぐす見方・考え方について研究をすすめます。

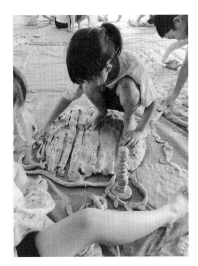

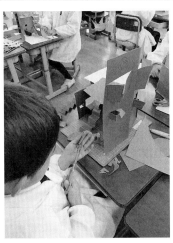

1．子どもに創造の生まれるとき

Points 子どもたちの姿，観察，エスノグラフィ，省察，リフレクション

（1）子どもの活動を理解するための省察

　図画工作科の授業で子どもたちは，描画材や材料，道具などを媒介にして，描いたり，つくったりする中で，様々な表情や行為をみせてくれます。すぐに制作を始めている子どもがいるかと思えば，目の前の材料を触りながら考え込んでいる子どももいます。友達とおしゃべりしながら手を動かしている子どものそばで，一人で何かをつぶやきながら黙々と制作している子どももいます。

　このような表現の過程でみせる子どもの姿を教師が捉えながら，タイミングよく見守ったり，励ましたり，支援することは図画工作科の授業を行う上でとても重要になってきます。

　平成29年告示「学習指導要領」の図画工作科の目標にもあるように「表現及び鑑賞の活動を通して造形的な見方・考え方を働かせ生活の中の形や色などと豊かに関わる資質・能力を育成する」ためには，子どもたちの「やってみたい」という意欲や，「楽しい」という気持ちが湧き上がってくることがなければ，達成できません。いわゆる，子どもたちの主体的な活動が図画工作科には必要だということになります。ですから，教師の指示に従って作品づくりをしているだけでは，子どもの内面から湧き出てくる本当の喜びは得られないものなのです。

　この「つくり出す喜び」を授業において子どもたちに保証するために，教師は題材のねらいをはっきりさせた上で，表現や鑑賞活動の場面で子どもたちがどのような姿をみせている時に「本当に喜んでいるのか」を知っておく必要があります。そのために子どもが主体的に造形活動している場面や姿を「みる」教師の眼が必要となって来ます。授業の最中に教室全体を把握するマクロな鳥の眼と，同時に個々の子どもに寄り添って，顔の表情やしぐさを読み取りながら，個々に応じた声かけ，つまり，励ましたり，ほめたり，共感したりする

ミクロな昆虫の眼がまず必要です。そのような眼を持っていると子どもたちの顔を見ただけでも，主体的に活動したり，集中したりしている時が把握できるようになり，心が寄り添えるようになってきます。

　そして，授業が終わった後で，活動の時に「子どもたちが，夢中になったり熱中したりして，表現や鑑賞活動に取り組んでいたか」と振り返る時間はとても大切になってきます。いわば，この振り返るという「省察」を持つことによって，より子どもの行為や思考に近づき，理解が進むでしょう。

　また，授業参観や研究会では，教師の指導のねらいや工夫だけではなくて，積極的に児童の表情や行為を見る必要があります。教室の脇や後ろから1歩も動かず，指導案や授業者を眺めている態度では，子どもの学習の様子は理解できないでしょう。

　そして，発問や板書，教材提示に加えて，どの場面で興味関心を持っていたか，また楽しさややりがいを感じていたかを子どもの表情やしぐさから理解することで授業改善につながり，次の題材開発のヒントを得ることができるのです。

（2）子どもの授業での矛盾した体験

　みなさんは，このような図画工作科の体験はないでしょうか。

　教師から学校の写生会などで，自分で描きたい場所を探して，建物を入れて「自由に描きなさい」と指示されました。子どもは，好きな場所を選んで，自分なりによいと思った場所を描いていると，巡視してきた先生に絵を直すように指導され，描きたくなくなったような体験です。それは，提示の参考作品の構図や色づかいなど描き方が違っており，教師の思うイメージや好みに合っていない作品だったからに違いありません。自分の出したい色づかいではなく，教師のイメージで無理

に修正させられたような経験です。もちろん，この時に先生は，よかれと思い，とても熱心に指導しているのです。しかし，直してと言われた子どものこの時の気持ちに想像が及ばないことが起こることがあるのです。

また，反対に修正を迫る熱心な指導以上に，子どもの心に傷を残す体験は，ほめられもせず，相手にもされないで無視や放置された授業経験です。かまわれなかった子どもたちは，「どうせ下手だから，しかたない」という，諦めの心情が働いてしまうこともあります。しばしば，「絵の指導が苦手だから，何も言えない，指導できない」という教師の消極的な姿勢が子どもにとって，放置されたと受け取られてしまうことを自覚しなければなりません。

教師の指示に従えない，あるいは価値に合わせようとしない子どもに対しての冷たい態度は，子どもの存在を認めていないことに等しい態度なのです。

さて，このような二つの経験例に対して教師の指示に順応して描けるタイプの子どもたち，いわゆる図画工作科が楽しくて，好きな子どもにとっては，教師の熱心な指導，あるいは放置状態は，マイナスの感情はそれほど働きません。ところが，一方で描くことが苦手な子どもや図画工作科の授業でマイナス体験をしてきた子どもにとっては，何かざらついた違和感のある体験として記憶されています。この違和感は，図画工作科や美術科に対して，得意な人だけがやればいい教科という，負の教科観があります。それは大人になってまでも続いていることも稀ではありません。

このことは，熱心に指導すればするほど，教師の描かせたい絵になっていき，子どもたちの表現の楽しみや再発見が失われていくという，残念な結果に終わることも知っておかなければなりません。

極端に言えば，教師の描きたい絵を子どもに描かせている場合は，子どもの主体的な表現ではなく，大人の価値やコンクールの入選を目的とした表現になりがちであるということです。

ところで前に述べた写生会のように，自由と言いながら一方で修正を迫るという図画工作科の授業には，相反する二つのメッセージを受けて，身動きできない状態に陥っていることを，グレゴリー・ベイトソン（Gregory Bateson）は「二重拘束（ダブルバインド）Double bind」という言葉で説明をしています。

子どもがこのような矛盾した体験を重ねると，描くことを楽しむ時間ではなく，不安定な心の状態となり，それを回避するために教師の持つ価値に過剰適応していく時間となってしまいます。

そのため図画工作科の時間は，主体的な表現の時間というよりも，教師の価値に擦り寄っていくような居心地の悪い時間として体験されていきます。図画工作科や美術科の授業にあまりいい思い出の持てない体験をした学生の多くは，この「二重拘束」の授業や教師体験をしていることも事実のようです。

したがって，図画工作科における二重拘束の指導観が自由という言葉と裏腹に，無意識的に行われてしまうことを自覚した上で，子どもたちの能動的でかつ主体的な表現や鑑賞の授業を手繰り寄せる知恵が必要となってきます。

（3）「造形遊び」の大切さ

このような創造活動のマイナスとなる矛盾した体験，または学校や教師の価値への過剰した心と身体を解きほぐして，児童が主体的に活動する貴重な時間が図画工作科であり，特に「造形遊び」の意義は大きいと言ってよいでしょう。

平成29年6月の「学習指導要領解説　図画工作編」によれば，「造形遊びをする」「内容」として，「児童が材料などに進んで働きかけ，自分の感覚や行為を通して捉えた形や色などからイメージをもち，思いのままに発想や構想を繰り返し，経験や技能などを総合的に活用してつくることである。学習活動としては，想像したことを描く，使うものをつくるなどの主題や内容をあらかじめ決めるものではなく，児童が材料や場所，空間などと出会い，それらに関わるなどして，自分で目的を見付けて発展させていくことになる」と述べています。

このように「造形遊び」において「自分の感覚

や行為」からイメージを持つとあるように教師は，素材と場所を提供したのちは，完全に子どもに任せ，子どもの行為に寄り添いながら支援することが重要となってきます。教師が作品を例示したり，前面に出て指導したりするのではなく，場に身を置きながら，一人ひとりの活動に目配せし，子どもたちの活動を見守り，また感じ取る感性が望まれます。そして，子どもが完全な主体者となってはじめて「造形遊び」の本来のねらいは達成されるのです。子どもたちはこのような環境が保証されれば，図画工作科の時間が大好きとなり，楽しい時間となることは間違いありません。

そのために心得ることは，教師の一方的な価値や過剰な介入による作品づくりではなく，子どもの主体的な造形活動そのものを保証する心構えが必要です。この主体的な「造形遊び」のためには，材料と活動場所を十分に考慮して，題材設定することが大切です。

ところが，子どもの主体的活動をねらいとした「造形遊び」ですが，思っているほど教育現場では，実践されていない現状があるようです。さらに評価の困難さを理由にそれほど実践されていないとすれば，子どもに対して教師は楽しい時間を保証してあげていないことになるのです。もっと言えば，「造形遊び」をしない教師は，九九を扱わないで算数科の授業をしている教師と等しいくらいのことなのです。

そして未だに「教師が放任して遊ばせて，何も教えない」とか，「ゴミを出して作品がない」というつぶやきや，「造形遊び」には学びがないというような批判があることは，無理解以上に教師の指導力不足を露呈していると言えるでしょう。「造形遊び」は，題材として必ず実施しなければならないのです。

さて，話題は広がりますが，目の前の個々の子どもたちを十分に把握せずに，子どもとは「このようなものだ」と一括りにし，一般的な概念や発達の枠でしか捉えていない場合には，現実の存在を認めてもらえない違和感や不信感から，子どもたちは異議申し立てのアピールをすることがあります。時と場合によって，教師の価値や思惑を崩

そうと反抗し，集団の規律を揺さぶる「学級崩壊」や「いじめ」，さらに「不登校」という現象をみせることも稀ではありません。

このような意味でも，子どもに活動を任せる「造形遊び」の実践の積み重ねは，教師の固定的な子どもの見方や自らの指導法を見直すきっかけとなるに違いありません。

（4）子どもの主体的な活動のために

近代において文化的な遺産を効率よく，合理的に伝達習得する場として，機能してきたのが学校制度です。そのため学校で多くの文化や知識を集団に効率よく教える教授法が重視されてきたのは，当然の成り行きでした。やがて，その効率的な集団教授法から，学びの主体者としての個人の学習を重視するという歴史の流れの中で，教科観も様変わりをみせてきました。図画工作科においても戦前までは，お手本に沿って描く臨画教育が盛んでしたが，戦後の子ども中心の美術教育が盛んになる中で，今日のような子ども主体の図画工作科の指導観が形作られてきました。

そのような時代の流れの中で図画工作科や美術科の授業では，他教科に比べて児童・生徒の活動を主体的にした活動をねらいとしていますが，コンクールのための作品づくりや○○式描画法などという画一的な指導法がまだ，蔓延しているのです。このような現場の実態から見ても，子どもの姿を捉えた図画工作科の指導法に長けている教師が多いとは決して言えない実態があります。

教師の指導法の他，授業における子どもたちの活動中の表情や行為，友達たちと過ごす姿から授業や題材を考え直してみると，それまでとは違った題材開発の視点が浮かび上がってくるものです。何気ない表情やしぐさ，会話に着目しますと，教師の考えていた児童観や指導観とは違った，リアルな子どもたちの反応が伝わってきます。これらの観察から，子どもの熱中している時や場所を教師が適切に把握できるようになると，これまでとは違った題材開発の視点と指導の勘所が分かり，授業の質も高まってくるのです。

これらの授業を現場で観察する方法は，いわゆる「エスノグラフィー」と呼ばれ，質的研究にあ

たります。「質的研究」について，秋田は「その場に生きる人々にとっての事象や行為の意味を解釈して，その場その時のローカルな状況の意味を具体的に解釈し，構成していくこと」と述べています。

その場で起こっている子どもたちの学習の過程を捉えることで，図画工作科でどのような場面が大切なのかを知る手がかりとなってきます。ビデオカメラなどで授業を記録し，子どもたちの行為や会話に着目して，どのような場面で夢中になったり，集中したりしているのかを確かめるとよいでしょう。

（5）幼児の遊ぶ姿から学ぶもの

図画工作科や子どもの創造活動，さらに子どもの行為や見ることの重要性を確認する手立ての一つとして，就学前の幼児の姿に学ぶことがあります。学習指導要領の改訂においても幼小連携やスタートカリキュラムなど幼児期の教育の重要性が再認識されており，教科などの学びの土台として「遊び」を位置づけています。

幼児は様々な「遊び」を通して自分を表現しながら，体験によって世界を広げ，成長・発達をしていきます。幼児の遊ぶ姿を見ていますと自分がしたいことをする行為に満ちています。その「遊び」において，材料や場所と関わりながら，大人にとっては簡単に行えるようなことを何度も楽しみながら，また繰り返し，試行錯誤をしています。誰かに，よく思われようとか，評価を気にするとかは，ほとんどありません。気に入ったことは，止めるまで夢中になってやり続けますが，興味のないことに対しては，振り向きもしません。まさに，「今，ここに生きている」生命体そのもののように思えてきます。このように幼児の「遊び」は，教師の期待に過剰に添うこともなく，大人の価値への囚われもなく，決まり事などを無力化してしまうほどの意外性と新たな発見に満ちあふれています。このことは，遊びが人間をどのように成長させていくのかを我々に教えてくれています。「遊び」は，どこまで行っても主体的な行為です。自分らしさとは何かを，幼児は大人にみせてくれています。

ですから図画工作科においても，これらの幼児期の「遊び」のもたらす人間の主体的な造形に関わる活動の姿を引き受けながら，小学校1年～6年までの「造形遊びをする」活動を考えてみる必要があるのです。

（6）授業の観察とリフレクション

幼児教育の自由な遊びの場で教師は，それぞれの幼児の状況に素早く対応しつつ，柔軟に対応しています。そこでの遊びの構成には，計画に基づいているとはいえ，決まった教科書や教材もありません。雨が降れば遊びが変わり，前日の準備を修正したり，場所を変更したりする必要も出てきます。設定した教材がうまく行かない時には，指導を変えて対応しなければなりません。

この状況対応力や判断は，どこから生まれてくるのでしょうか。それは，一言で言えば，常日頃から観察記録をていねいに書いているからに他なりません。徹底して，子どもを見て個々の幼児の遊びの違いを把握しているのです。

小学校教師にとっても同様に，幼児教育で重視している子どもを観察する力は，指導法とともに重要であり，また自らの授業のねらいや構成をリフレクションする上で必修な条件なのです。

繰り返しますが，遊びを通した造形表現に焦点をあてた時に，この幼児期の子どもの姿から，我々の人間にとって表現することの意味や生きることの根源的な在り方が浮かび上がっています。

なぜ，「お話の絵の世界に子どもたちは浸りながら，絵を夢中で描くことができるのか」，あるいは「砂場で繰り返し遊ぶことができるのか」を自問することから始めてみましょう。

一見，大人にとっては無駄で意味のない行為をなぜ，子どもたちはやっているのでしょうか。その行為を注意深く観察していますと，筆跡やクレヨンの軌跡を描き楽しみ，様々な材料を見立て，つくりながらつくりかえる時，そこに何物にも代えがたい，没頭している子どもたちの表情が立ち現れています。制作しつつ，我を忘れたかのように夢中になり，想像の世界に没頭した時にこそ，そこに人間らしい創造活動そのものが生まれているのです。

このように，人間が遊びの中で表現を繰り返しながら幼児から成長したことを振り返る時，図画工作科における表現や鑑賞活動において，子どもたちが夢中になれる題材や主体的な活動を支援する環境が必要となってきます。夢中になれる時間は，大人の美術や価値から出てきたものだけでは生まれてきません。自らの身体から湧き出てくるような表現の欲求，さらに描くことやつくることによって再発見の喜びに至る過程に，創造力は生まれてくるのです。

（7）美的教育と現代

イマヌエル・カント（Immanuel Kant）の流れをくむフリードリヒ・フォン・シラー（Johann Christoph Friedrich von Schiller）は，『人間の美的教育について』の著書において，「感性」と「理性」との二つの衝動の理想的な交互作用を「遊戯衝動」と呼んでいます。この両衝動がそれぞれ「生命」と「形態」をその対象としています。

しかし，「遊戯衝動」の対象は「生ける形態」であるとし，美とともにある遊戯を通してのみ，人間はより望ましいあるべき人間へと陶冶されていくとしています。この人間の美しい心の働きは，自然や芸術などの美しいものに触れることによって養われるという思想は，美術教育の根底に据えるべきもので，道徳での徳目以上に本質的で価値あることを教えてくれています。シラーの意図したことを現代に置き換えて，捉え返すことは大変意味のあることなのです。

昨今の教育政策は，国際化の波の中で経済界の要求に敏感に反応しています。そして国民のあるべき姿を資質能力から整理し，教科の有用性を前面に押し出し，また道徳を科目として新設するなど，かくあるべきという傾向が強くなっています。

国として重要なことは，経済活動を活発にして就労でき，その収入によって納税する国民がいることです。経済と徴税は，表裏一体ですから，経済を優先に考える政治は，当然の論理となってきます。とすれば，経済界の要請に連動する教育政策が立案されていることは，否定できません。

一方で行きすぎた市場主義的な政策は，経済と同様に淘汰を招き，できるものとできないものと言う両極化を引き起こします。また，財政緊縮のもとでエビデンスと称してデータや数値化で説明責任を求める風潮は強まり，曖昧で説明不可能なことやものを捨て去り，分かりやすいものやデータで判断する傾向が強まっています。

このような時代に，教育政策に連動して，学校教育における図画工作科や美術科も「知識・技能」「思考力，判断力，表現力」「学びに向かう力・人間性」の新しい時代に必要となる資質・能力の育成と学習評価の充実の観点から，幼稚園から高校までの新しい学習指導要領が示されました。そこでは「何ができるようになるのか」を前面に掲げています。個々の資質や能力の育成という目的に向かって，可能な事項を明らかにしていこうとして整理されました。

ただ，教科の有用性を主張するあまり，そこから捨象されていくものを見過ごしてしまいそうな気配を感じるのです。少なくとも視覚芸術の範囲にある図画工作科や美術科の内容は，非言語的なイメージの世界を扱っており，言葉では説明し尽くせないことがあることを自覚しなければなりません。言葉では表せない色や形，イメージの世界を想像で広げながら，表現したり味わったりすることが，身近な生活や人生をより豊かに彩ることは，間違いありません。

参考文献

秋田喜代美・能智正博監修（2007）『はじめての質的研究法　教育・学習編』東京図書

フリードリヒ・フォン・シラー，小栗孝則訳（2011）『人間の美的教育について〈新装版〉』法政大学出版局

野村直樹（2008）『やさしいベイトソン　コミュニケーションを学ぼう』金剛出版

文部科学省（2017）『小学校学習指導要領解説　図画工作編』

矢野智司（2014）『幼児教育　知の探究13　幼児教育の現象学　メディアが開く子どもの生命世界』萌文書林

（新関伸也）

2. 子どもの活動の見取りと省察
   －自他の相互作用と子どもの表現－

Points　相互作用・相互行為（特に人間環境について），養護の働き，教育の働き

（1）子どもが共に学ぶ・表現する姿（目的，ストーリー，役割，ルールの共有）

　子どもの造形表現行為は個別の場合もありますが，「面白い，不思議！」「やってみよう！」という好奇心や探究心などが，子ども同士を引き寄せ，相互のやりとりを生み出す場合があります。子どもは，おおむね4・5歳へと成長するにしたがい，お互いのやりとりを通し，次第にイメージを共有し合い，相手と一緒になって活動をし，時には役割や目的やルールをもった造形表現行為をするようになります[1]。つまり協同的（共通の目的の実現に向けて考えたり，工夫したり，協力したりする）な造形表現の出現です。

図1　紙コップや板による構成

　事例1（図1）は，紙コップや木の板を並べたり積んだりして，操作することや構成することなどを楽しむ3人の子どもたち（4歳児）です。活動当初3人は，個々に紙コップを一直線上に並べて，その上に木の板を置くことをします。次第に子ども一人一人が置く木の板は，つながりはじめます。やがて図1のように木の板を「日の字」のような形に並べます。3人はその形から「回転寿司」を発想し，お寿司がレールの上を流れるイメージを共有して模倣遊びを楽しみます。この事例には，子ども個々の好奇心や探究心や生活経験が作用し合い，個別の造形表現から，協同の造形表現へと変化していく姿があります。

　この事例の発展例として，小学校におけるコア・カリキュラムがあります。小学校生活科での「おみせやさんごっこ」をコア（核）として，国語科では店の看板や商品などの文字を書いたり，図画工作科では店舗や商品や衣装をつくったり，算数科でお金の支払いを学んだりというように，授業個々の学びを横断的・総合的に結び付けることが可能です。そのことにより，学びの意味や面白さを子どもが実感できるようにする必要があるのではないでしょうか。

（2）子どもの〈自分の心〉の成り立ち

　図画工作科（造形表現活動）では，感性を働かせる「心」という言葉が，しばしばキー概念となってきます。はたして自分の「心」とは何でしょうか？子どもでも大人でも，自分で思う通りにやりたいし想いを貫き通したいという心の動きがあります。一方，仲間や教師と心を通わせたい，困ったときは助けてほしいという心の動きがあります。このような「心」の二側面は，造形表現行為のあり方を決定づけます。

　子どもの発達とは，子どもがそれまでの体験を基にして，環境に働きかけ，環境との相互作用を通して，豊かな心情，意欲及び態度を身に付け，新たな能力を獲得していく過程です[2]。ここで言う環境とは人的環境（ヒト），物的環境（モノ），自然や社会の事象（コト）です。特に人的環境（教師・保育者や友達など）と子どもの育ち・学び・表現との関係は重要です。

　鯨岡峻は〈自分の心〉の成り立ちを，心の二面性（「私は私」の心と「私は私たち」の心）からなるものとしています（図2）。ただし，この心の二面性は「自分の思い通りにしたい」と「その人と一緒がいい」というような両立困難な性格をもち，「あちらを立てればこちらが立たず」というヤジロベエのような関係で成り立ちます。

　「私は私」の心の箱の基底部には「自己充実欲求（自分の思い通りにしたい，自分でやりたいと

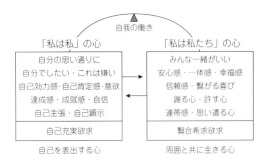

図2　一個の主体の二面性
（左右が振れやすい）

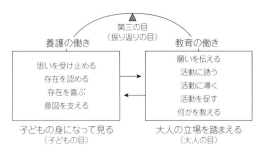

図3　「養護の働き」と「教育の働き」
（左右が振れやすい）

いう心の動き）」があります。子どもは重要な大人（親や保育者や教師など）の対応に左右されながらも，この欲望が充足されることを基礎にして，自分に自信をもって意欲的に物事に取り組むようになります。

「私は私たち」の心の箱の基底部には，「繋合希求欲求（けいごう）（その人と一緒がいい，その人と繋がっていたいという心の動き）」があります。子どもは乳児期に重要な大人の傾倒的な関与を通して，その欲求を満たすことで重要な大人への信頼感や安心感をはぐくみます。そこから，子どもは友達との繋がりや一体感，何かを一緒にすることに喜びを感じ，次第に本格的な「私は私たち」を経験します[3]。

家庭や保育や学校教育の場において，子どもは喜びたい泣きたい怒りたいと欲するところから行動したり（逆に欲求を抑えたり），一人を好むかと思えば仲間や集団を求めたりというように，〈自分の心〉の二側面をヤジロベエのように揺らせて，保護者や教師・保育者や友達などとの関係性を築きながら，自己を表現します。

（3）重要な大人（保育者や教師）の二つの働き

鯨岡は乳幼児期の子どもの〈自分の心〉の育ちの鍵を握るのは，重要な大人の「養護の働き」と「教育の働き」であるとしています（図3）。「養護の働き」とは，子どもの「思いを受け止める」「存在を認める」「存在を喜ぶ」「意図を支える」という働きであり，子どもの身になることです。「教育の働き」とは，子どもが大人に「なる」ことに向かう気持ちを見定めて，大人が何らかの願わしい活動に「誘う」「導く」「促す」「教える」，あるいは好ましくない活動を「制止する」という

働きです[4]。

子どもの〈自分の心〉の内の「私は私」の心が充実していくためには，「私は私たち」の心の中核にある重要な大人への根源的信頼感や安心感が必要です。そこから「私は私」の中核にある自己肯定感の根が生まれ，意欲が生まれます。

ただし大人の「養護の働き」と「教育の働き」という二側面は，「子どもの身になって見る」と「大人の立場を踏まえる」というように両立困難な性格をもち，絶えず揺れているヤジロベエのような関係で成り立つという認識が必要です。

（4）図画工作科における教師の二つの働き

「養護の働き」と「教育の働き」について，小学校図画工作科での教師の働きとしては，どのように捉えればよいでしょうか？図画工作科の指導法というと，材料や用具の正しい扱い方や効率の良い授業の進め方，授業時間内の作品の完成に目が行きがちです。しかし，それでは不十分です。教師が図画工作科の授業を設定・実践・評価する場合を想定して，教師の働きを整理してみます。まず「教育の働き」が大人の目になる性格を有することから「T型（教師：teacherの意味）の働き」，次に「養護の働き」が子どもの目になる性格を有することから「C型（子ども：childの意味）の働き」と仮定すると，教師の働きは以下の内容となります。

○教師の「T型の働き」
・学校目標，教科目標，学年目標の設定
・年次計画，年間指導計画，学期・月・週ごとの指導計画，題材ごとの指導計画の作成
・授業実践，指導（教える，導く，誘うなど）
・題材ごとの評価，学期・学年末の評定

○教師の「Ｃ型の働き」
・子ども一人一人の育ちの把握や関心・意欲・態度への支援（受け止め，認め，支えるなど）
・子ども一人一人の創造的な思考・判断，発想・構想への支援
・子ども一人一人の表現方法や材料・用具の扱いなどの技能への支援
・子ども一人一人が作品や身の回りのものなどのよさや美しさを感じ取ることへの支援

「机間巡視」という言葉があります。教師は授業において児童の座席を順次巡回します。「机間巡視」を通し，教師は学習指導・援助や学習状況の観察などを行います。その際，「Ｃ型の働き」が特に重要です。なぜならば，教師が子どもの身の中に潜り込むつもりとなって，子ども一人一人の身（目）にならなければ，子ども個々の発想・構想や技能，つくる喜びやつまずきなどが理解できないからです。

「机間巡視」における「Ｃ型の働き」が，もう一方の「Ｔ型の働き」に作用し，教師が自らの授業方法や題材設定などの工夫・検討，子ども個々の実態を把握した評価へとつながります。そもそも「Ｔ型の働き」が無いと，授業における子どもの実態を把握する視点があいまいとなり，「Ｃ型の働き」はうまく機能しません。

教師は学習活動の際，「Ｔ型の働き」と「Ｃ型の働き」を意識してバランスをとることが重要です。

子どもたちは，図画工作科の授業で様々な題材経験を通し，人生で初めての材料・用具に出会ったり，自分なりの発想・構想を生み出したり，それを実現するための方法・技を納得するまで試したり，というように子どもが一日一日の今を生きている姿があります。私たち大人は，「児童・生徒」と一括りにしてしまいがちですが，子どもは「○○さんという名前と〈自分の心〉がある一人の人間」であるという認識が必要です。

（5）造形表現における子どもと大人の相互作用

造形表現活動における子どもと大人（保育者や教師）の相互作用・相互行為について，「Ｔ型の働き（文中の二重線〔__〕箇所）」と「Ｃ型の働き（文中の波線〔__〕箇所）」も取り上げながら，事例をみていきましょう。

① ジョイントマットで造形表現する子ども

この事例（図4・5）は，ジョイントマットの特性（形・色・感触など）に親しみながら，平面的・立体的につないで，操作することや構成することなどを楽しむＡ児（4歳）と保育者Ｘとの事例です。活動当初，Ａ児は「マットを5枚使う」と言い，平面的にマットを2列につなぎます。保育者Ｘが「マットをもっと使ってもいいよ」とＡ児に言うと，徐々に使用するマットの量を増やし，「立方体」をつくります。

やがてＡ児は「立方体」の壁を高くして，「直方体」とします。保育者Ｘは，Ａ児に「この（直方体）の中に入れるかも」と提案すると，Ａ児は興味・関心を示します。保育者Ｘに抱えてもらいＡ児は「直方体」の中に入り，それを壊しながら出てくることを繰り返します。次にＡ児は，展開図のように平面的にマットをつないだ後，「直方体」として組み立てる方法を発見します（図4）。その後，Ａ児は「蓋つきの直方体」をつくり，保育者ＸがＡ児を抱えて，その中に入って隠れます（図5）。隠れたＡ児を保育者Ｘが探し，Ａ児が飛び出して保育者Ｘを驚かせる遊びがはじまります。

このＡ児の表現行為は，保育者Ｘとの応答的なやりとりで成立しています。保育者ＸがＡ児を活動に誘ったりマットをつなぐ方法を教えたりする行為は，「Ｔ型の働き」です（文中の二重線〔__〕箇所）。それと共に保育者Ｘは，Ａ児の思いを受

図4　ジョイントマットによる構成

図5　直方体の中に隠れて楽しむ

第5章　創造活動の中の子ども研究 | 153

け止めたり意図を支えたりする「C型の働き」もしています。「C型の働き」は，以下の保育者Xの振り返り（省察）から読み取ることが出来ます（文中の波線〔 〕箇所）。「A児は3歳児の頃，身の周りのものに興味・関心を示して活発に活動する反面，思い通りにならなかったり状況が突然変更したりするとパニックになる姿がありました。今回A児は，思い通りに進まなくてもパニックにならず，物事に取り組む姿に驚きました。また展開図的にマットをつないで直方体をつくるという工夫をしている姿にも驚きました。私と共に工夫をしながら，様々な遊びを発想するA児の姿に成長を感じました。」

この事例は，保育者Xが「T型の働き」と「C型の働き」のバランスを意識して子どもにかかわり，活動後に省察をしていることに注目する必要があります。幼児期の子どもの成長や造形表現は，保育者の考えを一方的に示すのではなく，子どもとの応答的なやりとりで成立します。

② 紙製パイプで造形表現する子ども

この事例（図6・7）は，たくさんの紙製パイプとジョイントパーツの特性（形・色・感触など）に親しみつつ，平面的・立体的につないで，操作することや構成することなどを楽しむ子どもたち（4歳）と保育者Yとの事例です。子どもたちは，パイプの特性や機能に親しみながら，パイプをつなぎつづけて，できた形から「傘だ！」「家だ！」と発想しつづけます（図6）。

この子どもたちの表現行為は，保育者Yとの応答的なやりとりで成立しています。はじめ保育者Yは子どもたちの目の前でパイプをつなぎ，「I・L字」などの形をつくってみせたり，「家をつくろう」と言って「直方体」をつくったりします。

この保育者Yが子どもたちを活動に誘ったりパイプをつなぐ方法を教えたりする行為は，「T型の働き」（文中の二重線〔 〕箇所）です。それとともに保育者Yは，子どもたちの思いを受け止めたり意図を支えたりする「C型の働き」もしています（文中の波線〔 〕箇所）。子どもたちは，保育者Yの「家をつくろうか。」という発言に興

図6　紙パイプによる構成

図7　大工さんのつもりでパイプをつなぐ

味・関心を示したものの，「パイプをつなぐ」「できた形から発想する」ことを楽しんでいると保育者Yは感じます。そのため保育者Yは，「家づくり」に固執せずに，子どもの興味・関心に応じて「パイプをつなぐ」行為に親しむことができるように場所や方法を教えます。

その保育者Yの働きにより，子どもたちは自分のペースで，パイプをつなぎやすい方向（縦や横）や体の姿勢（立つ，座る）を試しながら，「パイプをつなぐ」行為を楽しみます（図7）。やがて子どもたちは，パイプを「金槌」のように用いて，他のパイプを叩きながらつなぐ方法を発見します。子どもたちは「大工さん」のつもりとなって，「トントントン」という音を出すことを楽しみます。

この事例では，保育者Yの「家をつくる」という提案が実現される流れのようですが，子どもと保育者Yとの応答的なやりとりのなかで成立して

います。子どもたちが，好奇心や探究心を働かせ，その場の学び・表現を次々と生み出し，保育者Yがそれを察知して支えたり提案したりし，保育者Yが自らの提案に無理があったら立ち止まり，子どもは保育者Yの提案に対して自らの興味・関心に応じてそれを受け止め，子どもの学び・表現がさらに生まれるという応答的なやりとりに注目する必要があります。

（6）子どもの学び・表現と教師・保育者の省察

　図画工作科の授業や造形表現活動における子どもの学び・表現は，環境（ヒト，モノ，コト）との相互作用・相互行為によって成り立ちます。特に教師や保育者や友達という人的環境による相互作用・相互行為は重要です。さらに教師や保育者の働きは「T型の働き」と「C型の働き」があります。

　事例の保育者X・Yの「T型の働き」として，発想の仕方や材料の活用方法などを教えたり導いたりしていました。「C型の働き」として，子どもの思いを受け止めて認めたり喜んだり，意図を支えたりする支援をしていました。

　教師や保育者は，「T型の働き」と「C型の働き」のバランスをとることを意識して，図画工作科の授業や造形表現の場で子どもにかかわることが大切です。図画工作科の授業や造形表現活動においては教師や保育者の働きは，題材を設定し実践して終りと見られがちです。授業（造形表現活動）や題材の価値や成否を考える場合，教師や保育者と子どもとの応答的なやりとりや環境（ヒト，モノ，コト）との相互作用・相互行為の視点から実践を省察することが大切です。

　教師や保育者の省察が，授業（造形表現活動）方法や題材設定などの工夫・検討，子ども個々の実態を把握した評価へとつながります。

実践協力
　富田林市立錦郡幼稚園（大阪府）

注
1）文部科学省（2008）『幼稚園教育要領解説』フレーベル館，p.168

2）同上，「保育所保育指針」，p.276
3）鯨岡峻（2013）『子どもの心の育ちをエピソードで描く──自己肯定感を育てる保育のために』ミネルヴァ書房，pp.29-31
4）同上，pp.52-53

（村田　透）

第6章　感性教育の理論的基盤

Points　日本のアート教育の成立過程，世界のアート教育の成立過程，アメリカの美術教育の現状
（注）－本章では，美術や感性・創造性の教育の総称をアート教育とし，教科性の強い教育を美術科教育としている。

1．日本のアート教育の成立過程

（1）日本のアート教育の成立過程

お手本をそっくりに描き写す教育を臨画教育と言います。日本は明治時代に，学制（1872）の導入で義務教育がスタートしますが，その時の最初の図画教育が臨画教育でした。高度な作図や立体的に表示する透視図法が使えるようになる描写能力の向上をねらったもので，実用主義的な図画工作科教育でした。教科のとらえ方がこの立場だったので，小さい子どもの教育というよりは，年齢の高い子どもが身につけるべき資質・能力という位置づけでした。当時は西洋模倣の欧化主義の風潮であり，そのため西洋画のデッサンや作図法を学んでいました。最初の西洋画を根拠としたお手本的教科書を西画指南といいます。画法を習得するのに「正確に写すこと」が学びの主たる活動でした。ゴッホが日本の絵を臨画していたことで知られていますが，表現を形式と捉え技能の模倣を主とする模写教育は，それほど不思議な教育ではなく造形教育の第一歩でした。

前述の欧化主義の中では，日本文化が否定され仏像美術が徹底して破壊される廃仏毀釈や文化財の海外流失が起こり，日本の美術文化は風前の灯火となりました。そこに登場したのが岡倉覚三（天心）です。フェノロサとともに日本文化の保護に努めました。英語が堪能で，『茶の本』は英語で出版され広く英語圏の人々に日本の禅や美の精神を伝えました。東京美術学校（現東京藝術大学）の初代校長も務めています。日本の文化を学ぶことの大切さが認識され，この時期，墨を使ったお手本「毛筆画帳」が登場します（図1）。当時の学校は，鉛筆画帳と毛筆画帳の2つから学校が選択して教育していました。どちらが教育的かという議論が盛んになされましたが，この2つの教科書を一本化した集大成の教科書『新定画帖』が登場します。小山正太郎・白浜徴，阿部七五三吉（手工・図画・作業科）などが優れた教科書や指導書を執筆しました。このように教科書は，徐々に改善されていきましたが，子ども不在の教科内容の注入主義教育であることには変わりの無いことでした。

（2）子ども観と創造教育の成立

大正時代，世界的にデモクラシーの気運が高まり，お手本の真似でなく，子ども自身の目で見て描くことの大切さを訴えたのが，画家山本鼎（図2）の自由画教育運動でした。野外での風景画などを行い子ども自身の目で描くことを重視しました。「美術教育とは，愛を以て創造を処理する教だ。」（p.11）が著名で，「従来のような押し込む教育ではなくて引き出す教育だ。」（p.15），「模写を成績としないで創造を成績とする」（p.16）と主張しました。クレヨンやパスが使われるようになってきました。クレパス（商標）は山本鼎の熱意に感じてこの時期開発されたものです。青木実三郎は，島根県の小学校の先生でしたが，芦田恵之介の綴り方教育（自由作文）に感銘を受け，全人教育を目指した子どもの考案画を推進しました。中西良男は，自由画教育もお手本の模写から自然の模写にうつっただけの

図2　山本　鼎
山形寛（1967）『日本美術教育史』，黎明書房，p.493（1982, 復刊第1刷）

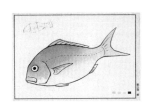

図1　毛筆画帳の事例

ようにとれるとし，子ども自身が構成して絵を描く想画教育を提唱しました。川喜田煉七郎と武井勝雄は，ドイツのバウハウスで学び『構成教育体系』で日本にモダン概念を導入しました。霜田静志は，心理・発達的な概念とニイルの教育を紹介しました。

　また，自由・創造・全人性を尊ぶ八大教育主張(1921) が提案されました（山形 1967, p.473, 括弧内筆者補足）。樋口長市の「自学教育論」，河野清丸の「自動教育」（モンテソリー教育），手塚岸衛の「自由教育論」（自由ヶ丘学園を創設，後に小学校と幼稚園がトモエ学園になる），千葉命吉の「一切衝動皆満足論」（子どもの独創性，『創造教育の理論及実際』），稲毛金七（詛風）の「創造教育論」，及川平治の「動的教育論」（デューイ教育，能力別編成），小原國芳の「全人教育論」（後の玉川大学・玉川学園の創始者），片上伸の「文芸教育論」（ロシア文学者，ロシアで山本鼎に出会い自由画教育論に共鳴）でした。全人教育の概念が広まりました。司会などで有名な黒柳徹子氏は，幼少期「問題児」とされ尋常小学校を1年生で退学させられました。行き場のない氏をいらっしゃいと迎えてくれたのがトモエ学園でした。

　工作教育は，手工教育と呼ばれていて別の教科でした。後藤牧太，上原六四郎，手島精一，岡山秀吉らが尽力しました。スロイドなど一般教育をめざす考えや，科学・技術教育の側面もありました。

参考文献

山形寛（1967）『日本美術教育史』，黎明書房

山本鼎（1982）『自由畫教育』，黎明書房（復刻版）

中村亨（1979）『日本美術教育の変遷—教科書・文献による体系』，日本文教出版株式会社，pp.205-218

区分	年代	教育思想・制度・社会	美術教育（図画）の流れ	教科書の編纂形式		美術教育（手工・工作）の流れ
				美術教育関係教科書	一般	
第一期 近代教育制度の創始	1872 明5	・「学制」頒布	**西洋模倣・鉛筆臨画教育時代**	**無検定自由採択時代**		
		・西南戦争（1877） ・「学制」廃止，「教育令」を公布（1879） ・「改正教育令」（1880）	・学制上等小学に「幾何学罫画大意」，地方の実情に応じて加える学科「画学」，下等中学校「画学」，上等中学「罫画」（1872）設置	・当初，翻訳教科書が多い 『西画指南』，『画学書』 ・高橋由一図画教科書を著す。 ・浅井忠『習画帖（1882）』『小学習画帖（1885）』に貢献	無検定自由採択時代	
	1881 明14	・小学校教則綱領公布 ・中学校教則綱領公布	・小学校教則綱領で小学校の中等科・高等科に初めて「図画」を設置，「罫画」「画学」がなくなる。中学校も「図画」となる。			
	1885 明18		・文部省に図画取調掛設置，画家岡倉覚三，フェノロサ就任（1885）			
第二期 近代教育制度の確立と整備	1886 明19	・小学校令，中学校令，帝国大学令，師範学校令を公布（1886） ・教科用図書検定条例（1886）教科書検定制度確立	**国粋保存・毛筆画臨画教育時代** ・尋常小学校に図画が加設科目，高等小学校で必修科目，尋常中学校では，図画必修（1886）	**検定教科書時代**		**手工教育創設時代** ・初めて高等小学校の加設科目として手工を設置（1886）
	1889 明22	・大日本帝国憲法制定，帝国議会開催	・岡倉覚三，フェノロサ欧州美術教育調査（1886）		検定教科書時代	・尋常師範学校（男子）に手工を課する（1888）尋常小学校で加設科目となる（1890）
	1890 明23	・「教育に関する勅語（教育勅語）」（絶対基準性）	・東京美術学校創設（1887）			・ほとんど実施されず，上原六四朗を講師に手工講習会実地
	1898 明31	・日清戦争（1894-95）				・後藤牧太・野尻精一スウェーデンのネース手工師範学校から帰国，教育的手工を導入（1890）

期	年	事項	時代区分	教科書	手工科
	1899 明32 1910 明43 1916 大5	• 中学校令改訂（1899） • 小学校令改訂（1900） • 教科書疑獄事件発生（1902）， • **小学校教科書の国定制度（1903）** • 日露戦争（1904-05） • 小学校令の改正，義務教育が6年（1907） • 集大成の教科書『新定画帖』の登場（鉛筆画毛筆画の一本化編纂）（1910）：約20余年使用 新定画帖編纂：小山正太郎，白浜徴，阿部七五三吉，高等鉛筆画帖画：小山正太郎，高等小学毛筆画帖：白浜徴 • 白浜徴『図画教授之理論及実際』（1911） • 阿部七五三吉『実験図画教授法』（1911）	**毛筆・鉛筆画優劣論争時代** • 文部省「普通教育に於ける図画調査委員会」設置，欧米調査（1902）	**国定教科書時代** 尋常高等小学校毛筆画手本｜高等尋常小学校鉛筆画手本｜国定1期教科書 尋常高等小学校毛筆画帖｜高等尋常小学校新定画帖の登場｜高等尋常小学校鉛筆画帖｜国定2期教科書	**手工科加設増減時代** • 小学校令改正で図画・唱歌と同様の扱い（1900） • 師範学校での手工科廃止決定（1901），存続運動起こる。 • 手工科が一般陶冶か職業陶冶かの論議盛んになる • 手工科加設校急増（1906） • 岡山秀吉（1865-1933）『小学校に於ける手工教授の理論及実際』（1908） • 加設する学校数減少（大正時代初期）
第三期 教育制度の拡充	1917 大6 1936 昭11	• 自由教育思想（児童中心，創造主義，個性主義） • 鈴木三重吉，雑誌「赤い鳥」創刊（1918） • 八大教育主張（1921） • 合科教授，総合教授	**大正デモクラシー・図画教育論多様化時代** • 山本鼎（1882-1946）自由画教育運動（1918-28），『自由画教育』（1921）臨画否定．新定画帖にとらわれない教育 • 霜田静志『新教育に立脚せる図画手工指導の実際』（1926）図画手工統合論 • 木下竹次『図画手工の渾一的学習論』，分科か総合かの議論（1928） • 岸田劉生の図画工作教育徳育論『図画教育論』（1925） • 中西良男『想画による子供の教育』（1932） • 大竹拙三『形象図画教育の新機構』（1933） • 川喜田煉七郎・武井勝雄『構成教育体系』（1934）ドイツバウハウス紹介 • 青木実三郎『農山村図画教育の確立』（1936）	中学校は検定制度 新定画帳の権威失墜の傾向 私的な教科書編纂の動き 新しい教科書を求める声増大 尋常小学図画 昭7｜高等小学図画 昭10｜国定3期教科書・国定4期教科書 国定教科書時代	**手工・工作科必修化時代** • 改正小学校令で高等小学校の実業科目に工業が加えられ，高等小学校で完全必修化される。普通科としての位置づけ深まる（1926）
第四期 戦時下の教育	1937 昭12 1945 昭20	• 国民学校令，国民学校発足小学校を国民学校と改称（1941） • 太平洋戦争勃発（1941-45）	**国家主義・軍国主義の図画教育時代**	エノホン｜初等科図画｜初等科工作｜高等科図画｜高等科工作｜国定5期教科書	• 国民学校令で，芸能科工作となり初等科でも必修となる，「手工」の名称が「工作」となる（1941）

（村田利裕）

2．世界のアート教育の成立過程

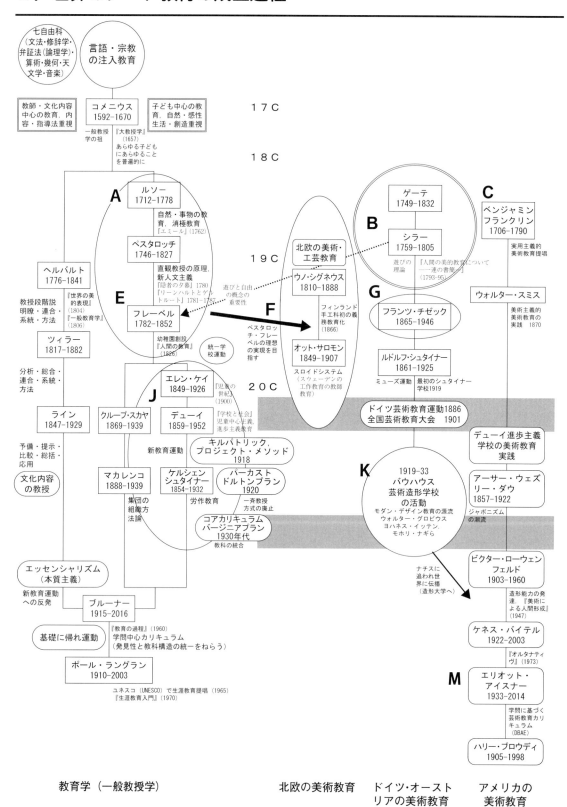

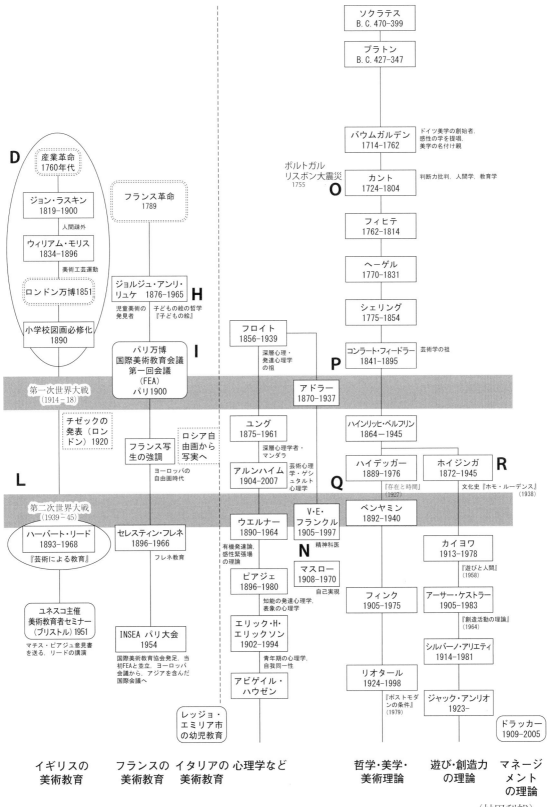

3．世界のアート教育　－歴史から学べること－

Points　事物の先生，遊びの理論，創造的自己活動，子どもが表現する権利，イメージ論
　　　　　教科カリキュラム，コア・カリキュラム

（1）子どもの学びと事物の先生

　粘土を一生懸命練っている子どもを見ていると事物が先生となり，子どもは興味津々で学んでいると感じます。生活科や理科で，植物の成長や磁石の不思議な力・太陽の運行などに興味が広がっていく姿も同一で，事物の先生は，子どもに素晴らしい影響を与えます。自然・人間・事物の3種類の先生によって教育されるとしたのが18世紀のルソーでした（**前頁図A**）。全てを一人の先生（ソロ・ティーチャー）で指導する時代から，協働できる先生（コラボレーション・ティーチャー）像へと指導者の在り方の多様化が進んでいますが，小学校の先生には，地域の材料や文化財など，事物の先生との協働意識が不可欠といえるでしょう（ルソー（2016）『エミール（上）』，岩波書店，p.29）。

（2）遊びと創造力

　人間活動で遊びの重要性を訴えたのはシラーです（**前頁図B**）。遊びが人間発達上大きな意義があることを見出したのはフレーベルでした（**前頁図E**）。彼は，直観教育といわれる子ども自身の感覚や知覚などから生じる感受性や主体性を重視し，人間の本質を創造的自己活動におきました。幼稚園を創始し，子どもが自由にイメージし組み合わせ発展させる恩物（遊具）を考案しました（1838）。第1～10恩物には，積み木，色板，木の棒，環（わっか），第11～20恩物には，穴あけ，描く，組む・織る，紙を折る，砂遊び，粘土遊びなどの工作が盛り込まれ，並べたり・積んだりするなど造形遊びの概念で，幼保との接続が見えています（荘司雅子（1984）『フレーベル研究』，玉川大学出版部）。

（3）子どもの発見と「学び〈表現・鑑賞〉の権利・平等」－子ども不在の教育の克服－

　子ども不在の教育は過去にも，現在にも存在します。ルソーは，エミールの序で子どもは小さな大人ではないと主張し子どもの発見者と言われました。デューイの『学校と社会』（1899）には工作室が紹介されていますが，次のような変革の必要性が提言されました（**前頁図J**）。

「いまやわれわれの教育に到来しつつある変革は，重力の中心の移動である。それはコペルニクスによって天体の中心が地球から太陽に移されたときと同様の変革であり革命である。このたびは子どもが太陽となり，その周囲を教育の諸々のいとなみが回転する。子どもが中心であり，この中心のまわりに諸々のいとなみが組織される。」（宮原誠一訳（1957）『学校と社会』，岩波書店，p.45）

　上記の児童中心主義にはキルパトリックのプロジェクトメソッドがあります。子どもが，目標－計画－実施－評価の全過程を実施する学習です。

　子どもの絵から，その表現のすばらしさを初めて見だしたのは，オーストリアのチゼックでした（**前図G**）。ロンドンやパリで展示され大きな反響をよびました。「子どもたち自身によって成長させ発展させ，成熟させよ」が著名な言です（久保貞治郎・深田尚彦訳（1976）『チゼックの美術教育』，黎明書房，pp.17-18）。フランスの哲学者リュケは，子どもの絵の分析をしました。知的写実性という視覚的写実性との対極概念を用い，視覚が心的なリアリティに基づいたイメージを媒介とする行為であることを示しました。

（4）学力づくりの思想の激突　－教科カリキュラム対 合科・総合・コア・カリキュラム（前頁図M）－

　フィンランドは，工作教育を含みながら依然高い学力の成長を実現しています。フィンランド教育は，ドラマや表現を活用した合科・総合・コア・カリキュラム等に特色があります。国情の違いもありますがアメリカの教育は，言語教育や科学教育などの要請から教科の系統性を基盤としています。この学問中心カリキュラムは，美術教育では，DBAEと呼ばれます。美術批評など芸術独特の思考方法や，美術を構成要素に分けて教えようとします。1980年代以後，階段を昇るように教えるリテラシーの系統主義は，厳格主義に陥る傾向にもあり，この代表的な2つのアプローチは，現在真正面から激突しているといえるでしょう。

（村田利裕）

4．アメリカの小学校教育の動向

Points　DBAE，視覚芸術スタンダード，シカゴ大学実験学校，美的リテラシー

　アメリカでは，小学校における図画工作科の教育的価値に関する議論は，19世紀後半から始まり20世紀を経てカリキュラム論が整備されてきました。本章では，今日のアメリカの図画工作科の在り方に大きな影響を及ぼしたDBAEや視覚芸術スタンダードによる美術教育改革運動を取り上げるとともに，実際にはどのような図画工作科の学習が行われているかを，シカゴ大学実験学校の事例から学びます。

（1）DBAEによる美術教育改革運動

① DBAEの趣旨

　民主主義を基盤とするアメリカでは，学校教育の一環としてすべての子どもが受けるべき図画工作・美術科は，市民による民間教育運動を通して確立されてきました。そのような教育運動の一つに，1980年代を中心として全米規模で広がった「ディシプリンに基づく美術教育」（Discipline-Based Art Education），通称DBAEがあります。その歴史的意義は，美学，美術批評，美術史，美術制作の4つの学問領域に本質的な内容と方法を子どもの学習経験に反映させたカリキュラムの開発を促したことです。DBAEは，石油王ゲティにより設立されたゲティ・センターの財政的支援もあって，多くの研究を促し，世界的な影響を及ぼしました。

　わが国においても，DBAEに関する研究は1980年代に盛んに行われ，図画工作・美術科の鑑賞領域の拡大をもたらしました。DBAEの教育運動は，従来の美術教育では，教科の内容と方法の体系化が不十分であり，学校における美術教育の低迷と周辺化をもたらしたという反省に立って進められています。

　DBAEでは，理科や数学などの教科と同様に，学問に依拠することを学校教育における図画工作・美術科の存在根拠とし，以下の趣旨のもとで，美術教育の地位向上を目指しました。

　1．美術の能力の発達は，理科や数学などの教科と同様，適切な指導を必要とします。

　2．学校における美術教育は，大学等で行われる専門教育への継続性を考慮する必要があります。

　3．学習内容は，専門領域である美学，美術批評，美術史，美術制作から引き出されること，そして，これらの専門領域と子どもの美術活動との連続性を図る必要があります。

　4．学習対象となる美術は，子どもの視野を広げるために，地域の文化資源，他教科などとの関連を考慮し，古代から現代にわたる多様な文化から，純粋芸術，応用芸術，民芸など，様々なジャンルにより選定されます。

　5．学習指導は，連続的かつ累積的に組織立てられ，発達段階を踏まえた継続性を持ち，明文化された開かれたカリキュラムが作成されます。

　6．子どもにとって意味のある美術理解を目的として，学習内容は，美術作品を中心に，美学，美術批評，美術史，美術制作から引き出された学習内容が美術作品を核として構成されます。

　7．学習内容の領域に関しては，美学，美術批評，美術史，美術制作のバランスが図られます。

　8．カリキュラムは，学習内容，学習者の特性，社会のニーズの3項目を考慮して編成され，心理的発達のみでなく美術理解に関して評価が行われます。

　9．教師は，学習者の実態と地域のニーズに適したカリキュラムを作成，実施，評価する主体者です。

　10．カリキュラム・マネジメントの面では，学習者の到達度とカリキュラムの有効性は適切な評価と手続きによって確認されます。

② DBAEのカリキュラム開発研究

　以上のような趣旨によるDBAEは，1960年代から1970年代を通して実施された数々の美術教育のカリキュラム開発研究を背景として展開されて

第6章　感性教育の理論的基盤｜**163**

います。代表的なものには，スタンフォード大学のエリオット・アイスナー（Elliot W. Eisner）が指揮したケッタリング・プロジェクトや，イリノイ大学のハリー・ブロウディ（Harry S. Broudy）の美的教育論の実践化を目指した美的知覚プロジェクトがあります。

ケッタリング・プロジェクトでは，美術の深い学びは，成長に伴って自然に生じるものではなく，適切な指導が必要であると捉えられ，美術制作，美術批評，美術史の3領域を学習領域に定めた小学校用の美術教育カリキュラムが開発されています。プロジェクトの画期的な点は，ある文脈で学んだことを新しい別の文脈でもうまく応用することを意味する「学習の転移」を念頭に置いた学習指導の在り方が提案されたことです。学習の転移は，学問領域に本質的な概念や原理の深い理解によって促進されることが学習科学の研究で示されています。これを踏まえてプロジェクトでは，図1に示すように（アイスナー1986 p.209），美術制作，美術批評，美術史の各領域に本質的な概念や原理を軸にして学習者の理解が高度化・複雑化していく段階的な学習の構造が考案されます。概念に関して例を挙げると，美術批評では，線，色，構成，美術史では，歴史，美術制作では，絵画や彫刻などの表現方法が示され，原理に関して，美術批評では「絵を描くときは，少数または多数の色が用いられる」，美術史では「あらゆる文化の全時代において世界中の人々が美術作品を制作している」，美術制作では，テンペラなどの描画材が示されています。

色を概念とする構造化された学習では，原理について，「学課（Lesson）1．絵を描くときは，少数または多数の色が用いられる」，「学課2．色は，原色と二次色に区別される」，「学課3．色は，色相，明度，彩度の点から区別される」，「学課4．色は，暖かさや冷たさ，幸福や悲しみのような感情を伝達したり表現したりすることに用いられる」のように，単純な原理から複雑な原理に向かう学課が順序付けて配列され，前に獲得した技能や能力を新しい文脈で応用する機会が学習者に与えられることで，学習を深めることが目指されて

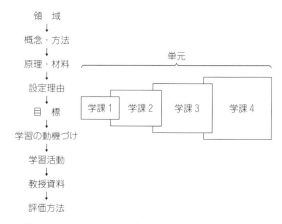

図1 ケッタリング・プロジェクトのカリキュラム構造

います。

美的知覚プロジェクトでは，感情の啓発を目的とするブロウディの美的教育論に基づいた美術鑑賞のカリキュラムと指導法の開発が行われています。今日においてもプロジェクトの意義ある成果として，価値イメージを読み解く知覚能力である美的リテラシーが，発達段階に応じて組織立てられた学習を通して向上することを，幼稚園から高等学校までの教室での実践を通して実証したことです。

プロジェクトでは，「美的走査法（Aethetic Scanning）」という美術鑑賞の新しい手法が開発されています。この方法は，従来の知識中心の鑑賞とは異なり，表現と鑑賞の両領域の基盤となる知覚能力を高めることを主眼とし，作品のイメージを構成する「感覚的特質」，「形態的特質」，「表現的特質」，「技術的特質」などに着目して行われる作品との対話を特徴とします。感覚的特質とは，造形要素である形，線，色，質感，光などを指し，太いや細いなどの線の特質の違いや，明るい色や鈍い色の違いによってどのような効果が生み出されているのかを感じ取ることが求められます。形態的特質とは，造形要素による構成の特徴を指し，例えば，「作品のそれぞれの部分は主題を効果的に表現するために，どのような役割を果たしていますか」などの問いを中心に構成的特徴を捉えることを意味しています。表現的特質とは，作品から感じられるイメージの性質を指し，暗い感じや賑やかな感じなどの気分的な性質を表すもの，勇

気や知恵など概念の性質を表すものが含まれます。さらに，制作方法や材料の特徴など技術的特質に着目して作家の創造をたどりながら，作品が表すイメージとの対話を深めていくことが期待されています。

以上のような美的走査法に加えて，高次の学習段階では，美術史などの専門的知識を必要とする「美的批評（Aethetic Criticism）」を行うことで美的リテラシーを高めることが提案されています。美的批評は，流派，時代，様式，文化の点から，歴史的文脈に照らし合わせて作品の固有性と表現意図について批評する活動である「歴史的批評（Historical Criticism）」，作品の主題と自己とを関連付けることを通して新しい価値を見出していく「再生的批評（Recreative Criticism）」，美術作品の優秀性を造形形態と価値表現の両面から批評していく「判断的批評（Judical Criticism）」から構成されています。以上のようなプロジェクトで開発された手法は，DBAE の普及を通して今日のアメリカの小学校で広く活用されています。

（2）NAEA の視覚芸術スタンダードによる教育改革の動向

① 教育理念の転換

アメリカでは，1980年代に教育の深刻な低迷を示した『危機に立つ国家』（1983年）という報告書が全米教育審議会から出されました。連邦制をとっているアメリカでは，それぞれの州や地域で独自の教育が実施されてきましたが，この報告書が出されて以来，行政の支援のもとで，ナショナル・スタンダードの開発による教育改革が進められることになりました。教育改革を推進する代表的な教育法令である「ゴールズ2000：アメリカ教育法令」（1993年）には，国語，数学，理科，歴史・地理などと並んで，美術や音楽などの芸術教科についても，一定の学力水準に達した上で学校教育を修了する必要があることが示されています。この教育法令は，学術研究団体である全米美術教育学会（National Art Education Association）の主導による，幼稚園から高等学校までの間で「児童・生徒は何を知るべきであり，何ができなければならないか」を明記した1994年版の視覚芸術スタンダードの開発を促しました。このスタンダードは，「ゴールズ2000」の基本的な趣旨を継承した「落ちこぼれ防止法」（2001年）を踏まえて，改訂されています。

2014年版の視覚芸術スタンダードでは，学校で行われる美術教育の目標として「芸術的リテラシー」の育成が示されています。芸術的リテラシーとは，「芸術にかかわる事象を自在に読んだり活用したり探求したりするための基礎的な能力」のことを指します。国語の言葉と同じように，美術も言語の一つとして，人間形成に不可欠なコミュニケーションツールであることが強調されています。

1994年版の視覚芸術スタンダードでは，DBAEの強い影響のもと，美学，美術史，美術批評，美術制作に関する幅広い知識・技能の習得に主眼が置かれましたが，2014年版の視覚芸術スタンダードでは，学習内容の領域が「創造する」「応答する」「発表する」「結び付ける」の４領域に大きく括られました。知識・技能の量よりも，学んだことを新しい文脈においても創造的に活用できる力の育成が強調されています。「創造する」の領域は，わが国の図画工作科の「表現」，「応答する」の領域は「鑑賞」にあたりますが，わが国にはない「発表する」の領域は，展示会の企画・運営などを通して，実社会における美術の役割を理解することを主な内容としています。これは，図画工作科において，社会とのつながりをさらに深め，子どもに企画させる活動をもっと重要視すべきことを示唆しています。また，「結び付ける」の領域に関しては，「芸術創作のために，知識と個人の経験を総合し関連付けること」並びに「芸術思想や芸術作品を社会，文化，歴史の文脈と関連付けて理解を深めること」の２つが示され，子どもが自分にとっての美術の意味を見出せる力や，社会，文化，歴史の各側面から総合的に美術の理解を深められる力の育成に重点が置かれています。

アメリカは，加速化するグローバル化や情報化など大きな変化を特徴とする21世紀の状況を踏まえ，新しいスタンダードの普及を通して，知識・技能の量的な習得ではなく，学んだ知識・技能を

うまく組み合わせて新しい状況に柔軟に対応できる力を育成する方向に向けて質的転換が進められています。そのような方向転換は，以下のようにまとめられます。

旧教育		新教育
知識伝授型	→	主体的なアクティブ・ラーニング型
教師中心	→	学習者中心
個人主義	→	協働主義
情報摂取	→	意味生成
閉ざされた学校	→	社会に開かれた学校
教科書中心	→	多様な情報源の活用
筆記テスト	→	パフォーマンス評価

② 学習指導の在り方の転換

　以上のような転換に応じて，学習指導の在り方にも変化が生じています。前述のケッタリング・プロジェクトにもみられる考え方ですが，専門領域に本質的なアイデアやプロセスを軸に学習指導やカリキュラムの構造化を図り，学習の転移を促す深い理解を獲得させる教育が推進されています。この考え方は2014年版の視覚芸術スタンダードにも適用され，スタンダードでは美術で基本とすべきアイデアやプロセスとして15項目が挙げられています。例えば，「創造する」の領域に関しては，「芸術家やデザイナーは，形態，構成，材料，コンセプト，メディア，制作方法を実験する」が示され，このアイデアにかかわる学習内容が学年ごとに発達段階を踏まえて定められています。

　また，基本とすべきアイデアやプロセスに関する深い理解は，対話による学習を前提としています。新しい視覚芸術スタンダードでは，本質的なアイデアやプロセスに関する各項目について，対話を深める問いが設定されています。例えば，上述の「芸術家やデザイナーは，形態，構成，材料，コンセプト，メディア，制作方法を実験する」に関しては，「芸術家やデザイナーはどのように制作しますか」，「芸術家やデザイナーは，作品のある特徴が効果的であるかどうかをどのように判断しますか」，「芸術家とデザイナーは試行錯誤からどのように学びますか」が示され，子どもが自分の表現活動と関連付けながら問い続けることを通して，自分にとっての意味を見出したり，自分の

可能性を広げたりすることが期待されています。

　学習の評価に関しては，標準化されたテスト形式による評価ではなく，学習で獲得された知識・技能や理解を子どもにとってリアルで関連のある文脈において活用できる力を測定することを主眼にしたルーブリックを用いたパフォーマンス評価やポートフォリオ評価などが主流となっています。学期の終わりに評定を定めることを目的とした従来の評価の在り方から，教師と子どもが評価基準を共有し，学習プロセスにおける対話を通して，教師が学習指導の修正を図ったり，子ども自身が自己の向上をモニタリングすることで学び方を修正・改善したりすることを趣旨とした形成的アセスメントによる評価への転換が進められています。そのような評価を取り入れた学習指導では，具体的な目標や評価基準に照らし合わせて，自己評価や相互評価による振り返りの活動を充実させることで，子どもに自己の学習に対する自主性や責任を持たせることが目指されています。

（3）小学校における実践事例 －シカゴ大学実験学校の美術教育－

① シカゴ大学実験学校の教育理念

　シカゴ大学実験学校は，1896年にジョン・デューイによって創設されました。歴史的に，学校での人間形成を目的とした美術教育の樹立に貢献したことで知られ，アメリカを代表する先進的な学校として，今日においても国際的な注目を集めています。保育所・幼稚園，小学校，中学校，高等学校を併せ持ち，全校の児童・生徒数は約1850人，教員数は約230人，クラスの平均児童数は約20名であり，美術は必修教科として，週に2コマ（小学校低学年では40分間／1コマ，小学校中学年以上では45分間／1コマ）が，専科教員もしくは学級担任と専科教員の共同によって教えられています。

　デューイを祖とする進歩主義教育の主な信条は今日の実験学校で受け継がれており，以下の教育理念のもとで学習開発が進められています（The University of Chicago 2014 p.7）。

　・学習とは，課業よりも子どもに焦点が当てられるべきです。学習とは小グループを通して

最も効果的に達せられる社会的プロセスです。

・学習の効果は，体験型のプロジェクトを通して生み出されるべきです。

・教育の目標は，知識の定着など学業成績の優秀性のみでなく，創造的な問題解決力でもあるべきです。

・教育は，子どもに学校のコミュニティとより大きな社会の両方に対する責任感を発達させることを伴います。

・学校の場における学習プロセスは日常生活で生じるタイプの学習と連続しているべきです。

・学問的な学習は，包括的であるべきであり，伝統的な教科のみでなく，芸術，スポーツ，多様な課外活動などの教科を含みます。

② シカゴ大学実験学校の美術教育

　美術を含む各教科などに関しては，全米規模で進められているスタンダードによる教育改革の動向を踏まえつつ，個々の教員の創造性を尊重した独自の学習指導及びカリキュラムの開発が行われています。実験学校の美術教育は，「体験と結びついた美的リテラシーの育成」，「基礎・基本を踏まえた美的自己表現の開発」，「美術による市民的資質の形成」によって特徴付けられます。デューイの時代から引き続いて，美術は，すべての子どもが習得すべき社会的価値を備えた言語であると捉えられており，形や色，構成，表現様式などを含む造形の要素や原理の内容が全学年の学習指導及びカリキュラムに組み入れられています。

　また，子どもの人格形成につながる自己表現の継続的な発展のためには，バランスの取れた感性と知性の働きとともに美術の基礎的・基本的な技能やコンセプトの理解が不可欠であると考えられており，子どもの生活から生じた疑問や興味をベースに，技能やコンセプトを深く理解させることを通して，子どもの思想や感情を育成することが目指されています。さらに，子どもを民主的な共同社会の一員へと導くことを念頭に，社会における美術の公共的な働きをテーマとした学習を通して，市民的資質の形成が図られています。

③ 実践事例から

　ここでは，2016年に小学校4年生を対象として

ジーナ・アリシア（Gina Alicea）教諭が実施した建築をテーマとする学習を取り上げて，以上のような美術教育の理念が実際の教室ではどのように実現されているのかを紹介します。学習は，シカゴ市街へのフィールド・トリップ（実地見学）による体験活動とオバマ大統領ライブラリーの立体モデル製作の活動から構成されています（Alicea 2017, pp.8-9）。図画工作科の授業は週に2時間あり，建築の学習は次のように進められています。

　第1週目の活動は，「建築とは何か」を問いに，フィールド・トリップを通してシカゴ市街の歴史的な建築を見学したり写生したりすることを中心に行われています。シカゴ建築財団にある立体地図を目の前に，大火災後のシカゴ再建に関する歴史について学び，ハロルド・ワシントン・ライブラリー，連邦プラザなどを訪問して実際の建築に触れながらペディメント，コラム，柱頭，アクロテリアなどの建築の造形要素について学んでいます。

　第2週目には，「ビクトリア様式とプレーリー様式はどこに違いがあるのか」を問いとして，2つの建築様式の比較を行っています。子どもの生活圏にあるフランク・ロイド・ライトの設計によるプレーリー様式のロビー・ハウス，ビクトリア様式の建築を対象に，ワークシートを用いて，立地環境，材料，屋根の形，窓やドアの形，装飾の点から観察や写生が行われ，それぞれの建築様式の独自性や両者の相違点などが話し合われています。

　第3・4週目には，「建築をどのように描いたらよいのか」という問いを基に，幾何学に関する算数の授業と結びつけながら描画方法が学ばれ，ロビー・ハウスの写生が行われています。

　第5週目には，「建築家は建物の設計に際してどのようなことを考えなければならないのか」を中心に学習が進められています。オバマ財団からゲスト・スピーカーを迎え，ライブラリーが機能し得る様々な可能性について話し合い，シカゴの建築家であるルイス・サリヴァン（Louis. H. Sullivan）が示した「形態は機能に従う」という原理が学ばれています。

図2　児童の作品

　第6週目には，ライブラリーの機能についてさらに話し合いを進め，併設されるミュージアム，活動ルームなどのアイデアを出し合い，立体モデルのアイデアスケッチが行われています。第7・8週目には，リサイクル材を使って，約30センチ四方の作品を仕上げ，コンセプトを建築にしていく楽しさを味わわせる活動がなされています。そして，展示会を開いてオバマ財団のスタッフによるインタビューを受け，アイデアを社会に向けて発信する活動でまとめをしています。これは，子どもにとっていろいろな人にアイデアをみてもらう開かれた機会となっています。

　以上の学習は，①子どもの体験と結びつけながら建築の専門用語やコンセプトが学ばれていること，②「形態は機能に従う」というコンセプトから引き出された見方・考え方を反映させた問いをベースに連続的かつ累積的な学習が展開されていること，③建築の社会的機能を考えたり展示会を開催したりすることで，社会と自己のアイデアとの関連を深め，市民的資質の形成が図られていることを特徴としています。

　以上のように，今日のアメリカの小学校では，生涯を通して生活の中で生きて働く美的リテラシーの育成を主眼とする学習指導に力が注がれています。

参考文献

エリオット・アイスナー著，仲瀬律久ほか訳（1986）『美術教育と子どもの知的発達』黎明書房

中村和世（2003）「H. S. ブロウディの美的教育論に関する一考察」『広島大学大学院教育学研究科紀要第一部（学習開発関連領域）』52, pp.145-153

中村和世（2015）「米国における視覚芸術教育の新しいナショナル・スタンダードの検討」『美術教育学研究』47, pp.223-230

The University of Chicago (2014) *The University of Chicago Laboratory Schools The Lower School Handbook*, The University of Chicago.

Alicea, G. (2017) "Experiential Learning through the Arts," *Theory and Research for Developing Learning Systems*, 3, pp.7-11.

（中村和世）

第 7 章　題材研究「学びのユニットB」
―表現技法・多様な体験・個性的な世界への道―

図画工作科の表現世界は多様で魅力に満ちています。子どもの造形世界は，大人の造形世界の程度を低くしただけの世界ではありません。子どもの思いに温められて，世の中にひとつしかないものが生み出されます。この表現世界は，遊び心と個性的な見方・考え方がとても大切です。題材研究をする時も，ひとつでもいいので，自分の発想や好みや自分らしさをいれて取り組んでみましょう。

ひもの FACE
帯原由佳

みんなのいえ（部分）
家族・家・学校みんなが集う場所，外に集まったところ

ワニ（針金）

みんなのいえ（小学校2年生の夏休みの工作）
たくさんの家族が住んでいる家に幼稚園と小学校があります。動物も幼稚園に通っています。簡単な小刀類は，低学年での学習です。固い厚紙を丹念に切っています。クラスの友達には，ブランコが大人気！

ゲームをつくる　上図：キャラクター集合「さぁ，出発だ！」下図：ゲーム板

木と釘との多足工作
受講生

木の連続
受講生

木とボリューム　受講生

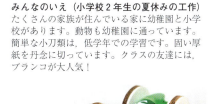

ドリームカー（プロダクトデザインへ）　受講生

ねこ　小松麗

寄せ木　受講生
基本形態の合成

寄せ木　箱　受講生
閉じた時によい音がします。

トラック　満留敦子

蒸気機関車　受講生

トピック ＊道具の紹介

○げんのう

平らな面
＊この面で釘を打っていきます。

丸い面
＊この面で、最後に釘をたたき込みます。

＊左右の面の違いは、微少なので、よく見るか、触って確かめましょう。

○胴付き（片刃）のこぎり

＊直線が切りやすい。刃の交換ができるものもあります。

○金づち

＊釘を斜めに打つなど、大きい面では打つことができないときに使います。

＊この面で釘を打ちます。

○電動糸のこぎり

上部しめ具、ノブ、テーブル、下部しめ具

A 下向き
B 返し刃

A 刃の向き＝下向きになるように取り付けます。
B 返し刃＝木工用には「返し」があるものもあり、この刃を使うと切断面を美しく仕上げることができます。

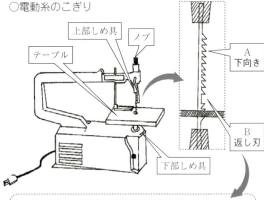

○Cクランプ

＊板と板を接着剤でくっつけるときに一時的にクランプで挟みます。
また、手で押さえて切ることが難しいとき、板を作業台に固定するときにも利用できます。

＊電動糸のこぎりの刃には種類があります。一般的にはストレートタイプの刃を使い、板の厚さなどによって刃を選びます。例えば…
・厚い刃＝厚い板、直線を切る
・刃数が多い＝切断面がきれいに仕上がる
・刃幅が小さい＝曲線を切る
刃の特性を理解し、板や表現に適した刃を選びましょう。

○両刃のこぎり

横引き
＊木目を横にして繊維を断ち切るときに使います。

縦引き
＊木目に沿って切るときに使います。

＊左右で刃の形が異なります。木目に対して、どのように切るかで、刃を使い分けます。

〈刃の取り付け方〉　＊下から固定

①下部しめ具を緩め、返し刃がテーブルの上に、1～2つ出る位置に差し込み、しめ具をしめます。
②上部しめ具を緩め、ノブを押して刃を差し込み、取り付けます。上下しめ具をしっかりしめ、刃を固定しましょう。

〈板の中を切り取りたいとき〉

①切り取る形を鉛筆で描き、切り始めのところに錐で穴を開けます（貫通）。

錐（キリ）

＊錐を使うときは、工作に使用しない板を敷きます。

②しめ具を緩めて刃を外し、貫通させた穴に糸鋸の刃を通します。刃をしっかりしめ具で留め、切り始めます。

進行方向

◎第 7 章等で紹介する作品・教材等

一版多色版画〈東京に行った思い出〉
（本文 p.186）

フィンガーペインティング
（本文 p.187）

墨による表現
（本文 p.199）

紙コップを大きく高く積む
（本文 p.191）

シャボン玉
（本文 p.193）

「みんなで引くぞ！ 大きなカブ!!」
（本文 p.205）

楽茶碗によるお茶会
（本文 p.217）

動物イラストレーション（本文 p.196）

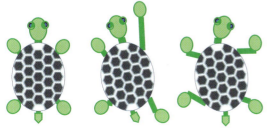
エクセルグラフィックス
（本文 p.196）
手を引っ張るだけで，腕が伸びます。
簡単にジョイントできます。

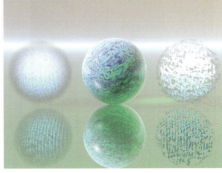
3Dグラフィックソフトで球・円柱・円錐などをプリミティブ（基本形状）とよんでいます。今後の活用が期待されます。
（村田利裕）

第 7 章 題材研究「学びのユニット B」| 171

「二人の少女」(1946年 小磯良平 作)
出典:神戸市立小磯記念美術館所蔵
(本文 p.221)

一麦寮生の作品
共生社会,インクルーシブ教育等の
教育課題の道筋に光をあてます。
(本文 p.60)

東大寺　法華堂　執金剛神立像
出典:浅井和春責任編集,浅井和春ほか(2013)
『東大寺・正倉院と興福寺』小学館, p.17
(本文 p.228)

東大寺　法華堂　執金剛神立像CG
出典:東京藝術大学大学院美術研究科文化財
保存学専攻　保存修復彫刻研究室
(本文 p.229)

色・形・感動　1．材料を編む・色を編む

Points　材料という方法の組み合わせ，生まれる造形の宇宙

（1）編むということ

　染織やテキスタイルの世界では，「織る」「編む」などの言葉はそれぞれ異なる技法を指します。「織る」は，それぞれ独立した経糸と緯糸を交差させ組織をつくること，英語では「weave（ウィーヴ）」です。これに対し，「編む」は一本の糸（紐・繊維）をループにして規則的にからめながら反復し，組織をつくることを指します。英語の「knit（ニット）」にあたります。したがって，例えば竹のかごなどは，技法上は「織る」になりますが，一般的には，「かごを編む」と言います。これは，「編む」という日本語が，通常は何かを組み合わせて全体をつくることを指すためです（文章を集めて本を編集することも「編むと」言います）。

　図画工作科の場面で「編む」ことを考える時は，もちろん後者の解釈でよいでしょう。細かい技法の定義や制約などより，材料が変化していく中に，子どもの発見や工夫がうまれることこそが大切だからです。

（2）材料と方法

　「編む」ことの基本は，紐状や帯状の材料を，一定の規則（時には不規則に）で組み合わせ，面やかたちを生み出すことです。何か実用のための造形と解釈すれば，まずは目的や主題が必要かもしれませんが，このような工芸的な技法は，一定のリズムでの材料の変化そのものが，それ自体で創造的な経験であるとも言えます。

　材料は幅広く考えられます。十分な量が入手可能か，学年に見合った活動に構成できるかなどで考えます。上記のように，材料と造形操作の組み合わせから，題材化を考えることもできます，場合によっては一般的な「編む」ことからは遠ざかるかもしれませんが，それもまた造形の楽しさであり，子どもは存分に楽しめるはずです。

　このように考えると「編む」という造形方法は，工作に限らず，絵や立体，時には造形遊びの題材にも取り入れることができるのです。

（3）「編む」造形

① 紙バンドなど（帯状のもの）を編む

　紙バンドは，ある程度の弾力と硬さをもち，バスケットなどに適しています。裂くことで幅を変えるのも効果的です。規則的で高度な構成も可能ですが，図2のように，不規則にその場で考えながら編んでいくのも面白いものです。

② カラーワイヤーなど（線材）を編む

　様々な線材は個性的な材料になります。中でもカラフルなビニールでコートされたワイヤーは，

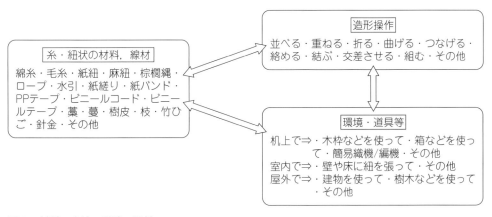

図1　材料・方法・環境の関係

図2　紙バンドで編む

図3　カラーワイヤーでかごを編む

図4　描いて切って編む

図5　描いて切って編む

曲げやすいので，比較的編みやすいものです。図3の小さなかごは，小学校中学年の児童が，籐かごを見ながら自分で編み方を工夫して編んだものです。再現と創造が混在した造形です。

③　色を編む

「編む」材料は，あらかじめ用意された紐状や帯状のものだけとは限りません。図4，5は，絵の具やクレヨンの付け方・描き方を工夫して楽しむ，フリードローイングの活動を十分に行った後，その画用紙を細く切って編み，再構成したものです。色や形が一度切られた後再編されて，独特の美しさを表します。これも「編む」ことで生まれる造形の宇宙です。子どももおとなも夢中になる活動の一つです。

（佐藤賢司）

色・形・感動　**2．色で染める**

Points　しみ込む色，自然の色，人工の色，模様の楽しみ

（1）「染める」ということ

「染める」の古語は「そ・む」または「し・む」です（しむ【染む／沁む／浸む／滲む】）。いずれも，対象の質感を変えることなく何かが浸透することを指します。絵具は塗料に分類され，アラビアゴム（水彩絵具），アクリル樹脂（アクリル絵具）などのメディウムで，色の粒子（顔料）を対象に「接着」しますが，「染料」は，布などの分子の隙間に浸透して定着します。簡単に言うと，絵具が「色を付ける」ものであるのに対し，染料では，布や糸が「その色になる」のです。

（2）自然から色をもらう

様々な染めの中でも，まず植物染料による染め（草木染め）の基本を紹介します。

図1は，校舎の外に出て，班で植物を選びながら葉を採集している子どもたちの様子です。

図1　葉の採集

植物染料というと，どうしても特別な材料を用意しないといけないと思いがちですが，基本的にはどんな植物でも染料になります。無理に玉ねぎやマリーゴールドを集める必要はないのです。

また植物は，様々な部位を染料として使うことができます。栗の毬や団栗の帽子（殻斗（かくと））」などは，濃い色が得られます。イネ科の一部などなかなか色素が出にくいものもあるので，試してみるのがよいでしょう。また，学校の校庭は材料の宝庫です。剪定の時期などは大量に枝葉が出るので活用したいものです。

以下表1は，簡単な色素の抽出方法，つまり染液のつくり方です。

表1　染液のつくり方

① 葉の採集…被染物（染めたい布や糸）の100〜400％の重量が必要。出来るだけ新芽や若葉は避ける。
② 水洗…ごみやほこりを洗い流す
③ 粉砕（1）…かぶれに注意し手でちぎる
④ 粉砕（2）…ミキサー（あれば）でさらに細かく砕く。断面が多いほど色素が出やすい。
⑤ 煮出す（1）…ステンレスまたはホーローの鍋で，砕いた葉を煮る。中火で沸騰させ，沸騰後20分煮込む。
⑥ 漉す…晒しなどで⑤を漉し，染液を得る（1番液）。
⑦ 煮出す（2）…一度漉した葉を，さらに新しい水で⑤同様に煮出し，漉す（2番液）。
⑧ 完成…1番液と2番液を合わせて染液とする。

染液ができたら，下処理[1]した布を煮込みます。十分に色素が布に移ったら，媒染液[2]に浸して発色・定着させます。色が一瞬で変わるダイナミックな変化は植物染料ならではの楽しみです。

（3）模様をつける　－「染める」と「防ぐ」－

染料は布や紙にしみ込みます。そして，布や紙は水をよく吸い込む性質があります。そのため，染料も布もそのままでは，はっきりした模様をつけることができません。西洋では，染料の滲みを抑える技術が進み，プリント文化が発展しました。対して東洋では，「染まらない部分」をつくり，それ以外の部分を十分に染める方法が発展しました。これを「防染」といいます。防染には，大きく二つの考え方があります。米糊やロウなど，水分を防ぐもの（防染剤）を布に付ける方法と，絞りや板締めなど，物理的に圧力をかけて，水分がしみ込まないようにする方法です。

後者の代表的な技法がいわゆる「絞染（しぼりぞめ）」です。ビー玉や石ころと輪ゴムがあれば，簡単に模様がつくれます。運針を習得した高学年であれば，糸を使った高度な絞りも十分に可能です。

図2は，低学年児童がビー玉と輪ゴムで布を絞

図2　布を絞る

図3　植物と染料による色や濃さの違い

図4　折り染めした紙

図5　色水あそび

っている場面です。絞りながら，次にどこに輪ゴムをかけていくかを決めています。

（4）12色や24色ではない世界

はじめて草木染めをする子どもは，「何色になるの？茶色？みどり？」などと質問します。知っている色の名前で考えるので当然なのですが，私たちの身の回りは単純な「○○色」でできてはいません。青空を見上げても，高さによって色が違うことが分かります。草木染めの経験で，多くの子どもが，微妙な色の違いに気がつきます（図3）。絵具セットの色ではない，複雑で豊かな色の世界を実感することも，大切な経験と言えます。

（5）繰り返す模様と鮮やかな色の楽しさ

自然の材料に限らず，化学染料やインクで楽しめる染めにも触れておきます。図4は幼稚園などでも頻繁に実践される，「折り染め」です。規則的に紙を折って，染料やインクに浸すと，このような反復模様ができます。

方法としてはとても単純なものですが，自分でも予想出来ないような思いがけない模様や，驚くような美しさは，子どもの想像力を刺激します。絵具を用いてもできますが，しみ込みやすい染料やインクであれば，より鮮やかな色ときれいな滲みが実現できます。

図5は，ペットボトルを用いた色水あそびです。この遊びは，百円ショップ等で手に入るプリンタ用詰替インクを使うことがあります（三原色なので大変便利です）。十分に色水遊びをした後は，その色水をつかって折り染めをしても楽しいのではないでしょうか。自分たちでつくったグラデーションの世界を，紙の上に模様としてとどめることができるのです。

注
1) 木綿は，蛋白質処理をなければ染まりにくいので，豆汁などに浸すのが一般的である
2) 金属イオンと反応して色素が発色定着する。明礬（みょうばん）や市販の媒染液を使う。

（佐藤賢司）

色・形・感動

3. 紙の工作（1）
飛び出す（ポップアップ pop-up）カード

Points　Yの字など5つの基本構造，空間の響き合い，ユーモアのセンス

ポップアップ（pop-up）カードをつくって，造形的可能性を探りましょう。図画工作科の内容を学ぶには教材の研究が欠かせません。学習や能力の発展を見通す必要があるからです。基礎・基本から発想するなど，子どもの発想力の成長を大切にする指導はどのようであるべきか常に考えていきたいものです。

像が飛び出す pop-up カードは，二枚の紙を重ねていて，一枚が仕組み，もう一枚がベースになっています。どんな仕組みにすると，像が飛び出すでしょうか。

Let's try 1　Yの字構造　まず，カードの外に飛び出す仕組みの pop-up カードを作りましょう。

図7の「お正月のたこ揚げ大会」の案内状をみてください。案内状のカードは二枚重ねになっていて，上に重ねてあるカードの上辺の中央折り目には，2か所斜めに谷折りが入っており，左右対称の三角形の形状をしています。折り紙の「凧」の像の根元がそこに貼られています。この折り目によって像が内側にたたまれるため，開くとその像が逆に飛び出してくるのです。「凧」は折り紙なので軽快感もあります。読者の皆さんも試しに図25を手がかりにクリスマスカードをつくってみませんか。

ここで改めて pop-up カードの仕組みについて考えてみましょう。二つ折りカードの中心線（垂直）と「凧」が貼られている斜めの折り目をつなげてみてください。「Yの字」が見えてきませんか。筆者はこれを「Yの字構造」と呼んでいます（図1,2）。Yの形状とこれらの線が内折り（谷折り）のため，カードをたたむと，カードの内側に像がたたみ込まれ，逆に，開くと像が外に飛び出すというわけです。

Let's try 2　箱形構造　次は，箱形構造の立体的な像のイメージ表現を試みましょう（図3）。この構造は，切り起こすだけでもつくれます（図18,

19, 20, 21, 22）。作品（図8,9）を見てください。作者（中学生）は秋の季節感として空の広がりを喩えよう（隠喩）と想って「馬」あるいは「ペガサス」をモチーフにしています。「天高く馬肥ゆる秋」のイメージです。カードを開くと，馬の正面像が立ち上がってきて見る者の心をとらえます。

さて，「馬」が立ち上がるカードの仕組みはどうなっているのでしょうか。馬の頭部は端的で印象的なのですが，馬の後ろ足が見えません。筆者はうかつにも「後ろ足がないですね。」と余計なことを言ってしまいました。作者はすかさず「これでいいんです。いやこれがいいんです。」といいました。これらの言葉のやりとりに，筆者は「表現」というものの本質を垣間見る想いがしました。子どもからはいろいろなことを学びますが，これはそのひとつです。

ところで，この作品の空間構造はどうなっているのでしょうか。「馬」の像は箱形のほぼ立方体の空間に収まります。「馬」の正面像が表れている立面と背のなす面は顕在空間ですが，「馬」の後ろ足の面と地面とがなす面は潜在的な空間です。この二つの空間の補い合い・響き合いこそが表現の本質ではないでしょうか。子どもの発想を受け止める指導者を目指したいと思います。なお，この基本構造を繰り返し使ったのが図26，図27（構造は図21，図24）です。演劇の舞台のようです。

Let's try 3　（テント型構造）　テント型構造にチャレンジしましょう（図4）。作品図11は「キャンプ大会」の案内状で，中の「テント」が pop-up されています。図12はその表紙です。「テント」は一見断面が三角形状をしているため，たためるかどうかは疑問が生じるところです。しかし，実際断面はカードのベースを含めると四辺形なのでたためます。なお，この作品では，子どもは「テント」に「蛇」が近づいてきている様子を想像してみたようです。「テント」に「蛇」が近

第7章　題材研究「学びのユニットB」｜*177*

第7章 題材研究「学びのユニットB」| 179

づいてきているスリリングなシーンを表現しています。引っぱると「蛇」は「テント」のpop-upと連動しています。あなたが，テント型を生かしていくとしたらどのような作品がつくりたいでしょうか。

Let's try 4　オブジェクト型構造（二つ折りスタイル）　作品図13のような円筒形の「ケーキ」がたためるとは意外です。どんな仕組みなのでしょうか。仕組みを考えてみましょう。実は「ケーキ」の側面はテープ状の細長い長方形で（図14），開くと円筒形になり，たたむと二つ折りの長方形になります。「ケーキ」の高さがテープの幅です。「ケーキ」の上の面はカードのベースに合わせて二つ折りになっています。したがって「ケーキ」はpop-upします。

　さいころや家の基本である立方体（図32．構造は図33-34）や「山」のような立体（角錐体状，図35）のpop-upをご紹介しています。二つ折りにできるものは，カードに収納できます。

　どうしたらよいだろうかと考え，これらの事例の場合，すべて子ども自らが主体的にactive learningし，自己のもつイメージの造形化を試みました。指導者が提示あるいは指導するものは，山・谷折りを含むpop-up効果のある最も基礎的，あるいは基本的な仕組み（シンプルにした構造）です。子どもが自分のつくりたいものを探りたくなることが重要です。したがって完成作品を見せると教師の事例の類似を推奨するようになるので全く見せていません。完成作品を例示することは，子どものアイディアの芽を摘み，その創造活動を阻害するからです。提示は発想を導き出すヒントか，あるいは契機のようなものでありたいと思います。

　しかし，子どもが難度の高いものに進んで挑戦しているときなどには，個人的な助けも必要になることでしょう。図35はそのような作品です。子どもはベースとなる二つ折りカードの内側に凹凸のある山（角錐台状）をたたむことに苦心していました。そこで指導者がfacilitateし，山陵の一部に切れ目を入れ，構造に緩みをつくることを勧めてみました。この山の斜面は4面ですが，一面

をのりしろにするため正五角形を用意しました（正五角形の描き方は別に筆者が提示しました）。のりしろをベースとなるカードに「Yの字」状に合わせて貼れば，この「山塊」は折りたためます。もとより開くとpop-upします。やや高度ですが，折りのからくりが生むユーモラスな造形イメージを楽しみたいと思います。二つ折りオブジェクトには，蛇腹やお菓子の箱など日常に折りたためる形状のものが案外あります。

Let's try 5　引っ張り型構造　pop-upといっても，手の中でアニメーションが起こる面白い仕掛けです。図15・16の事例は「ネクタイ」を引くと，「河馬」が大きく口をあけるカードです。アニメーションカードとも呼べると思います。どんな仕組みでしょうか。筆者は子どもの奇抜なアイディアに幾度も感心させられました。図15は「ネクタイをした河馬の顔」，図16は「大きく開けた口の中」です。「ネクタイ」を引く動作も加わって楽しくユーモラスな作品になっています。

　この仕組みを見てみましょう（引っ張り型　図6）。「口の開け閉め」を司るのは「口の奥の顎（あご）」。「上顎の折り目」は凸（山折り），「下顎の折り目」は凹（谷折り）です。両者のずれは，手のひらサイズで数ミリほどです。下の口の先端には，前もって「切れ目」が入れてあり「ネクタイ」が下から通してあります。「ネクタイ」は上顎に接続し，上顎と連動します。したがって「ネクタイ」を引くと，「下顎」とのずれの効果で「口が大きく開く」のです。帯紙をL型にして差し込んでつくると覚えていただいてもいいと思います。同様の仕組みで図17のカードは，遊びに来てねと可愛い犬が元気に逆立ちしています。「逆立ち」動作の前後をイメージして紙の裏表を反転させています。画面転換の楽しさがあってユニークです。

　図36の「たいへん，おなかがピンチ！」は縦二つ折りのカードで今開いたところです。「おなかがふくれています」がどうしてでしょう。図37・38がその仕組みです。

（竹内博・村田利裕）

色・形・感動

4．紙の工作（2）
ペーパー・アニメーション，回るコマ，立体からくり

Points　ペーパー・アニメーション（折り換えカード），つながりの造形，関係性，動く→変わる

　折り換えによって場面が変わるペーパー・アニメーションをつくってみましょう。

Let's try 1　折り換えカード　図39の「カラスが柿を食べて飛び去る」は正六角形のカードですが，折り換えの仕組みの工夫で3場面に変わります。正六角形のカードを広げると（図41 展開図），正三角形が上下互い違いに横に9個（のりしろを加えると10個）並んでいることがわかります。袋状のところ3か所と袋状でないところ3か所が一つおきにあるわけです。「谷」を内にたたんで「Yの字構造」の「山」（隙間）を開くと折り換えができます。袋状のところです。表情が3回変化する図40の「猿」の仕組みも同じです。中心部分を立ち上げて変化を楽しみます（図43）。

　図44・45は，正方形の四つの頂点を中心に向かって折るアニメーションです。小学生の一日を表現してみました。1回折る，2回折るなど折りの方法で簡単に楽しいペーパーアニメーションを楽しむことができます。

Let's try 2　まわるコマ：2つ折り工作　まず，紙を2つ折りにしてみましょう。山谷折りに切れ目を加えると，コマのように回転する紙のコマができあがります（図47）。図48が展開図です。作図した後は，山谷折りの要所の角や羽の切れ目の起点などに鉄筆など先の丸いもので穴を開けておくと切り裂けることがありません。コマの羽を折るときは中心から折り始め外形に向かいます。逆にするとうまくいきません。

Let's try 3　立体からくり　ご紹介する立体からくりの仕組みは授業者であった筆者が以前に教材化したものです。そのアイディアは，同じ単位形の立体を数個繋ぎ合わせて一つの可動な立体にし，多様に変化させること，さらには，ありきたりの平凡な立体からでも想像を超える造形がアニメイト（animate）できないか，ということです。そこで当初は，図50のように最もシンプルな立方体を4個繋ぎ合わせてみましたが，これは変化に乏しいので一層工夫がいることが理解されました。一方，子どもに開発題材を考案するとき，まずつくってみて一歩踏み出すことが重要だと思います。ついで正三角柱をつなぎ合わせて正六角柱とし可動性の有無を吟味しました。つなぎ方には「Yの字型」の変種のようなものもあります。変わる立体の基本形（図49）を見いだせた気がしました。

　次は実際に接着する問題です。薄くてしかも開閉や回転に耐えるにはかなりの強度が必要です。検討の結果，コウゾ和紙の細川紙（2014年（平成26年）ユネスコの文化遺産に登録）を選び，取り寄せることにしました。この和紙を接着部位の表側と裏側の両面に酢酸樹脂系の接着剤（例えば木工用ボンド）で貼り合わせることにしました。するとさらに強度が増しました。

　図49の「基本的なからくり」は，正六角柱の形状で20通り以上に変化します（図51）。筆者は飾りやイラストなどの全くない幾何形体的な「立体からくり」を提示用に選びました。すると子どもの間から「これが美術なの？数学じゃないの？」というささやきが漏れてきました。反面，立体が「ひっくり返る」のに興味を持つ子どももおりました。図51（最上段）を選んだ子どもは「木が割れて木目が表れる（図52）」と説明しました。また同じ基本形を選んだ別の子どもは「ねずみ」が「ねこ」に変身するさまを工夫しました。筆者の提示モデルに飽き足りなかった子どもたちがどのようなアイディアを生み出したのでしょうか。2種例示しましょう。一つは，子どもの日常体験・学習経験が反映されたモティーフで「鉛筆（図53）」がひっくりかえって抽象形態を経て小テーブルになります（図55）。もう一つは手の操作によって3場面が順次変わり，はじめに戻る比較的抽象的な表現です（図54）。サイクル過程が産み出す無限の面白さがそこにはあります。

第7章　題材研究「学びのユニットB」│181

【ペーパーアニメーション】

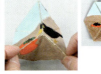

図39 ペーパーアニメーション
「カラスが、柿を食べて飛び去る」

図41 展開図（糊代分入れて10個の正三角形）

図40 ペーパーアニメーション

図42 作り方
（黒塗り部分を貼り合わせる）

図43 ペーパーアニメーションの遊び方

【回転する工作】

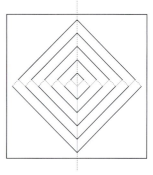

図44 「学校の楽しい一日」：4辺を折りたたんでおく方法

図45 折りの図

図46 4つのシーンを表現できます

図47 「回るコマ」（裏が青，表が黄の用紙を使っている。）

図48 「設計図」（1枚の紙を中央で2つ折りにして，切れ目を入れて折っていく）

【立体からくり―かたちが変わる工作―】

図49 変わる立体 接続の基本パターン

図50 教材開発研究の原点となる試行

図52 切り株

図53 鉛筆：身近なものからの発想
↓

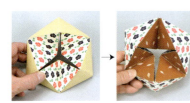

図54 内と外とが無限に循環する

図55 抽象的表現
赤が上になって小テーブルに

図56

図51 多種類に変わる基本形 最上が基本形

（竹内 博・村田利裕）

182

[色・形・感動] **5．方法からの発見・発想 －「版画」－**

Points 凸版, 凹版, 平版, 孔版, 木版画, スチレン版画, 紙版画, 一版多色版画, 彫り進み版画

Let's try 「いろいろな版を作ろう」「たくさん刷って楽しもう」

（1）版表現の面白さ

　子どもたちが絵の具のついた手をペタペタと紙につけて楽しんだり，真っ白な雪の上に足跡をつけて喜んだりしている姿を思い浮かべてみましょう。紙や雪の上に残された手形や足形は，一回で終わることがありません。繰り返し同じような行為をしながら，そこに現れた形や色を不思議そうに，あるいは面白そうに見つめている姿があります。このように何物かに痕跡を残したり，飾ったりする人間の行為は，根源的な欲求からくるもので，幼少期に顕著です。

　このようなことを考えたときに，版画は，様々な版材で紙などに間接的に痕跡を残す表現であり，また版種と技法によって，多様で重層的な表現が可能となる媒体です。

図1　スタンプ遊び（3歳児）

（2）版画の特性

　版画制作の全プロセスに内包する美術教育としての可能性は，以下「版画の特性」の3つの観点から導くことができます。

① 刷る楽しみ

　版画は1点ものの絵画と違って，同じ絵が何枚もできあがる「複数性」，つまり刷りに特徴があります。何枚も「刷れること」の楽しみや面白みを生かして表現の幅を広げることもできます。また，同じものが印刷されることで，美術作品の鑑賞が広がり，美術の大衆化に寄与してきました。

② 計画的な制作

　版画は，版種に合わせた技術が必要です。そのため，下絵から完成まで，版種の制約があり，制作の準備や計画性が大切です。下絵，製版，刷りとそれぞれの段階で版種や材料によって，道具や技法が異なり，技法を習得しなければ，表現が思うようにできません。また，版画は絵のように塗りつぶしたり，簡単に付け加えたりすることができないために，完成までのイメージや構想を持ちながら製作しましょう。

③ 版のいろいろな材料

　版種や技法を制限するものは，版をつくる材料によって決まります。「木，金属，リノリューム（ゴム板），粘土，石膏」など材料の特性に応じて，製版技術も変化してきます。また，それに応じた用具，材料，技法習得も異なってきます。材料に応じた製版技法と刷る紙の特性が合わさって表現できるところが，版画の特徴です。

④ 間接的な表現の特性

　版画は，「版という媒体」を間に入れることによって成り立つ表現で，直接描画する方法と違った間接的な表現となります。この間接性は「刷り」という行為に象徴的です。インクや紙の質感とともに，刷りの技法の変化によって，作品そのものの表現も変わってきます。

　また，材料や技法における版の抵抗感や制約は，下絵や図柄の密度に影響を与えます。これらの制約は，象徴や省略，圧縮や整理，デフォルメ的な作品を生み出し，詩の表現と類似している点において，版画は「詩的表現」であるとも言えましょう。

（3）版画教育の意義

　戦後，版画教育運動を推し進めた大田耕士は，「版画の持つ抵抗性が子どもの創作活動を刺激し，充実させるということ，そして，この中に，積極的で健康な子どもを育てる貴重な教育的意義，お

よび価値があるということを認めねばなりません」と述べています。さらに「作業性，行動性，労働性，社会性，共同性－融和性，持続性－継続性，他教科との関連性」において版画教育は優れているとしています。

このように，版画の持つ材料や技法上の抵抗感による制約，下絵から彫りを経て，刷りに至るまでの計画性などが，子どもたちの造形感覚や発達段階と呼応して，有効な教育的ツールであるとしています。

(4) 版画の種類
① 版形式による分類
■凸版 (letterpress)

版の凸面に絵の具やインクをつけ，紙などにバレンやプレス機を使用して写す方法です。線や面として図柄として残したい部分以外を彫ったり，取り除いたりして製版を行います。木版画がその代表であり，イモ版，型押し，紙版画，ゴム版，石膏版，コラグラフ版画（コラージュ〔貼り絵〕のように様々な材料を貼り付けたり，下地材を塗って質感を出す版画）など，多様な素材の版材やそれに伴った技法があります。認印などの印鑑も多く凸版です。

図画工作科に適した版として，紙版画，木版画，そして身近な材料（葉，木片，貝殻，ペットボトルのキャップ，スポンジなど）に絵の具をつけて，紙に押す型押しがあります。

■凹版 (intaglio)

版の凹面にインクを詰め，凹部以外の余分なインクを拭き取って，プレス機などで紙に写し取る技法です。銅板や亜鉛板を使用して凹面をつくるために彫る，引っ掻く，腐食するなどの方法で製版を行います。版種として，エングレービング，ドライポイント，エッチング，メゾチント，アクアチントなどがあります。

図画工作科に適した版として，スチレン版画やドライポイントなどがあります。

■平版 (planography)

版面が平らな版であるため平版といいます。版面に油性インクの付く部分とそれ以外の部分について，水と油の反発作用で製版を行います。水を含ませながら，油性の描画部分にローラーでインクを付着させてからプレス機を通して，紙に写し取ります。油性の描画材料で描くことで，その筆跡がそのまま印刷されます。石版画，リトグラフと呼ばれています。

図画工作科に適した版として，「モノプリント」があります。平面にインクをのせて，それを紙で刷り取る，とてもシンプルな版画です。

■孔版 (stencil)

孔版は型紙の穴を通して，インクを刷り出す方法です。油性の紙などを切り抜き版として，そこからインクをスキージなどで刷り出します。代表は，シルクスクリーンでカッティング法や感光法などの技法があります。その他に「型染め」や「謄写版」なども孔版の一種です。

図画工作科に適した版として，切り抜き版画などがあります。

② 版種による分類

版の材料や印刷方法などによって，「木版画，銅版画，石版画，孔版画，拓版画」があります。

③ 技法による分類

版を直接に刻み，凹凸部分をつくる方法が，「直接法（エングレービング，ドライポイント，メゾチント）」と呼ばれ，科学的な処理によって凹凸部分をつくる「間接法（エッチング，アクアチント）」に分けられます。

(5) 様々な版画と作品
① 木版画：凸版画

木版画は，大きく分けて単色と多色木版画に分かれます。教育現場では，単色で白黒のモノクロで刷る版画の単色木版画が一般的です（図2）。

図2　木版画《ヘッドスプリングの補助》（小5）

単色木版画の場合，彫刻刀の彫りあとの効果によって，濃淡や線の強弱などが表現されます。

そのために，丸刀，平刀，切り出し，三角刀など彫刻刀の彫りあとや効果について，理解しておく必要があります。白黒の単色版画の場合には，画面構成において黒い部分が3分の2くらいがよいとされています。

② スチレン版画：凹版画

発泡スチロールのスチレン板を利用した版で，鉛筆やボールペンなどの筆圧で描画した凹面に，ローラーでインクを付着させて刷ります。製版が，容易で刷りの面白さを体験できるために，幼児の表現活動でよく実践されています。ただ，版面が柔らかくて弱いため多くの枚数をすることができません（図3）。技法ではドライポイントと似た方法です。

図3 スチレン版画《絵本「空にのぼった傘や」より》
　　（5歳児）描いたところが白くなる版画

③ 紙版画：凸版画

紙版画は，台紙に紙を貼り付けて絵柄を作る版画です。紙とはさみの扱いになれることを目的にして，幼児や児童の教材として多く使われています。紙を接着して版をつくるために，手軽に版画の楽しさを味わえる技法です。また，この紙版画は「切り取り紙版」（図4）と「台紙付き紙版」（図5）との2つの技法があります。

■切り取り紙版画のつくり方（図4）

ここで幼児から児童の造形活動において，取り組まれることの多い紙版画のつくり方について説明しましょう。

1）画用紙で形を作る

厚口の画用紙や段ボール紙を，はさみで切ったり，ちぎったりして型紙をつくります。

2）型紙を接着する

のりなどの接着剤でかたどった紙が重なる部分を接着します。ローラーでインクをつけて転がすとき，貼った紙が剥がれないようにしっかりと乾燥させます。

3）版にインクをつける

インクをつけたローラーを版の上で転がします。インクのムラがないように，均一にローラーで付着させます。

4）版を刷る

刷る紙と同じ大きさの位置あわせ紙の上にイン

図4　切り取り紙版画
　　《バレーボール楽しいな》（小2）

図5　台紙付き紙版画
　　《がんばった自分》（5歳児）

第7章　題材研究「学びのユニットB」 | 185

図6　一版多色版画《東京に行った思い出》小5

クを付けた版を移動します。刷る紙を見当に合わせてのせ，紙を付着させてから，「ばれん」でムラがないようにこすって，刷ります。刷った紙をしっかりと乾かします。

④ 一版多色版画：凸版画

　木版で一枚の版によって，多色刷りをする技法で，刷る紙は，一般的に地色が黒い紙を使います。この技法は，彫り上げた版で，凸面に色をおいて，一回ずつ刷り上げて完成させていきます。ちょうど，彫り上げたところが黒になり，他は置いた色で刷り上がります。紙はふちの一箇所を版にテープなどで接着して，何回もめくりながら色を置いて，刷り上げていきます。注意点として，インクの濃度や乾き具合によって表現が微妙に変化します（図6）。

⑤ 彫り進み版画：凸版画

　一つの版木で彫りと刷りを交互にしながら，多色刷りをする技法で，刷り上がりは多色版画となる表現技法です。この技法は，深みのある重色効果を生かしていくために，掘り進むたびに明るい色から暗い色で刷っていきます。また，彫りと刷りが同時に楽しめる一方で，彫った後は前の画面に戻れないために，刷るたびに5枚程度は余分に刷っておきましょう。見当合わせ[1]も必要なので，小学校高学年以上に相応しい版画技法です（図7）。

注

1) 版画や印刷で，刷る位置を示す目印のこと。多色刷りで，刷り重ねるさいの目印。

（新関伸也）

図7　彫り進み版画
　　《真夜中のみみずく》（小5）

表1　版形式と版種

版形式	版　種	主な版材	主な道具
凸版	木版（板目木版，小口木版）	ベニヤ板，朴，桜，椿	彫刻刀
	紙版	紙（厚紙）	はさみ，カッターナイフ
	型押し	自然，人口物	絵の具
	フロッタージュ	凹凸のある面	鉛筆，クレヨン，コンテ
凹版	エッチング	銅板，亜鉛板	ニードル，ビュラン
	ドライポイント	銅板，亜鉛板，塩化ビニル板	
孔版	ステンシル	型紙	はさみ，カッターナイフ
	シルクスクリーン	絹，テトロン	カッターナイフ，他
平版	石版（リトグラフ）	石版石，ジンク板，アルミ板	油性の描画材，ローラー，インク
	モノプリント		絵の具，アクリルやガラス板など
	マーブリング	木版	墨，油性絵の具，彩墨液
	デカルコマニー	紙	絵の具

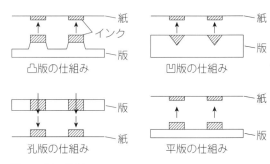

図8　版の仕組み

身体・形・空間　**6．フィンガーペインティング**

Points　手だけで描く，触覚的な心地よさ，絵の具の発色と安全性，遊びとイメージ生成

　フィンガーペインティングは太古のヒトが絵を描いたその時と同じように，自らの手と絵の具によって行う描画活動です。ルース・フェゾン・ショウは，子どもの創造的表現手段としてフィンガーペインティングに匹敵するものはない，と述べています（Shaw 1972, p.39）。

　通常，描画活動では具体像の再現に重きが置かれます。しかし，フィンガーペインティングは純粋な遊びとしてスタートするので，子どもは抵抗感なく絵の具による冒険に踏み出していきます。

　フィンガーペインティングの第1の意義は，その活動自体が子どもの探索的な描画の衝動を引き出し保証するということです。

　この活動において，子どもは筆やクレパスなどの描画材による拘束と上手に描かなければならないというプレッシャーから完全に解放されるでしょう。フィンガーペインティングは，そののびのびとした活動によって子どもにカタルシス（浄化），キュア（治癒）をもたらします。これが第2の意義です。

　最初，この描画の冒険によって生み出された色彩や形，マチエールの多くはいわばオートマティックに発生したものです。しかし，これらのイメージが子どもにフィードバックすると，そこで創造の跳躍が起こります。これが第3の意義です。つまり，子どもはフィンガーペインティングによって思いもかけないイメージに到達する，ということです（図1）。

Let's try 1　フィンガーペイントの準備

　フィンガーペインティングの活動を構成する上で，最も留意すべき点は発色と触覚的な心地よさです。つまり絵の具と支持体をどうするのかが授業の成否を分けるポイントです。

　児童の個人用水彩絵の具を使用したのでは触覚的な心地よさが得られず，絵の具の量的不足による活動の停滞も予測されます。まず考えるべきは絵の具の自作です。小麦粉を煮て食品用の着色料で色をつけます。手間と時間はかかりますが，安価に必要な量だけ準備できます。

　感触が良く，しかも全て食品から作りますから安全な絵の具です。もう一つは，市販のフィンガーペインティング用絵の具の使用です。購入予算が確保できるなら，発色が良く良い感触とたっぷりの量の絵の具が準備できるでしょう。実施状況に合わせてどちらかを選択してください。

　描画時の絵の具の伸びと感触を考慮すると，支持体には画用紙よりも肌理が詰まったケント紙が望ましいでしょう。サイズはのびのび活動できるようB3以上を使用します。コート紙（不要になったポスターの裏面など）も有効です。また大きなインク練り板を支持体にフィンガーペインティングを行い，モノプリントで作品を残す実践事例

図1　絵の具の遊びがカエルの顔に

図2　指，掌，爪など様々な部位で描き進められます

も見受けられます。

Let's try 2　フィンガーペイント

　描画は立って行います。まず手のひらにたっぷりとった絵の具を紙の上に塗り伸ばすことから始めます。そこに人差し指を滑らせてみるよう指示します。指の軌跡が線となって残ります。

　線は掌でなでると消えるので，描き直すこともできます。描くときには指，掌，拳，爪など手のどこを使ってもかまいません。これ以上の説明は不要です。これで子どもは全てを理解して，あとはどんどん活動を発展させていくことでしょう（図2）。

　さあ，まずは皆さんがたっぷりとフィンガーペインティングを体験してみてください。

参考文献

ルース・フェゾン・ショウ　深田尚彦訳（1972）『フィンガーペインティング』黎明書房

（高田定明）

身体・形・空間　**7．砂場の造形遊び**

Points 並べたり・つないだり・積んだりする，手や体全体の感覚，感覚や気持ち，思いついた活動を大切にする

砂場の遊びは，多くの子どもが大好きです。公園などでは一度はじめたら終わってくれないほど熱中します。砂場は，子どもの気持ちが本当に生きて働く，まさしく真剣でワクワクどきどきの場所と言えるでしょう。アメリカの牧師であり夢想家であるロバート・フルガムは，『人生に必要な知恵はすべて幼稚園の砂場で学んだ』の著書の中で，砂場を人間関係もふくめて多くのことを学ぶ場ととらえ，「不思議だな，と思う気持ちを大切にすること」の意義に触れます。

小学校の砂場の造形遊びは，材料・空間・行為の観点で扱われ，図画工作科の低学年の定番題材となっています。この題材は，砂でお城を作ったり，見事な山や道を作ったりする学習ではありません。砂と関わる行為が重要な学習です。今一度，砂場で，実際に砂に触れながら子どもの心にどのようなことが起こるのか？どのような行為が砂場に生まれ，何が面白いのか見つめていきましょう。砂に偶然できる形や大地と関わる豊かな感覚を味わいましょう。

Let's try 1　穴を掘る（準備する用具：シャベル・スコップ）

砂場で穴を掘ってみましょう。シャベルやスコップなど道具で掘ってみます。掘るというと，穴が空いていく方に目が行きがちですが，土中からは，様々な形の砂の塊が出てきます。砂場から皆さんへ贈られる形のプレゼントです。交代で掘ってみて，掘られた穴や取り出された砂の塊を見て話してみましょう。

Let's try 2　手で触る・掘る・形をつくってみる（準備　汚れてもいい服装）

手で，砂を触ってみましょう。ヒンヤリとしますか。手のひらで円弧や円を描くようにもしてみましょう。砂から我々に様々な感じが届いてきます。ペアになることができれば，「どんな感じがした？」と質問してみましょう。もう一方の人は，「○○の感じがする」と答えてみましょう。一番大切なのは「何かをつくらなければいけない」と考えないことが大切です。図画工作科の砂場の造形遊びは「感覚や気持ち」が大切です。湧いてくる思いや思いつきを大事にしましょう。

Let's try 3　並べてどんどん　不思議なカップ遊び

身近にある様々なカップに砂を入れ，反転させて同じ形をどんどん並べてみましょう。紙コップでも砂をギューと詰めて反転させ，コップをあげると形ができます（図1）。

図1　紙コップに詰めて反転してつくった形
水分が少ないと形が壊れやすい

Let's try 4　砂を押してみる（準備する用具　石・レンガ）

石やレンガなど，固い物で押してみると，砂はどんどん移動します。砂がどんどん盛り上がってそれを見て「壁」と名付けるのも自由ですが，最初から壁づくりをするのではなく，身近なもので砂の塊が簡単に移動できることをみつけることも大切です。木片やブロックなど握りやすい15cm程度の固い物で試してみましょう。

Let's try 5　水を流す（準備する用具　バケツ）

砂を掘って，そこに水を流してみましょう。どうなるでしょうか？水が流れていく姿や穴に水が吸い込まれていく様子も見るようにしましょう。こうしてみようという思いを大切にしましょう。

Q. 生活科の遊びとどこが違うでしょうか？

参考文献

ロバート・フルガム（池央耿訳）（2016）『人生に必要な知恵はすべて幼稚園の砂場で学んだ』，川出文庫

〈授業での砂場の造形遊びの準備〉

　小学校の砂場は，かなり堅くなっている場合があります。教師は事前に砂のコンディションを調整しましょう。異物が混入していることもあります。担任団で協力するなどして全域を掘って柔らかくしておきます。また，型を使う遊びは水分が不足していると，形にならず壊れてきます。活動の前日に水をまいておく必要があります。

（村田利裕）

身体・形・空間

8．紙コップを並べる，重ねる，組み合わせるなど行為からはじまる造形遊び

Points 紙コップ，行為（並べる，重ねる，組み合わせるなど）の多様性，や場の効果

Let's try 「紙コップを並べて，重ねて，○○○して」（主に操作遊び，構成遊び，模倣遊び）

この題材のねらいは，「紙コップの形や色や感触等を全身で感じながら，並べ方や重ね方や組み合わせ方を繰り返し試したり，いろいろな形を思い付いたりする」です。

材料は紙コップ（白色無地，150mlサイズ，1人100個程度）です。この題材の内容設定や指導・援助として，次のポイントを考えましょう。

① 紙コップの形・色・量や場所を検討しよう。

「大きいコップを使ったら？」「コップに色がついていたら？」「机の上や床や，階段や体育館や屋外で活動したら？」など。

② 導入で提示する紙コップの基本的な扱い方を検討しよう。

「直線，曲線，三角，四角などに並べる」「立体的に積んで高さや厚みをだす」など。

③ 必要最低限のルールを検討しよう。

「紙コップを壊したり投げたり蹴ったりしない」「友達がつくったものを勝手に壊さない」「紙コップを仲良く分け合う」など。

以下の図は，4・5歳児（約30名）の様子です。

図1　コップを直線→コの字→ロの字に並べる。

図2　コップを並べ続け，ハート形にする。

図3　コップを整然と等間隔で並べ続ける。

図4　コップの口・底同士を合わせて積み続ける。やがて「お城」に見立てて表現を続ける。

図5　子ども達が，紙コップを大きく高く積む。やがて協同の目的（自分の背よりも高く積む）や役割分担（運び役，積み役）が生じる。

実践協力：富田林市立錦郡幼稚園（大阪府）

（村田　透）

身体・形・空間

9．材料の特性（形，色，感触など）からはじまる造形遊び

Points　粘土，感触を全身で楽しむ，行為（握る・丸める・転がすなど）の多様性

Let's try　「油粘土を握って，転がして，○○○して」（主に材料遊び，操作遊び，模倣遊び）

　この題材のねらいは，「油粘土を握ったり転がしたり叩いたり穴を開けたりしながら，形・色・感触を全身で楽しむ。油粘土の様々な表情からいろいろな形を思い付く」です。

　材料は油粘土（1人1～3kg程度），ジョイントマット（60cm四方，粘土板の代用）です。この題材の内容設定や指導や支援として，次のポイントを考えましょう。

① 油粘土の様々な表情を発見する行為を検討しよう。

　「握る，丸める」「転がす，伸ばす」「叩く，投げる，穴を開ける」「押し付ける」など。はじめは冷たく硬い油粘土が徐々に温かく柔らかく変化することの気付きも大切です。

② 粘土の種類や題材の展開を検討しよう。

　「粘土の種類（油粘土，紙粘土，土粘土，小麦粉粘土など）」「粘土をあらかじめ山盛りに積んでおく」「はじめは量を少なく，徐々に増やす」など。

③ 空間・場の環境を検討しよう。

「机の上」「床」「体育館やピロティー」「屋外」など，場が異なると身体の動きも異なります。

　以下の図は，4・5歳児（約30名）の様子です。

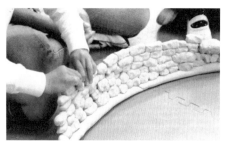

図1　粘土の団子を積み続け，「壁」に見立てる。やがて友達と「壁」を高く積む競争となる。

図3-1　教師の「設定（粘土の紐でつくった大きな三角形）」に，子どもたちが興味を示す。

図2　子どもたちが個々に粘土の紐をつなぎ続ける。やがて協同の目的（「迷路」）が生じる。

図3-2　子どもたちが「大きな三角形」の縁に粘土の団子を並べたり，その中を粘土で敷き詰める。次第に協同の目的（「ケーキ」）が生じ，個々に「ロウソク」「イチゴ」などをつくる。やがて「お誕生日会」となり，皆で「ケーキ」を食べる模倣遊びとなる。

実践協力：富田林市立錦郡幼稚園（大阪府）

（村田　透）

身体・形・空間

10. 空間や光の世界へ
－オリジナルのシャボン玉をデザインしよう－

Points つくって試す

　シャボン玉は，自由研究や理科で扱われることも多い題材です。では，図画工作科の題材としてシャボン玉遊びはどのように位置づけることができるでしょうか。

　空間に放たれたシャボン玉は，太陽の光を反射して七色に輝き，重なったり離れたりしながら漂います。大きなシャボン玉は空気の抵抗によって震えて変形し，今ここにしかない姿で子どもたちを魅了します（図1，2）。この至福の時間に身をまかせるだけでも，とびきりの造形活動であると言えるかもしれません。

図1　シャボン玉が太陽の光を反射しながら漂う。

図2　大きなシャボン玉は空気の抵抗で不思議な形に変形する。

　しかし，これではその意義が漠然としすぎているのではないかという向きには，シャボン玉をデザイン教育のための題材として捉えてみることを提案します。阿部雅世はサンティエンヌの美術学校で実施した「オリジナルのシャボン玉をデザインする」というワークショップについて述べています（原・阿部 2007, pp.183-185）。これは図画工作科の，特に高学年向けの題材を考える上で大いに参考になるものです。

　一般に，デザインとはスタイリングの問題であるという一面的な理解がなされることが多いようです。しかし，オリジナルのシャボン玉をデザインするとき，面白い形の完成予想図を絵に描くようなスタイリングの手法はあまり意味をなさないのです。シャボン玉のデザインでは，見た目の面白さや華やかさとは無縁のシャボン玉を生み出すための装置（図3）やシャボン玉液をデザインしなければなりません。この題材が子どもたちをデザインに関する新たな理解へと導く格好の機会となることでしょう。

Let's try 1　シャボン玉をデザインする

　「身近にある材料を使って，自分たちでつくれるシャボン玉の装置（あるいはシステム）をデザインする」という条件のもと取り組みはスタートします。さらに「巨大なシャボン玉をつくる」「一度にたくさんのシャボン玉をつくる」など，個別にデザインの目標を設定します。

　よく使われるマテリアルは針金，タコ糸，ストロー，紐，ゴムチューブ，棒材（図4）などです。これらの材料を切ったり曲げたり，つないだりして，直接三次元のスケッチを行ってそれぞれのシャボン玉のデザインを試していきます。すると例えば，大きなシャボン玉をつくるには，大きな装置が必要になり，そのためにたらいのような大きな容器に大量のシャボン玉液を用意しなければならないのではないか，というような新たな問題に行き当たります。しかし，これでは準備物が大掛かりになりすぎ，遊びの機動性を犠牲にすることになります。このような問題を一つひとつ解決しながらオリジナルのシャボン玉デザインは進んで

いくことになります。様々な試行錯誤を繰り返すうち，双子のシャボン玉をつくる装置のアイデアが見つかる，などという副次的な発見がもたらされることもあるでしょう（図5）。

Let's try 2　シャボン玉液のレシピを探る

また，並行してシャボン玉液のレシピを調べ，様々な材料を配合して最適なシャボン玉液を探っていきます。

ここでは，シャボン玉液のレシピを一つ示しておきます。主たる材料はひとまず台所用の中性洗剤，PVA（ポリビニールアルコールが成分の洗濯糊），水としておきます。この3つの材料を順番に1：5：10の比率で混ぜます。中性洗剤は界面活性剤が多く含まれるものが良いでしょう。界面活性剤の比率が少ないものでは良い結果が得られません。PVAには弱酸性と中性のものがありますが中性ではシャボン玉ができないので弱酸性のものを使用します。また，少量のグリセリンを混ぜると割れにくいシャボン玉ができます。これはあくまでも一つの可能性ですから，ぜひ皆さんなりの最高のシャボン玉液を見つけてください。もちろん，図画工作科の授業の中で（可能であれば他教科との横断的な授業を行っても良いでしょう）この題材に取り組む場合には，子どもたちと最適なシャボン玉液のレシピを探してください。

Let's try 3　巨大シャボン玉

巨大なシャボン玉をつくるためのデザインの一つの解答としては，棒と紐を使った装置があります（図6）。これならばバケツなどの容器に入れた液で巨大シャボン玉をつくることが可能です。驚くほど大きなシャボン玉ができること間違いなしです。

参考文献
原研哉・阿部雅世（2007）『なぜデザインなのか。』平凡社
大沢幸子・米村傳治郎監修（2002）『米村傳治郎のおもしろ科学館』オーム社

（高田定明）

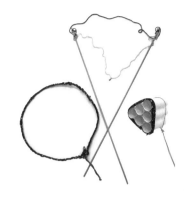

図3　シャボン玉の発生装置

図4　身近な材料からシャボン玉をデザインする

図5　合体シャボン玉

図6　棒と紐による巨大シャボン玉

イメージ・線・生活

11. ボールペンスケッチ
ー身近な用具で, 好きなことや大切なことをとらえようー

Points まなざし, 自由な線, ハッチング, クロスハッチング, トーン技法

第二次世界大戦直後に滋賀県に近江学園や一麦寮を創設して, 我が国の障がい児教育の先駆的実践に取り組んだのは田村一二氏 (1909-95) でした。氏は, 画家でもあり日頃から, 小さなスケッチブックとボールペンで好きなことや大切なことをスケッチしていました。温かいまなざしが人や動物や様々な事物に向けられています (図1～6)。図2は, 子ども同士の楽しいトークがスケッチされています。図4は, 横16cm程度の小さな画面に大きな船が表現されています。

Let's try ボールペンでスケッチか好きなテーマで絵を描いてみましょう。

図1 やわらかな線や点が使われています。

図2 平行線（ハッチング）や交差する平行線（クロスハッチング）が使われています。

図3 背景の方(空間)にも線を描いています。

図4 長い方向に長いハッチングが使われています。

図5 トーン(明度)を意識して描いています。

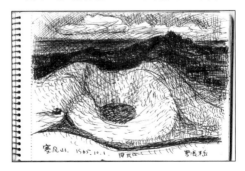

図6 面でとらえています。

・田村一二氏のスケッチは, 田村俊樹氏の御了解をえて掲載しています。

（村田利裕）

イメージ・線・生活

12. 動物イラストレーション
－絵，ファンタジーやミラクルの世界，心の中で動き出す－

Points　動物の絵，キャラクター，デジタルの動くイラスト

Let's try 1　動物のイラストレーション

下の枠に，簡単な線を使った，動物のイラストレーション（以下イラストと略す）を2つ描いてみましょう。

その1　　　その2

Let's try 2　「ふんわり　ぎゅーっと動物大集合！」

別の紙に枠を描いて，その中に動物イラストをぎゅっと沢山描いてみましょう。

図1　タブレット用開発ソフト英語学習に登場するイラスト
　　　（村田利裕－張金晶）

Let's try 3　デジタルの動くイラスト

図4は，オフィスソフト（表計算ソフト「エクセル」，マイクロソフト社）のベクトルグラフィック機能「図形」のコネクターを使って描いた動物イラストです。簡単に長さ（伸び縮み）や角度を変えることができます。あなたもチャレンジしてみましょう。カメの腕は，線の幅をどんどんひろくしてつくりました。これは不思議機能で，線の幅を大きく設定すると「線」は，伸び縮みのする「長方形」になります。

図2　矩形の枠に動物イラストを「ぎゅーっ」といっぱいに描きました。

図4　エクセルグラフィックス（村田実践での呼称）による「カメのダンス」

図3　矩形の枠に海の動物を描きました。
　　　図2，3のイラスト　深田遥奈

（村田利裕）

イメージ・線・生活　**13. 墨の表現**

Points　墨の表現の特徴，線描の技法，教育支援組織との連携，教師の指導法の工夫

（1）墨の表現とは

　水墨画は，墨で描く絵です。ここでは，お手本を写すのではなく自己表現を重視して「墨の表現」としています。墨の表現は，水の加減で黒から白までの無限の諧調と，紙とのハーモニーで，存在感を表現できます。アジア独自の表現とも言われます。平成23年度から「図画工作」の教科書にも題材として取り上げられるようになっています。今日，文字も墨をすって書くことも少なくなりました。是非一度体験してみてください。

（2）墨の表現における線描指導の演習
Let's try 1　いろいろな線を試そう

> 墨の線で感情を表現することは東洋画の大きな特徴でもあります。「線で気持ちを伝えるゲームをすること」で，自然に線描と気持ちの関係を体験する指導法です。順番に右の学習指導材をつくり，線描を体験してみてください。

　墨の表現の基本的な演習を行います。取り組みやすいように道具は，児童が書道の授業で使っているものを主に使用した演習とします。

学習指導材 ①
　墨に水を足していくことで，墨線の濃さを徐々に薄く変えてゆきます。

学習指導材 ②
　1本の線を連続して引いてゆきます。途中で墨を足しません。伸びの良い墨線の特徴が体験できます。

学習指導材 ③
　水の量を調整して　濃い線・薄い線を太く引く事で，濃さの対比が体験できます。

学習指導材 ④
　筆に含ませる水の量を少なくしカサカサの線を引く。枯草等の表現に使えます。

学習指導材 ⑤
　先に紙に水を引き，その上に線を引くと滲む線

学習指導材 ①

学習指導材 ②

学習指導材 ③

学習指導材 ④

学習指導材 ⑤

学習指導材 ⑥

となります。

学習指導材 ⑥
　左「悲しいよ」，右「怒ったぞ」の線を比較することで，線が表す感情の理解に繋がります。
　この後様々な線を引き，「線あてゲーム」をする事で線描と感情の関係を体感し，自由表現へ繋げます。（授業時間90分）

（3）必要とされる基礎知識
■道具について
○筆

筆は書道の筆を使うこともできますが，墨の含みを重要とするため，根元までおろして使うのが特徴です。

新しい筆を使う場合，筆の穂はのりで固めてあるため水入れに根元まで浸して20分ほど放置し，のりの成分をとってください。穂を傷めないことが重要です。

筆の持ち方は1例を示しますが，自分が持ちやすい持ち方でいいです（図1）。

○墨

日頃は墨汁（墨液）を使う場合が多いですが，書道セットの中の墨を使う経験も入れます。墨の粒子（煤を膠が包んでいる）を壊さずにゆっくりと硯の丘のところで擦ります。墨を擦るには，プラスチックの硯は滑り易いので，天然石の硯がいいです。

○画仙紙

墨表現では，にじみ止めをしていない画仙紙が一般的です。滲み，かすれ等表現の幅が広く使いやすいです（図2）。

○下敷き

書道で使用する下敷きが使用できます。

○パレットと水入れ

墨の濃さを調整したり，筆先を整えたりする皿の代わりに，絵の具のパレットが兼用できます。水入れも同様です。

（4）事前のスキルアップ
○墨を擦ってみよう（図3）
○墨の濃さの調整をしよう

硯で擦った濃墨に水を注いで，中墨→淡墨にします。注ぐ水の量で無限大の濃さとなります。様々な諧調の墨が画仙紙に吸い込まれて生み出されるハーモニーが墨表現の醍醐味といえます。濃墨・中墨・淡墨をあらかじめパレット（皿）の上につくっておくのが，指導しやすいです（図4）。濃淡で遠近感も表現できます。奥にあるもの，遠くにあるものを淡墨で書くことで，奥行きが出ます。後のページの演習で，体験してみてください。

筆の持ち方（1例）

前後左右，自由な運筆ができる持ち方。自分の癖も取り込むこと。

図1

画仙紙の水切り方法

画仙紙を切るとき，折り目に水を付けて広げ，左右に引っ張ると簡単に切れる。切れ目に紙の繊維が出るので，自然な切断面となる。

図2

墨の擦り方

硯の平たい部分（丘）で墨を擦る。墨には黒・茶墨・青墨がある。墨の持ち方は両側から，軽く包むように持つ。墨を硯の上に立てて放置するとすぐに硯面に接着するので注意。

図3

墨の薄め方

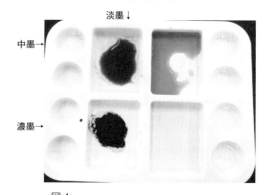

図4

書道セット中のスポイドで，水滴を垂らして墨を薄くして，好みの濃さの墨液にする。濃さは画仙紙で確認。

つくり方
・よく洗った穂に淡墨を含ませる。
・筆先に濃墨をとる。

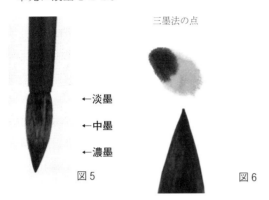

穂先を花の中心に向けて点を打つと，中心部が濃い花になる（図7）。

三墨法の線

濃墨の穂先を上に向けて筆を寝かせて，横に引いた線とその逆向きに引いた線

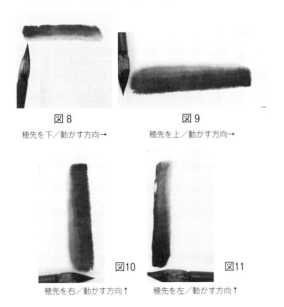

Let's try 2　三墨法を試そう

　筆の穂の中の墨は「三墨法」と呼ばれる3段階の濃さにします。絵の具であれば，筆に含まれる色は1色です。ところが三墨法では，1本の筆の中にグラデーション（多段階の濃淡）を含ませて表現する技法です。墨表現の独自な部分といえます。1つの点・1つの線の中にも濃淡が表現できる優れた技法です。墨表現に深みを出すためのテクニックと捉えて，練習しましょう（図5）。

　三墨法で整えた筆で点や線を引いてみましょう
・三墨法の点
　穂先の濃墨を意識しながら，穂先で画仙紙に触れます。そのあと筆を根元まで抑えると3段階の濃さの点が現れます。三墨法の点を集めて花も表せます（図6，図7）。
・三墨法の線
　穂先の濃墨を意識しながら筆を横に寝かせ，そのまま横に筆を動かすと，下が薄く，上が濃い線が引けます。筆を逆に向けると，逆の濃さの線が引けます（図8，図9）。

　縦線も同じことが言えます。縦線の濃淡で，光の当たる方向も表現できます（図10，図11）。

Let's try 3　三墨法で竹を表現しよう

　三墨法の線を生かして，下の竹をトレーニングしてみましょう（図12）。後ろの竹を淡墨で描くと奥行きが出ます。

図12　三墨法による竹表現にトライ

（5）墨の表現を学ぶための支援として

○「墨のにじみ」や「浮き出し」など，墨のもつ特性を生かして模様づくりをする指導法を，詳しく取り上げた本を以下に紹介します。

図13
「墨アート－墨の美を美術教育に生かす－」
墨アートジェクト，2008．
（株）墨運堂
（ホームページ：art-sumi.com）

○水墨界では現在「教育支援組織」が活動を始めています。教育支援の講師は，図画工作科の学習指導要領のねらいを把握した上で，出前授業の研究を行っています。具体的には「子どもの感じる心を線描で表現する授業」（以下の冊子に紹介）を担任と共に展開することを大切にしています。

図14
要請先：
（株）日本水墨画美術協会（本部）
email：
info@nippon-suibokuga.com
FAX　06-6372-3714

最後に墨の表現について触れたいと思います。

（6）墨の表現ミニ知識

墨表現は「水墨画」「墨彩画」「南画」「墨アート」等，様々な呼び方があります。呼び方の違いにこだわるのではなく，墨の不思議さや面白さ，美しさを，もっと身近に，もっと自由に捉えて，実際に体験してほしいという願いで，本稿は書かれています。同時に，これまでの水墨の歩みを知ることも必要です。それは左右の車輪のようなものともいえます。

現在，墨の表現は若者の心をとらえ，世界の人々を魅了する表現として評価され始めています。ニューヨークのメトロポリタン美術館には，現存の作家篠田桃紅氏の現代墨表現の作品を展示したコーナー（図15）もあり，多くの人々が作品の前に座り込んで鑑賞しています。ボストン美術館には，アーネスト・フェノロサや岡倉天心以来収拾が続けられてきました。曾我蕭白の雲龍図もその一つです。

ここで時間の流れを越えて今なお進化する墨の表現の4つの特徴について触れたいと思います。
（藤原六間堂『さらりと描く水墨画』，日貿出版社，2014）

○形よりも意が優先

外だけでなく内側も大切な要素になる「写意」の考え方。例えば樹木を描くにも，その生きてきた歴史を想像して表現することです。

○筆順を考える

最初に描いた部分が常に前に出てくるという紙と墨の関係を知っておく必要があります。

○遠近の表現に特徴がある

「三遠法」という独特の遠近の表現方法があり，西洋の絵画とは異なります。ここに墨色の諧調の変化が生きてきます。「遠くを上に，近くを下に」「遠くを小さく，近くを大きく」の手法が特徴です。

○省筆の描法が特徴である

対象を写真のように緻密に描くのではなく，スピードのある筆法やにじみやかすれで「意」を表すのがポイントです。余白を残すことで，省略の面白さがあるということです。

演習を通して，墨表現の一端を実際に体験しましたが，まず身近な書道セットを使って，気軽に試してみることから始めてほしいと思います。

図15　世界に広がる墨の表現
篠田桃紅氏の作品が展示してあるコーナー　メトロポリタン美術館にて（筆者撮影）

（松崎としよ・村田利裕）

イメージ・伝達・生活

14. 活動の企画，文字・シンボル・マーク，メッセージのデザイン

Points 文字のコレクション，文字絵，イニシャルが動き出す！，文字の種類〔美と印象そして意味の伝達〕，活動を広げるためのデザイン

Let's try 1　文字のコレクション

図1　文字のコレクション
（2年生の例）

コレクションすることは，価値観や解釈力を育てます。新聞紙や広告紙をみると個性的な文字が沢山並んでいます。見渡してみて面白そうだな，綺麗だな，好きだななどと思う文字を切り抜いて1枚の紙にコレクションしましょう。作品は，自分の感性の文字美術館になっていきます。

Let's try 2　文字絵

図2　文字絵

文字の意味を考えて，絵を付け加えた文字表現をしてみましょう。感じを一層出すには何を付け加えたらいいでしょうか。文字を楽しく変身させてみましょう。　イラスト：上田そのみ

Let's try 3　イニシャルが動き出す！

自分の名前のイニシャルを使って，絵を発想して表現しましょう。

図3　イニシャルからの発想
構成要素を変えてみる練習を一度すると効果的です。

表1　文字の種類（美と印象そして意味の伝達）

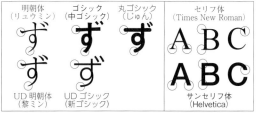

・文字の線の端の飾りをうろこ（和文明朝体），セリフ（欧文）という。
・UD：ユニバーサルデザイン（誰にも利用しやすいデザイン）の意。
　UD書体は，誰にも読みやすく，誤読を防ぐ工夫のある書体。

Let's try 4　みんなへのメッセージとマーク

学校の係やクラブ活動で必要となるメッセージのデザインをしましょう。大切なメッセージを届けるのには，どんな形が必要でしょうか。コミュニケーションしやすい形を考えてみましょう。図4の「作品トーク係」のバッジは，児童作品展で，ネームプレートに入れて，子どもや保護者の方と話しやすくするために身につけていたものです。「○○係」のマークを考えてつかってみましょう。

図4　係のネームプレート

図5　マーク1　　図6　マーク2　　図7　マーク3

現在，非営利の団体（NPO）が社会貢献活動を主体的に行えるようになってきました。社会のために志を持って活動するその精神をシンボリックに表現して協力を呼びかけるなどの必要性が生じます。図5は，郡上八幡水の学校のマークで，「水文化」をキーワードにしたまちづくり活動のマークです（特定非営利法人　岐阜県郡上市八幡町新町939）。図6は，寄付月間推進委員会の寄付月間（Giving December）のマークです。図7は，公共の試みで，ミュージアム「ニフレル」（NIFREL，大阪府吹田市千里万博公園2-1）のマークで，「感性にふれる」がコンセプトの水族館です。マークは，ホームページでも活躍します。

Let's try 5　美術展を企画しよう！

企画美術展をしましょう。企画そのものにデザイン力が必要です。そしてそこで使うポスターデザインに挑戦しましょう。

図8　展覧会会場ポスター：障害者の方々（一麦）の展覧会をしたときのものです。
中央：目が顔になっている作品

イメージ・伝達・生活

15. 遊びのデザイン
－ゲーム，数・文字の遊び，関係性の遊び－

Points ゲーム，スリル，遊び，連想・無限などの世界

Let's try 1　ゲームをつくろう！

　ゲームには，ルールや冒険・試練・スリルなどが計画されています。楽しいゲームをつくりましょう。ゲームに登場するキャラクターをつくると，一層興味がわきます。遊び手の反応を予想して，いろいろな場面を設定します。海の場合は，船に乗せたり，キャラクターに浮き輪や水中メガネをつけたりできます。ビー玉ゲームでは，リアルタイムゲームになります。厚紙をつかい，穴などに落ちるなどのスリルを計画します。ワープして別ルートに進めるなど，遊び手のアクションも参加させるゲームにすることができます。

図1　自作のゲームのキャラクター

図2　タスクを書きます。（拡大）

図3　ゲームのデザイン（全体をデザインする）

Let's try 2　数字遊びをつくろう！

　遊びのデザインをしましょう。図4は，宇宙旅行の数遊びです。ある星で迷路のような道で足し算をしながらゴールを目指します。図5は，タブレット用の時計遊びのデザインです。時計を押すと時間を音声で答えてくれます。

図4　足し算遊び（迷路型デザイン）

図5　時計遊びのデザイン

図4.5イラスト　村田－張金晶　タブレット用開発ソフトの事例

Let's try 3　関係性の遊びデザイン

　関係性を使った遊びをデザインしましょう。連想のように順次並んでいるのが図6です。しりとり遊びなどがあります。星のように色々な方向に接続する関係がスター型（図7）です。双六・迷路があります。もとに戻ってくるのが循環リング型です（図8）。しりとりの最後がまた，最初に戻ってきたり，漫画のコマが，もとに戻ってきたりと無限を楽しめます。

（村田利裕）

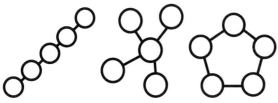

図6　順次線形型　　図7　スター（星）型　　図8　循環リング型

イメージ・伝達・生活　**16. 楽しい夢の家・学校・まち・建築**

Points　夢の家・学校・まち・建築，カッター・小刀・ハサミ・糊

Let's try　楽しい夢の家・学校・まちをつくろう！

どんな家・学校・まちで生活してみたいですか。
夢を絵に描いたり，つくったりしてみましょう。

図1　「みんなのいえ」　小学校2年生　2階は，幼稚園の窓，3階にも子どもがいます。沢山の家族が住んでいます。同じ建物に幼稚園と小学校があります。

図2　「みんなのいえ」　内部　1階が小学校，2階が幼稚園です。1階左橋の三角構造は，黒板です。2階のステージを厚紙にしていて，粘り強く切っています。

図3　自分の部屋　片岡菜月

図4　建築　松山秀一

図5　橋　層にする，細くするなどを活用　受講生

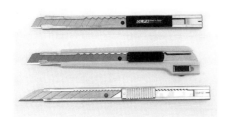

図6　カッター　最下段：刃先角度30度の鋭角刃。細かな細工ができます。

図8　段ボールカッター　ノコギリのような刃がついています。ゴシゴシ切ります。安全ですが，切り口に形が残ります。

図7　手前に真っ直ぐに引くようにします。押さえる指がカッターの動いてくるラインに置かないように指導します。固い材料の場合，普段より浅い角度で切ります。

図9　ハサミの刃の利用範囲
ハサミは，要から2／3程度の刃を使います。

図10　小刀　小刀も，材料が刃渡りを移動して切れます。小刀を固定して，材料を引いても安全に切れます。材料がどのように切れているかイメージしましょう。

（村田利裕）

工作（クラフト）・工芸など　　**17. 様々な材料と仕組みを使った工作**

Points　動く仕組み，動きからの発想，ユーモラスな動き，
　　　　ロープの仕組み，平行ジョイント，ゴム動力，クランク

動く仕組みを使った動くおもちゃには，いろいろな楽しみ方があります。動かして遊んだり，いかにもユーモラスな動きをするので，それを楽しんだり，自分でつくってみたりします。また，私たちの身の回りには，いろいろな動きの仕組みを使った仕組みや機械があり，生活の道具と関連づけたり，科学的に考えたりします。

図画工作科での動くおもちゃづくりは，子どもたちが目を輝かせて取り組む教材であり，とにかく楽しいことを実感できます。

それは，身近にあるいろいろな材料を集め，手や道具によって新しい形をつくりながら，『頭』と『手』と『心』を連動させた全身的な活動だからです。このような活動を通して，新たな発見をしたり体験したりした感動は，次への段階へ発展していきます。一つまた一つ，自らの確かな感動の上に積み上げていくことになります。

こうして，子どもたちの自然発生的な試行錯誤の中から創意工夫して「できた！」「やった！」と表現達成の喜びを味わう時こそ，たとえ小さくてもゆるぎない自信をもち，「夢」をかなえることができます。

このことは，創造活動の中だけにとどまらず，広く全生活にまで拡大・伸長し，さらに強く，大きく発展し，人間として高まっていくものと考えます。

Let's try 1
「忍者ロープ（古ハガキから）」をつくってみよう！

忍者が二本のロープを伝ってするする移動する仕組み（図1，2）を使っておもちゃをつくります。
[つくり方]
・古ハガキを対角線に切り，図のように貼り合わせ，ストローをセロファンテープでとめます。
・ストローにたこ糸を通し，たこ糸の両端に輪ゴムを付けます。

[遊び方]
・輪ゴム部分を上方に固定し，たこ糸を交互に引くと，登ってい行きます。

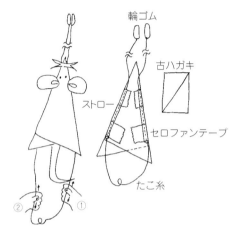

図1　動く仕組みと動き方
①と②を交互に引くことで「ちょろちょろマウス」が，登っていく。

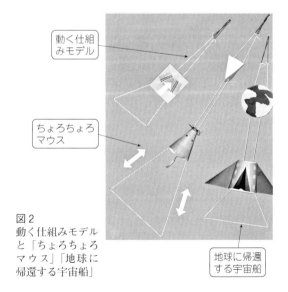

図2
動く仕組みモデルと「ちょろちょろマウス」「地球に帰還する宇宙船」

Let's try 2 「平行ジョイント」

平行になった1対の腕木状の画用紙を割りピンで固定して自由に動くようにしたものをつくります（図3：仕組みモデル，図4：作品事例）。お友達といっしょに運動している子どもや動物やおいかけっこをしている様子を工作にできます。

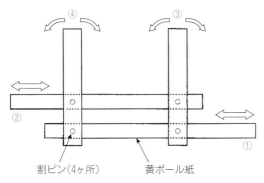

図3 動く仕組みと動き方
①と②を手で持ち、左右に動かすと、③と④が連動して左右に動く。

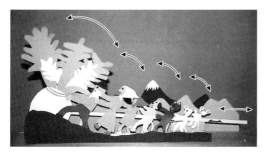

図4 「みんなで引くぞ！ 大きなカブ!!」

Let's try 3
「ストロー人形（ストローと紙コップから）」にトライ！

ストローを上下に動かすと、頭や手、羽根などがピクピク動く愉快な人形をつくります（図5）。

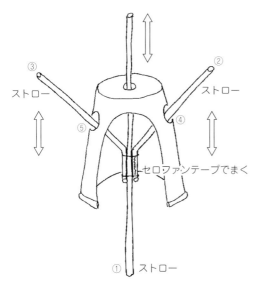

図5 動く仕組みと動き方
①を上下に動かすと、連動して②と③が上下に動く。
紙コップの④と⑤の穴の位置や大きさで、動きが変わる。

図6 羽ばたく鳥　　図7 羽をひろげるくじゃく

Let's try 4 「Go Go 夢のレーシングカー」

ゴム動力の仕組みを使って、走る動くおもちゃをつくります（図8、9）。

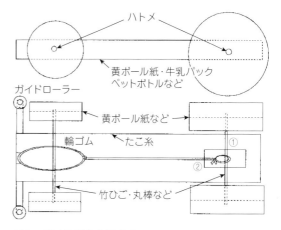

図8 動く仕組みと動き方
車軸①に、たこ糸②を巻き上げ、離すと車輪が回転し、前に進む。ポイント：車軸にたこ糸②を輪になるように緩く結ぶ。

図9 どこまで走れるか競走しましょう。

Let's try 5 「ゴム動力で進む船」

ペットボトルやトレーなどの左右に割り箸を付け、後ろに牛乳パックでつくったかき板（5cm×4cmぐらい）を輪ゴムで取り付けます（図10）。輪ゴムを巻いて水に浮かべると、前に進みます。

第7章 題材研究「学びのユニットB」| 205

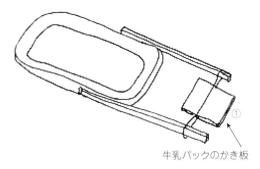

図10 動く仕組みと動き方
①のかき板を回転しながら輪ゴムを巻上げる。
水に浮かべて①を離すと水をかきながら前進する。

Let's try 6 「クルクルまわって1」

輪軸ロープのしくみ（図11，糸を引くことにより，軸が回転し左右に動く）で動くおもしろさから，発想した動く工作をつくります。

糸のかけ方で回転方向が変わったり，軸の太さを変えること事で，回転速度が変わったりします。

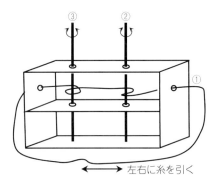

図11 動く仕組みと動き方
①の糸を引くと，②と③の軸が回転する。

Let's try 7 「クルクルまわって2」

カムの仕組み（図12，軸が回転しながら連動して上下にも動く）の動くおもしろさから，発想した動く工作をつくります。

カムの形で上下の動き方が変わります。カムは，軸からの距離の違いで上下します。

カムの仕組み（図12，①のハンドルを回すと軸が回転しながら連動して，上下にも動く）の動くおもしろさから発想した動く工作をつくります。

カムの形を工夫することで，上下運動のタイミングが変化したり，回転・半回転の動きが変化したりします。

また，カムを縦軸の左右に取り付けると，左右

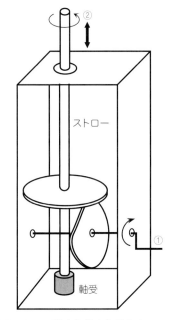

図12 カムの動く仕組みと動き方
①のハンドルを回すと，カムが回転し，②のストローの軸が，上下に動きながら回転する。

交互に回転し，上下運動も変化します。

Let's try 8 「クランクのおもちゃ」

クランクのしくみ（針金を曲げてつくったシャフトに竹ひごを連結させ，手でまわす，回転運動が上下，左右，前後等の往復運動に変わる）で動くおもしろさから，発想した動く工作をつくります（図13-18）。

図13 イルカのジャンプ

[クランクの基本の仕組み]
・牛乳パックの箱などを利用するとよい。

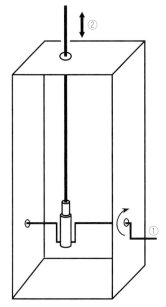

図14 基本の動く仕組みと動き方
①のハンドルを回すと②の軸が上下に動く。

・アイデアに応じたクランクシャフトをつくりましょう。

① クランク1個

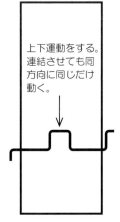

図15 クランク1個の動く仕組みと動き方
基本の動く仕組みと同じ動きをする。

② クランク2個

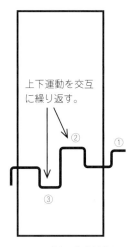

図16 クランク2個の動く仕組みと動き方
①のハンドルを回すと，②と③のクランクが上下運動を交互に繰り返し動く。

③ 段差クランク

図17 クランク2個段差の動く仕組みと動き方
①のハンドルを回すと，②と③の上下運動の大きさに違いが出る。

・クランクシャフトと接続方法

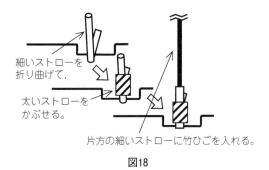

図18

（平尾隆史）

工作（クラフト）・工芸など　**18. 木を使った工作　－木工道具の使い方－**

Points　のこぎり，金づち，げんのう，釘，錐（きり）　電動糸鋸ぎり

　木を使った工作のための道具には，いろいろなものがあります。学校によって，揃えている道具の仕様や数が異なる場合がありますから，どんな道具がどのくらいの数あるか教材研究の1つとして確かめておく必要があります。ここでは，小学校で主に使う道具について，その安全な使い方と指導の仕方を紹介します。

　使い方を指導するときは，必ず手本を見せながら行います。使い方と同時に，机の端に置かない，道具の金属部分には触らない，刃を人に向けないなど，扱い方や持ち運び方，片づけ方もしっかり指導します。また，活動場所のどこに何をどのように置くとよいかなど活動中の子どもの導線を考えながら場の設定もしなければなりません。活動しやすく，かつ，安全を考慮した工夫が必要です。どんなときに危険が生じるのか，指導者は想像力を働かせながら準備と指導をすることが重要です。

（1）のこぎり

　両刃のこぎりと片刃のこぎりがあります。両刃は，左右で刃の形状が違います。縦挽きと横挽きとよばれています。木目（繊維）に沿って切るか（縦挽き），木目を横にして断ち切るか（横挽き）によって使い分けをします。小学校では軽くて刃の交換ができる片刃のこぎりを使うことが多いでしょう。

　では，指導の仕方を紹介します。
① 切りたいところに鉛筆で線を引きます。柄を短く持って，引いた線の向こう側に少し傷をつけます。
② つけた傷を起点にして，刃の全体を使うようにしてゆっくり引きます。

　　＊日本ののこぎりは，引くときに切れるので，これをしっかり伝えておくと，押すときと引くときで力の加減がわかり，効率よく切ることができます。

図1　のこぎり（両刃）

③ だんだん速く刃を動かしていきます。このとき，もう一度，刃全体を使うように伝えましょう。動きが速くなると，動かすことばかり考えて，刃の一部分（真ん中辺り）しか使わなくなります。

　子どもに指導するとき，擬態語を使うとよく伝わります。例えば，上の①②③の説明に次のような言葉を加えてみましょう（図1）。

① ガリッ
② シュー　シュー　シュー…（ゆっくり）
③ シュッ　シュッ　シュッ…（リズムよく）

　蒸気機関車が走るようなイメージを持たせてもよいでしょう。子どもは，柄を強く握り，力を入れて動かしがちです。入れすぎると刃が湾曲し，まっすぐに切れませんし，刃こぼれの原因にもなります。力を入れた方がよく切れると勘違いしている子もいますから，余計な力を抜き，刃を立てすぎず，寝かせるよう（約30度）にして刃全体を使って切るように伝えましょう。

（2）金づち，げんのう

　のこぎりと同様，子どもたちには馴染みのある道具の1つです。上手に使うには，柄を握る位置がポイントです。打ち始めは頭に近い方を持ち，釘がしっかり刺さったら，柄の下側の方を持つように指導しましょう（図2）。ただ慣れないうちは，あまり下の方を持たせない方がよいでしょう。

子どもの力や手の大きさを考慮しながら、柄の真ん中辺りを持つよう指導しましょう。金づちをキツツキのように小刻みに打ってしまう子どもがいます。打っている割に釘は中に入っていきません。ただ、釘を支える手指を打ってしまわないかと怖がっている場合もありますから、子どもの様子を見ながら小刻みにならないようにアドバイスしましょう。

図2　げんのう

■げんのうについて

げんのうをよく見ると、頭の部分の形が左右少し異なっていることがわかります。平らな面で釘を打ちます。打ち終わるときは、少し丸みのある面で釘を打ち込みます。これは、釘の頭を木に打ち込むことと、板を傷付けないという理由があります。

■釘（くぎ）について

目的に応じて、いろいろな長さや材質のものがあります。使う木片などの厚みや子どもの活動内容を想定し、数種類の長さの異なる釘を準備しておきましょう。2 cm前後の長さが子どもにとっては扱いやすいようです。錐（きり）で少し穴を空け、釘を差し込んでから打つようにすると、打ちやすくなりますし、木片が割れにくくなります。（特に小さい木片だと木目に沿って割れてしまうことがあります。）

(3) 釘抜き

釘抜きは、上下が釘を挟み込めるように割れています。この割れ目に釘を挟んで、てこの原理で釘を抜きます。ですから、簡単にてこの原理を伝えてから使い方を指導すると、よりわかりやすく

図3　釘抜き

なり、正しく使えるようになります（図3）。上と下のどちらを使うかは、抜きたい釘の長さや大きさ、とび出し具合によって使い分けましょう。釘を打った板が小さくて釘抜きがはみ出してしまうときは、同じ厚さの板を並べるなどして、高さ調節をするとよいでしょう。

(4) 錐（きり）

錐は、刃先を回転させることによって、板や竹に穴を空けることができます（図4）。用途に応じて数種類の刃先があります。板や木片の大きさが小さいと、錐の回転と一緒に動いてしまい、上手に穴を空けられなくなることがあります。雑巾や滑り止めシートを敷くなど工夫しましょう。

図4　錐（きり）

（5）電動糸のこぎり

電動糸のこぎりは，機械の部位や刃の付け方，危険回避の注意事項を最初に説明しましょう。刃には種類がありますから，扱う板や活動に合わせて適切な刃を選びましょう。慣れないうちは，子どもたちは刃を折ってしまいがちですから，多めに準備しておきます。

刃は手前に向けて，ギザギザが下に向くようにし，まず電動糸のこぎりの下部しめ具に差し込み，ねじでしっかり留めます。次に，ノブを押し下げながら上部しめ具でしっかり留めます。これで，切り始めることができます。

スイッチを入れ，両手で板をしっかり押さえ，前に押し出しながら切っていきますが，描いた線に沿って切ることは容易ではありません。ゆっくり板を押したり，途中で止まったりしながら切るようにしましょう（図5）。電動糸のこぎりのスイッチを止めるとき，片手になるので怖いと感じる子どもがいます。慣れるまでは，順番を待っている友達にスイッチを入れたり切ったりしてもらうように伝えましょう。

図5　電動糸のこぎり

電動糸のこぎりは，板に穴を開けることもできます。形をくり抜く場合は，まず切り始めのところに，錐で穴を開けます。そのとき，板を貫通させるので必ず使わない板を敷き，机や作業台を傷つけないようにしましょう。上部しめ具を外して，刃を開けた穴に通します。再び上部しめ具に刃を取り付けて，切ります。切り終わったら，上部しめ具から刃を外し，板を抜きます。これで，くり抜くことができました。板をくり抜くときや刃を付け替えるとき，使い終わりには，スイッチを切るだけでなく，必ずプラグを抜くことも指導し，事故防止のため徹底させましょう。

（6）道具や用具の指導について

大事なことは，学習のねらいと子どもの実態に応じた準備と指導をすることです。ここで示した方法が全てではありません。学習環境や子どもの実態に合わせ，よりよい指導の仕方を探ることが大切です。指導者は，教材研究として事前に子どもに提供する材料や道具を実際に使ってみなければなりません。そうすることで，危険性や子どもの困りそうなことが見え，安全で効果的な指導の具体化を図ることができます。

（7）文化の伝承を担う図画工作科

木工道具や用具には，まだまだたくさんのものがあります。それぞれに木材と向き合ってきた昔の人々の知恵がつまっており，千年以上も前からその姿・形を変えていないものもあります。例えば，錐の柄の形状は，刃に近づくほど太くなっていきます。これには，力学的な理由があります。柄の上の細い方を手の平で挟んで回転させると，下に比べてより多くの回転を生むことができます。柄の下の太い方を挟むと，回転数は減りますが，より大きな力で穴を開けることができます。

道具の形について当たり前と思わず，その理由や物理的な原理を子どもたちに知識として伝えることで，工夫を重ねてきた先人たちのすばらしさに気づくとともに，道具に対する愛着も芽生えてきます。また，木にもいろいろな色や木目があり，それらの違いを生かした表現方法（寄木細工など）があるなど，木の持つ多様な美しさ，表現性や可能性に触れることは，本教科が担う重要な役割でもあります。

（妻藤純子）

| 工作（クラフト）・工芸など | **19. 金属を使った工作**

Points　金属造形の魅力　針金表現の基礎技法を知ろう・試してみよう

（1）金属を使った造形の魅力と可能性

　金属には，様々な種類があります。最もポピュラーなスチールから銅や金なども金属です。また形状によって板状であったり，棒状であったりします。本節では，小学生が扱いやすい針金に的をしぼり，その特徴や技法，表現の可能性に迫りたいと思います。

① 一本の線材（針金）の可能性

　一本の線は，様々な造形的な可能性を示してくれます。平面に一本の線を描くとこれから描かれていこうとする世界を予感させてくれます。一本の針金もまたこれからつくり上げられていこうとする立体世界を予感させてくれます。針金は，平面に描かれた線以上に子どもたちにその可能性を示してくれます。

　一本の針金に力を加えると一本の曲がった線が現れます。その線は，向きを変えることによって違った景色や空間を見せてくれます。子どもは，この瞬間を見逃したりはしません。自分が曲げた針金が向きを変えるだけで違って見えることを何度も確認しながら制作していきます。そして，その線が複雑に交差していくとき，針金の線による見事な空間構成の立体作品が，その姿を現してきます。

② 子どもの針金の作品から

　図1は，5年生児童による針金の作品です。針金が様々な線として空間を縦横・前後に構成していることがわかります。離れて見てもその姿の魅力に引き込まれるのですが，近づいて見ると新しい奥行きの世界が現れ，向きを変えるとまた違った世界が見えてきます。ここに針金を使った造形の面白さと可能性があります。

（2）針金の種類・特徴

　針金の特徴は，可塑性にあります。可塑性とは，力を加えられた点が，容易に変形し，その形を保持することを意味します。自動車などは，鉄の板にプレスが加えられて形がつくり上げられます。

これが可塑性です。針金の造形的な特徴は，この可塑性にあるといってよいのです。

図1　縦横・前後に線が複雑に構成された作品例

図2　3年生児童作品（鉄製針金使用）

　図2は，この可塑性を思い切り使った作品です。多くの針金に力を加え，一本一本の針金に複雑な形を与えながら，一つの作品として仕上げた作品です。

　針金は，その種類も多様です。針金といっても，頭に思い浮かべやすいのはスチール製の針金ですが，針金は，材料によって鉄製，アルミ製，銅製などの針金が市販されています。また，その太さによって，硬度が異なり，加工・切断のしやすさが異なります。小学校の児童が用いることを考えるとあまり太いものは扱いにくいでしょう。しかし，アルミ製の針金などは柔らかく，ある程度の太さまで十分活用することができます。また鉄製の針金を芯に用いたものにモールやフリーワイヤーなどがあります。フリーワイヤーとは，園芸

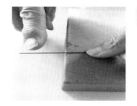

図3，4　針金を当てる，そして折ってみよう。

図5　L字形の垂直な形態の完成です。

図6　鉛筆に巻いてみましょう。巻き方によっていろいろなバネの形ができてきます。

図7　太い瓶に巻いてみましょう。

図8　太さが違うとバネの感じも違ってきます。

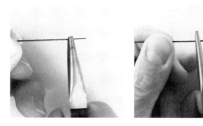

図9，10　ペンチを使って折ってみましょう。続けて折っていくと！

用などに用いられる鉄製の芯をビニールなどで覆ったものです。これらの針金は，巻いてあるタイプとある程度の長さに切り取って，一本の棒状にし，束ねたタイプとが市販されています。

（3）つくりながら学ぼう針金造形の技法

■ 針金の道具・技法を体験しよう
　　－「折る」「曲げる」「つなぐ」の魅力－

　針金の特徴である可塑性を生かした技法をつかんでいきましょう。

　針金に力を加える際に，形のあるものを使っていくとバネの形やL字の形などをつくることができます。ここでは，鉛筆などの円形のものや箱の形を使ってつくってみましょう。

1）型の形を使ってみよう

　箱状のものを利用し，折ることによって形をつくることができます。図3，4，5はL字形をつくる方法です。これを連続的に行うと，四角形をつくることができます。

2）筒状のものに巻いてみよう

　図6，7，8のように，鉛筆や瓶などの円の形に針金を巻き付けることによって，バネ状の形態をつくってみましょう。円形の形がさらに大きくなっていくと，アール状の形態にもなります。

3）ペンチを使ってみましょう

　ペンチは，針金を切ったり，形をつくったり，針金をつないだりするのに便利な道具です。針金工作では，特に必要不可欠な道具です。ペンチとラジオペンチの両方を用います。針金を切る際には，ペンチを使いましょう。特に太めの針金の際は，ペンチだと，容易に切断できます。しかし，折るなどの加工にはラジオペンチの方が使いやすいです。この道具によって，3年生の児童でも針

図11　角のあるらせん状の形態ができます。　　図12　さらに先端を引っ張り出してみると，面白い形ができます。

金による造形活動が可能になります。図9，10のようにして折り曲げていくと四角いらせん状の形態になります（図11）。さらにそれを引っ張ってみると，角のあるらせん状の形をつくることができます（図12）。もちろん同じようにして，円形の渦巻き状の形態もつくることができます。やってみましょう。

4）つなぐ

一本の針金に力を加えて，形を変えることと同様に針金と針金をつなぐこともとても重要です。針金と針金をクロスさせて「ねじる」という方法がいちばん一般的ですが，この方法では直線的につないだり，針金の途中からつなぐといったことはできにくいです。

そこで，フックの形態からつなぐ方法をやってみましょう。この方法を用いると針金の途中から別の針金を巻き付けてつなぐということもできます（図13，14，15，16）。

（4）針金造形の教育実践にチャレンジ

ここまで針金の特徴や技法について触れてきましたが，いよいよ授業にチャレンジしていきたいと思います。

●対象：3年生児童，5年生児童

5年生は楽しんで取り組むことができるでしょう。果たして，学年が二つも異なる3年生に活動が成立するのか心配です。

●授業の前にしておきましょう

針金をしっかりと準備しておきます。3年生には，細めの切ってあるタイプを準備しました。巻いてある針金を切り取っていくのは大変ですし，けがを誘発することにも配慮しました。もちろんペンチやラジオペンチ，積み木や瓶や缶などの型も準備しておきます。もちろん，児童にも持参するように呼びかけます。また心がけたいこととして，隣の児童との空間を十分にとることや針金を切った際は，折ったり，テープを巻くなどの配慮も必要です。

3年生の授業を中心に振り返ってみます。

●知らせる段階（活動内容を知る）

「今日は，これを使って，つくってみよう。」と1本の針金を見せながら声をかけます。子どもは針金を知っていますが，図画工作科の授業で使ったことはありませんから，目は針金に釘付けになります。その子どもたちに活動の方向性を示すために，「針金を折って，曲げて，つないでみよう」と活動名を板書します。

●知る段階（技法をつかむ）

次は，「折る」「曲げる」「つなぐ」の3つの技法のすばらしさに気づかせる段階です。そこでこれらの言葉を投げかけながら机の角などを使いL字型に「折って」見せます。子どもは，机の角や四角い型を使うと，垂直に折れることをつかみます。

ここで重要な点は，1本の直線だった針金が，垂直に折られることによって，今までとずいぶん違った形に見えてくる事実に気づかせたいです。

図13　ペンチを使ってフックの形をつくりましょう。

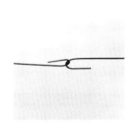

図14　フックの形同士をクロスさせます。

図15　そしてラジオペンチを使って，とじましょう。

図16　フックの形を使って，直線的につなぐことができました。

垂直に折ることによって，決して立つことのなかった針金が，立ったりもします。また，両側を違う向きに垂直に折ると，全く違う形態へと変化します。この変化にしっかりと気づかせましょう。同じように鉛筆や瓶などに巻くという活動をして見せます。「曲げる」ための道具であるラジオペンチを取り出し，曲げて見せます。このあたりで，すでに3・4個のサンプルが机の上に並びます。それを「つなぎ」ながら組み合わせて見せるのです。

そうするとどうでしょう。一本ではなんら形を見せなかった直線の針金が，折ったり，曲げたりすることによって，形態に変化が現れるだけではなく，空間を持ったものとして子どもたちの目の前に現れるのです。もう，子どもたちは，「自分でしたい。」と，造形活動を強く望みます。そこで最後にラジオペンチを使っていろいろな「つなぐ」をして見せます。

● つくる活動（つくる活動の始まりの段階）

まず一本だけの針金を渡します。子どもたちは早速，針金を「折る」という行為に入ります。折ってみることによって形が変わり，見る向きを変えることによって，違う見え方がすることに気づきます。子どもは次の針金を要求してきますので，針金をどんどん子どもたちに渡していきます。

● つくる活動（どんどんつながる段階）

子どもたちは，針金を次々と折ったり，曲げたり，つないだりします。それらの活動をしながら，必ずといってよいほど，作品を回して見ます。様々な方向から見ることによって，それが何に見えてくるのかを楽しんでいます。そして次第に形が立ち現れてきます。右の作品は，こうやってつくりあげられた3年生女子児童の作品です。図20は頭部の拡大画像ですが，何本もの針金を繰り返し，「折り」「巻き」「曲げ」「つなぐ」という行為を繰り返した結果，生み出されたことを，よく理解することができます。さあ，やってみましょう。針金をつかった授業を。

図17　初期の形態

図18　ペンチを使う

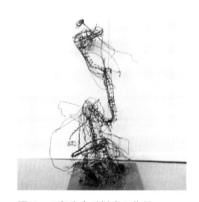

図19　3年生女子児童の作品

図20　頭部の拡大

（愛野良治）

工作（クラフト）・工芸など　　**20. 粘土の種類と特性**

Points　粘土とは？　粘土の種類と特性　粘土表現に使う道具を知ろう

（1）粘土とは？

　子どもたちは，粘土を使って，ものづくりをするのが大好きです。小学校の教室には，必ず粘土があります。但し，自然の土粘土を使えるようにしている学校もありますが，油粘土だけの学校もあります。粘土には，様々な種類があり，最もポピュラーな土粘土から油粘土，紙粘土，樹脂粘土など多様です。

① 粘土の特性

　粘土の最も大きな特性は，力を加えると形が変わり，保持される点にあります。これを可塑性と言います。粘土が柔らかい状態だとこれによって小さな力で思いのままに形をつくることができます。また，つけたり，とったり，と繰り返し形をつくり直すことができます。主に水分が関係することによって粘性や乾燥硬化といった特性も加わります。特に，乾燥硬化する点は，作品に耐久性・保存性を持たせてくれます。

② 粘土の種類と特性

　粘土は，成分や乾燥硬化，焼成などの特性によって分類できます。

　土粘土は，土に水が結びついたものです。彫刻に使われる硬さは，「耳たぶの硬さ」程度が最適であると言われます。しかし，「干潟で遊ぼう」（本書「粘土の遊び　粘土の造形」参照）の自然の粘土は，水の含み具合によって「さらさら」の状態から「ねっとり・しっとり・ぬるっと」した状態であったりと，表現しえないほどの多様な状態を見せてくれます。少し水分を含むと，粘土は，手のひらに握りしめただけで，指と指の間からぬるりと飛び出してきます。水分を多く含んだ粘土は，容易に姿を変えてくれますし，とろりと私の手や体を優しく包み込んでくれます。まさに小さな子どもが泥遊びをするのは，その心地よい包容力と刺激によるのです。このように子どもを魅了してやまない柔らかな粘土についても取り扱うことを考慮すべきです。

　土の粘土は，乾燥すれば縮みながら硬化します。乾燥すると10分の1程度収縮します。なお，一度完全に硬化すると，水をかけた程度では，表面はぬれていても内部まで浸透せず，元の状態には戻りません。さらに焼成すると焼き物になります。焼成するとさらに10分の1程度収縮します。

　制作が複数日に渡る場合は，粘土を柔らかい状態にしておくために，作品に濡れたタオルを巻いたり，ポリ袋をかけたりし，作品の乾燥を防ぎます。乾燥硬化した粘土は，砕いて，再度水に入れ，練り直します。この作業には土練機があると便利です。土の粘土は，教材店や粘土専門店から購入します。大量に購入すると安くなります。

　日本中の低学年の教室に必ずあるのが，油粘土です。この粘土は，鉱物とひまし油などでつくられます。水分を含まないことから乾燥硬化しません。何度も形を形成できるのが長所です。しかし，べたべた感や独特のにおいがあることや作品として保存しにくいところが短所です。また油粘土そのものの耐用年数も3年程度で，ぱさぱさになってきます。冬場になると，固くなりますが，ビニール袋などに油粘土を入れ，お湯で温めたり，暖かい部屋に置いておいたりすると軟らかくなります。

　紙粘土は，紙と糊に水を混ぜ合わせてつくります。乾燥硬化するので形を保持し，作品として残せます。粘土の状態で絵の具を混ぜると，粘土の白さと混じり合って，淡い色に染まります。乾燥後，絵の具を塗ったり，削ったりもできます。また，ビー玉やおはじき，貝殻など，材質の異なる物を埋め込むこともできます。

　その紙粘土に取って代わりつつあるのが，軽く，乾燥後も縮みにくいという特徴を持つ樹脂（酢酸ビニール樹脂など）でつくられている樹脂粘土です。樹脂粘土は，成分によって様々な粘土がつくられています。主に樹脂，土，パルプ，鉱物，糊などの成分に水が含まれます。水分がなくなることによって乾燥硬化します。紙粘土と同様に絵の

第7章　題材研究「学びのユニットB」｜*215*

具を混ぜることができるタイプもありますし、乾燥硬化後に焼き物風やブロンズ風に見える粘土もあります。作品名「シーサー」は、素焼きの焼き物風に見える樹脂粘土の作品です。(図1) 液体粘土という商品名で、ゲル状の粘土もあります。

図1 「シーサー」 小学校4年生男子児童作品

(2) 粘土表現に使う道具

粘土を使った立体作品をつくっていくのに必要な道具や材料を紹介します。

① 粘土板や粘土ベラ、回転式彫塑台（ろくろ）

粘土で立体をつくっていくのに役にたつ道具に、粘土板や粘土ベラ（図2）、回転式彫塑台などがあります。粘土ベラは、粘土をつけたり、とったりする際に使いますが、それぞれの用途に応じた形態をしています。また、たこ糸などは、粘土を切るのに使います。

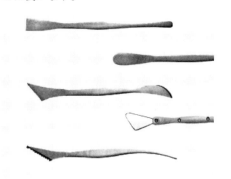

図2 粘土ベラ

② 芯材の利用

粘土を使って、キリンをつくります。キリンは首が長いです。当然、首を長く伸ばしていきます。すると、どうでしょう、首が前の方に垂れてしまいます。そこで登場するのが芯材です。立体作品をつくっていく上で、粘土だけで支えられない場合、芯材は不可欠な材料です。芯材を使って作成された6年生女子児童作品では、小さな子に向かい合う保育園の先生の膝の曲がり具合やボールを表現するのに上手に芯材を活用しています（図3）。

図3 「保育園の先生になったわたし」
小学校6年生女子児童作品

低学年の児童の場合は、缶やペットボトル等に麻紐などを巻き付けて芯材にします。高学年になると、針金を使って形をつくっていきます。粘土をつけやすくするために、麻紐を巻いたりします。芯材のセットなども販売されており、容易に制作することもできますが、土台や針金から工夫してつくる経験も大事にしたいです。

③ その他の道具

土の粘土を焼成すると作品は、耐久性を増します。釉薬を使い、電気窯やガス窯を使って焼成すると、ガラス質の作品に仕上がります。（焼成に関する詳細は、次の「陶芸」を参照してください。）

紙粘土や樹脂粘土で作品をつくり、乾燥硬化後、水彩絵の具を塗る場合があります。さらにニスを用いるとクリアーな質感と耐久・耐水性が増します。この一連の学習で必要になる道具が、絵の具や筆、ニス用の刷毛、油性・水性ニス、ラッカー、シンナーなどです。ニスを塗った後の刷毛を放置しておくと、硬化します。刷毛は新聞紙などに余分のニスをとった後、水性ニスは石けんなどを使い水洗いします。油性ニスはシンナーで洗います。ニス、シンナーともに危険を伴います。換気を良くし、ビニール手袋を使うなど取り扱い上の注意をよく読んで行います。またニスは、紙版画の版や屋外に設置する際の絵画作品などにも使います。

（愛野良治）

| 工作（クラフト）・工芸など | **21. 陶　芸**

Points　材料や技法の扱いに慣れ，陶芸の制作プロセスを理解する。
　　　　　作品作りと鑑賞が相互に関連する工夫を考える。
　　　　　子どもたちが見通しをもって主体的に活動できる授業計画を考える。

（1）作品作りと鑑賞

「宝物を作る感じがする。」

筆者が行なった陶芸ワークショップで，ある小学生が述べてくれた感想です。粘土は子どもたちにとってとても身近な材料です。しかし，他の粘土造形と陶芸が大きく違うところがあります。それは，「土（粘土）を焼いて陶へと物質化する」という前提があることです。物質化というと聞きなれない言葉かもしれませんが，「宝物を作る感じ」という言葉に，その意味はよく現れていると思います。

年に数回行う陶芸ワークショップ（対象：小学校や支援学校の児童生徒）で大切にしているのは，土作りから成形，釉薬，焼成，さらに鑑賞に至る，ものづくりの一連の流れとその関連です。ここでいう鑑賞とは，出来上がった，例えば器を使うことを指します。ある小学校での実践では，地域の方から習っている茶道の経験を活かして，最後にお茶会を開きます。自分の作った茶碗でお茶をいただく子どもたちは，とてもうれしそうです（図1）。また，「出来上がったときはうれしかったけど，実際に飲んでみると口が厚くて飲みにくかった。家の器がよく考えて作られていることがわかった。」など，意外と冷静に自分の器を評価する子もいます。

ここで見逃してはいけないのは，子どもたちの作った器が，その用途を充足しているだけでなく，場を作る装置として機能し，「人」と「もの」とのあたたかい関係に強度を与えていることです。制作と鑑賞が有機的な形で関連しあう一例であると言えると思います。陶芸は制作から鑑賞までの流れが授業で行ないやすく，また互いに機能させることもできる題材です。本節では，そうした陶芸制作の教材としての魅力と，指導上の要点を述べていこうと思います。

（2）制作工程と見通し

陶芸の制作工程をわかりやすく書くとこのようになります。

①土の選択→②土練り→③成形→④乾燥→
⑤素焼→⑥施釉→⑦本焼→⑧陶

陶芸制作の指導で重要な点は「発見」と「見通し」です。土にはもともとかたちはありません。土は人の手が加わることによって初めてかたちを与えられます。言い換えると，人は土に触れ，対話していく中でかたちを発見していくとも言えます。また，土は乾燥（含水量の変化）とともに，柔らかさ（固さ）や粘りが変化します。その中に「のばしたり」「付けたり」「切ったり」「削ったり」の適切なタイミングがあります。さらに，素焼，施釉，本焼を経て，「土」はガラス質の膜を纏（まと）った緻密な「陶」へと生まれかわります。

これらの完成までのイメージを主体的に「見通す」ことができるようにするには，段階的な（できれば学年毎に経験が積み上がるような）授業計画が重要です。土の特性や陶芸のプロセスに慣れ，「こうすると次はどうなるか」というイメージを持つことで，いつの間にか「できたもの」から自分で工夫して「つくったもの」へと近づいていきます。

また，イメージ（予想）と結果のギャップを「発見」とポジティブに捉え，そこでの出来事を見逃さない姿勢も重要で，結果的に表現の可能性を

図1　楽茶碗によるお茶会

広げます。この材料やプロセスとの協働的活動にこそ陶芸教材の今日的意義があるように思います。

（3）成形について

陶芸制作の焼くという前提は，成形方法やプロセス，そして生まれてくるかたちを制約する場合があります。陶芸の歴史をさかのぼってみると，いくつかの例外を除いてほとんどのものが，ある一定の膜構造をとっています。器はもちろんのこと，埴輪などわかりやすい一例ではないでしょうか。土を焼くためには，かたちが塊よりも膜でつくられている方が都合がいいのです。「ひもづくり」や「たたらづくり[1]」はそうして生まれた成形法です。また，土同士の接着も確実に行い，必要に応じてドベ[2]を使ってくっ付けます。そうしないと，乾燥や焼成の段階で外れたりヒビが入ったりします。

図画工作科の授業で扱う成形技法は，ロクロなどの専門的な技術や道具を用いない「手びねり」にほぼ限定されます。が，土の基本的な特性を素直に生かした，多様な展開が可能です。以下はその成形方法毎の実践の一例です。

①塊でかたちを作って中をくりぬく。
　「野焼グリーンポット」（図2）
②丸めた新聞紙の芯を，のばした粘土で包む。
　「素焼土鈴」（図3）
③土型を用いた，たたらづくり
　「楽焼茶碗」（図4）
④ひもづくり
　楽焼・抹茶茶碗（図1）

上記③④では成形道具を自作し，子どもたちが作りやすいよう工夫しています（図5）。

④のひもづくりは最も基本的な成形方法で，

図2　野焼グリーンポット

図3　素焼土鈴

図4　土型　たたら成形の楽焼茶碗

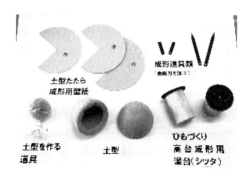

図5　自作した成形道具類

様々な表現に対応できる自由度を持っています。しかし，土をひもにしたり積んでのばしたりするには多少の慣れが必要です。段階的な余裕のある授業計画が理想です。

成形後は日陰でゆっくりと作品を乾燥させ，最後は日の当たる風通しのいい場所でしっかり乾かします。乾燥が不十分だと，素焼の際，水蒸気爆発をおこし，作品が粉々になる場合があります。

（4）釉薬について

釉薬は，もともと白や灰色，赤褐色等の泥水のような状態をしています。釉掛けをして焼成することで，素地の表面に美しいガラス質の膜を形成し，丈夫で汚れにくく，使いやすい焼物になりま

す。主原料は、長石や石灰石等の土石類や植物灰で、鉄や銅等の酸化金属類が入ると茶や緑に発色します。釉薬を数種類用意する場合は、必ず指定焼成温度が同じものを選ばなくてはなりません。また、重ねて掛けると相性の悪い組み合わせもあるので、事前に試し焼きをしておくといいでしょう。

（5）焼成について

土は、人の手を離れ火の力によって、陶へと生まれ変わります。以下に3つの焼成方法を紹介します。②と③は、子どもたちが直接焼成に関わることが可能です。

① 電気窯による高温焼成

近年はプログラム自動焼成装置の付いた電気窯が普及してきましたので、焼成が随分楽になりました。素焼（700～850℃）も本焼き（約1230℃）もそれぞれのプログラムによって自動で行われます。本焼後は、素地は固く焼き締まり、一回り小さくなります。普段私たちが使っている焼物とほぼ同じもので、日常的に幅広く使うことができます。

② 野焼

窯を使わないで、焚き火で焼く方法です。いわゆる土器の焼成方法です。焼成温度は500～700℃程度なので、素焼に近いものです。ざっくりした素朴な風合いが魅力です（図2）。

③ 楽焼（アメリカン・ラク）

耐火レンガを積み重ねて簡易窯をつくり、ガスか灯油のバーナーで焼成する方法です。低い温度で熔ける楽釉を用い、焼成温度は800～850℃、およそ20～30分で焼き上がります。即興的な焼成ができ、釉のはっきりした発色と柔らかな質感が特長です（図1、4、6）。

野焼と楽焼は、作品が直火にあたるため、急激な温度変化に耐えるよう土づくりから行なう必要があります。野焼は土に童仙傍[3]やシャモット[4]などを入れてざっくりした素地土をつくります。楽焼はシャモットのみを混ぜます。前述のワークショップを行なう時、私はまず初めに土を足で踏んで「土づくり」を行います。〈アイスブレイク〉の役割と同時に、足の裏で土を感じるという新鮮な体験が、導入段階での子どもたちのモチベーションを高めるのに役立ちます（図7）。

図6　楽焼焼成　高温で赤熱した作品を窯から取り出しているところ。

図7　土踏み
素足で粘土を感じる。

一言で「陶」といっても、焼成方法や温度によって質感が大きく違います。先に挙げた土鈴を例にすると、素焼では「コロコロ」という柔らかで素朴な音がしますが、本焼では「チリンチリン」という澄んだ音に変わります。手に取った感触も明らかに違います。生まれ出た「陶」を手に取り「質感を感じとったり」「たたいて音を確かめたり」「使い心地を試したり」、いわば子どもたちの日常の身体的経験や生活と密着した造形活動は、他にはない陶芸制作ならではのものです。一方、焼成前と焼成後のギャップ（例えば釉薬は色や質感が大きく変わる）に驚いて陶芸に距離を感じる子どももいます。色見本を利用したり、焼成を段階的に行うなど、授業計画に工夫が必要です。

注
1）板状にのばした粘土で形を作る成形方法。
2）粘土に水を加えてクリーム状にしたもの。
3）珪砂を多く含む木節粘土。道具土。
4）陶土を焼いて粉（粒）状にしたもの。焼粉。

（丹下裕史）

鑑賞　**22. 鑑賞方法の多様化と広がり**
　　－子どものイマジネーションを活性化させる美術鑑賞－

Points　鑑賞の目的，対話型美術鑑賞，相互鑑賞，VTS，美術批評

（1）美術鑑賞の目的

　美術鑑賞の目的は，美術文化に触れて理解を深めることや多様な美意識に触れ，人の心を豊かにするために行います。例えば，美術館や博物館など非日常的な空間で，子どもたちは実物の作品と出会い，その場所に身を置き，作品と子どもの心や精神や感性が共鳴し合うことで，子どもは「この作品は，何が描かれているのかな？面白そう！」と興味津々に自由な時間を過ごすことができるのです。このような感性がふるえる鑑賞体験によって，鑑賞者は作品からのメッセージを感受し，感性を交換し合うという新鮮な体験や驚きを通して，個々の美意識や思考が深まっていきます。

　美術を研究・分析する方法としては，美術作品についてその時代性や作家や作品性についての知識を得るための活動であったり，作品そのものの材料や技法について，その特性を知るために鑑賞したり，純粋に作品の造形性や美を感じ取ることがあります。

（2）鑑賞方法

　これまでの鑑賞教育というと一斉教育の解説法によって，鑑賞教育が行われ，子どもは鑑賞に興味が持てなかったり，講義形式の鑑賞を楽しめなかったことも多く見られました。しかし，近年は対話型美術鑑賞という手法が注目されています。

　対話型美術鑑賞は，1980年代にアメリカのニューヨーク近代美術館（MOMA；The Museum of Modern Art , New York）の教育部スタッフによって開発された対話型ギャラリートークがはじまりとされています。その後，対話型ギャラリートークは，教育部スタッフであったアメリア・アレナスによって1900年代に日本に紹介されました。はじめは，美術館の学芸員らによって，美術館での美術鑑賞に取り入れられました。この取り組みは，子どもが美術に興味を持てるような鑑賞の可能性を探る活動へとなりました。その後，美術館と小学校や中学校との連携活動が進み，学校での美術鑑賞教育にも対話型美術鑑賞が行われるようになりました。

　その他，学校での鑑賞活動は，自分の作品や友人の作品をお互いに見せ合いながら制作をするなどの鑑賞もあります。また，鑑賞対象は，子どもたちが住む地域の作家の作品や身近な文化財から鑑賞を始め，やがて世界で広く知られている作品の鑑賞へと広げるとともに，美術への興味・関心の幅を広げることができます。

（3）鑑賞活動の様々な方法

　近年，様々な鑑賞活動が行われています。その例として，作品に関するクイズを作って楽しむ「アートゲーム」を行ったり，「アートカード」を使って，オリジナルの作品名を考えて発表し合ったり，描かれている人物のポーズを真似て，その人物にセリフをつけてみる等の活動があります。また，アメリカで開発された「VTS（Visual Thinking Strategies）」に基づく，美的発達段階に沿ったプログラムを行い，理論的な美術鑑賞能力の発達支援も行われています。その他，「美術批評・テーマによる学習」として，作品と作家について，子どもが興味・関心を持った観点で情報を集め，作家の作品へのこだわりや思い，作品に秘められた特徴や魅力について考えるといった活動も行われています。これらの美術鑑賞は，正しいか誤っているかを決める学びではなく，ものの見方や考え方，造形的なとらえ方の違いをクローズアップしていく活動であると言えます。

（勅使河原君江）

鑑賞　**23. 地域の美術文化と触れ合って**
　　　　－作品理解や解釈を深める対話型美術鑑賞から様々な授業への発展へ－

Points　対話型鑑賞教育，美術館との連携，小磯良平の作品の鑑賞

Let's try　美術鑑賞に挑戦してみよう
（1）「二人の少女」を鑑賞しよう。

　ここに一枚の作品（図1）があります。この作品の鑑賞にチャレンジしましょう。友人と一緒に話しをしながら鑑賞しても，一人で鑑賞しても良いです。絵を見て「この作品には何が描かれているのかな？」「どんな状況が描かれているのかな？　ここはどこだろう？」「この作品の画家は何を表したかったのかな？」などについて考えてみましょう。また，「作品から何が感じられますか？」と心の中で思ってみて，それを文章にしてみましょう。

図1　「二人の少女」（カラー図版 p.172）

作品名：「二人の少女」
作家名：小磯良平（1903年～1988年）
制作年：1946年（昭和21年）
所蔵：神戸市立小磯記念美術館　油彩・キャンバス
　　　79.4×60.0cm

　小磯良平は，神戸に生まれ，晩年まで神戸で制作を続けた画家です。当時の神戸に漂うモダンな雰囲気の人物画を数多く描きました。「二人の少女」は小磯が，第二次世界大戦の終戦時に神戸市須磨区塩谷町にあった洋館で仮住まいをしていた際に二人の娘さんをモデルとして描きました。1945年の神戸空襲で小磯はアトリエと自宅を失い，戦後の苦しい時期でしたが，家族と共に過ごせることへの安堵の気持ちが作品からうかがえます。

（2）子どもたちが取り組んだ「二人の少女」の鑑賞活動（小学校中学年）の実践
■美術館での対話型美術鑑賞の取り組み

　ここで紹介した「二人の少女」の作者である小磯良平は，神戸を代表する画家です。神戸市立小磯記念美術館は，小磯の作品を数多く所蔵し研究を行っており，小磯の作品をはじめ，地域の美術文化を中心に神戸市内の小学校・中学校では積極的に小磯の作品を使った美術鑑賞活動に取り組んでいます。

　次に，「二人の少女」を見て，子どもたちがどのように対話型美術鑑賞を行ったかを紹介します。ここでの対話のファシリテーター（意見の引き出し役）は，美術館の学芸員や担任の先生が担当されました。筆者は，コーディネーターとして，子どもの着眼点や対話の発展の行方を見ていくために，対話場面に立ち会い，対話型美術鑑賞の流れを記録・分析しました（事例 pp.224～227）。

　対話型美術鑑賞は，はじめに鑑賞者が見つけたことから対話はスタートします。その観点をもとに感じたことや考えたことは常に作品の中に根拠を示しながら話が進みます。対話は，①見つけたこと，②感じたこと，③考えたことがスパイラル状に関わりながら進んでいきます。

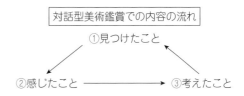

第7章　題材研究「学びのユニットB」| 221

① 鑑賞の導入の段階

　鑑賞の導入では，楽しく「作品をじっくり見る」ことから始めました。

　ここでは，子どもたちが楽しみながら作品を見て，思いついたり，発見したりした様々な点を自由に発言しています。

　最初に作品をじっくり見ることに戸惑っている子どもがいるようでしたら，周りの子と話をするように促すと，緊張がほぐれて鑑賞することができます。

② ファシリテーターの初めの発問事例

　その子自身の発見や思いがスムーズに出てくるようにする働きかけを行う人をファシリテーターと言います。ファシリテーターは，この実践例の場合，このように言って関わりました。

　「今日は，美術作品へ探検に行きましょう！いつもなら見つけられないことも見つけてみましょう。まず，この作品をよーく見て，何が描かれているか探してください。自分だったら何が描かれていると言いたいですか？一人でじっくり見たい人は，近くで見てもいいし，周りの人と相談したい人は小さな声で相談してもいいですよ。少ししたら，みんなに発見したことを発表してください。」

③ 鑑賞の展開の段階

　鑑賞の導入部分では，主に子どもからは「描かれた人物について」と「描かれた物について」など見たことに関する部分的な発言がなされますが，やがて展開では導入での発言をもとに作品全体を総合的に見て考え，発展的に予想を立てたり，作品に関する興味・関心が広がっていきます。留意点としては，それらの発言は常に作品に根拠付けをしながら進めていくようにします。

④ 鑑賞のまとめ

　子どもたちとファシリテーター，子どもたち同士の対話の積み重ねを通して，様々な話しが出されます。その際に，鑑賞した作品の正確な由来に基づく結論に必ずしも導く必要はありません。対象とする子どもたちの対話型美術鑑賞活動のねらいは，作品鑑賞を通して自分も楽しく参加し，作品を良く見て，見たことをもとに感じて考えたこ

とを発表し，他の子の発言と合わせて総合的に作品を鑑賞し，考えを発展的に進めることなのです。対話が生まれることで鑑賞が深まっていくことを大切にしていきましょう。

　本来，芸術作品は多様な解釈を許しますし，よい作品は，作家の手をはなれてひとり歩きをすることがあります。そこで，自分たちが鑑賞して導きだした作品の解釈が作品の由来と異なっていても，それを間違いとせずに，教師やファシリテーターは，自分たちなりの観察と考えを深められたことを評価する姿勢が大切となります。

⑤ 鑑賞後の活動

　対話型美術鑑賞後は，その鑑賞をもとに様々な学習に展開することができます。a～fの発展的授業の可能性を考えていきたいと思います。

ａ　授業名〈親しい人を描こう〉は，図画工作科の表現活動への発展授業例です。

　「二人の少女」のモデルが画家の家族であったことから，子どもも，自分たちの身近な家族や友達の人物画の制作にもつなげることができます。その際に，対話型美術鑑賞で描かれた人物の気持ちや描いた人の気持ちを考えたことを思い出し，自分の作品でも身近な人への気持ちが表現できるように考えてみます。

ｂ　授業名〈おそろいの服装を作ってみよう〉は，「二人の少女」の二人の服装がおそろいであったことに注目して，子どもは，グループでおそろいの服装制作に取り組む発展授業例です。グループの中でそれぞれの特徴や興味を持っていることなどについて話し合い，グループみんなでやってみたいことを決め，そのテーマに沿った服装作りをします。例えば，動物好きなグループは動物に扮する服装作りをしたり，ある物語が好きなグループではその物語の登場者に扮する服装を作ってみます。

ｃ　授業名〈「二人の少女」の詩や物語を作ろう〉は，国語科への発展授業例です。

　鑑賞の時に発話された言葉を記録して，のちに国語の授業でその言葉をつなぎ，鑑賞した作品の詩を作ることができます。また，対話から生まれた絵のイメージ世界における前後の時間を想像し

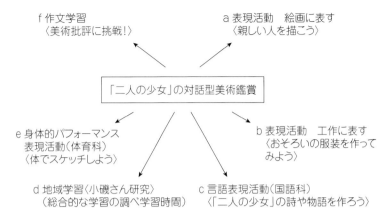

対話型美術鑑賞からの発展的授業例

d 授業名〈小磯さん研究〉は，総合的な学習への発展授業例です。

　鑑賞した「二人の少女」の作品が描かれた経緯や作家自身の研究，その作品が描かれた第二次世界大戦直後の社会状況について調べ，学習を進めることもできるでしょう。

e 授業名〈体でスケッチしよう〉は，体育科への発展授業例です。

　「二人の少女」の鑑賞時に，描かれた人物のポーズを真似して，そのポーズから感じられる人物の気持ちに注目してみます。その体験を踏まえて，表したい気持ちやストーリーを体で表す活動へと発展させましょう。はじめに表したい気持ちやストーリーを決めて，それを発音しないで一連の身体運動で表し，それを他の人に見てもらい，どんな気持ちやストーリーを表したか当ててもらう活動が可能です。

f 授業名〈美術批評に挑戦！〉は，作品の歴史を知り，美術批評をする発展授業例です。

　「二人の少女」をみんなでよく見て話し合った内容をもとに，美術批評や作品について系統的な歴史や思想について作文し，それらをまとめた冊子を作成します。子どもたちが，鑑賞と作品に関する調べ学習を通して，「私はこの作品に関してこう考えた！」という美術批評を大切にする活動です。

　このように対話型美術鑑賞後は心の中に小磯良平の絵の中の世界がリアルになり，その鑑賞した

て物語を作ることもできるでしょう。

体験を踏まえて，様々な手法で子どもたちが自分を表現する活動へとつなげることができます。

　対話型美術鑑賞活動で，子どもは，受け身ではなく自分の考えを自分の言葉として発言し，他者の言葉を聞き，みんなが参加するアクティブラーニングを通して視野が広がり，その広がった世界を表現したいという発展的な思いにつながるのです。これらの対話型美術鑑賞やそこから発展した表現活動において最も重要なことは，主体的かつ対話的で深い学びがその活動を支えていると言えます。

参考文献

上野行一（2014）『風神雷神はなぜ笑っているのか—対話による鑑賞完全講座—』光村図書

畑本真澄・勅使河原君江他（2009）『広がる鑑賞プログラム—小磯良平「二人の少女」から—』神戸市立小磯記念美術館

畑本真澄・勅使河原君江他（2010）『こいそさんカードを活用した鑑賞プログラムの実践—鑑賞から豊かな表現へ—』神戸市立小磯記念美術館

牧野香子・勅使河原君江他（2013）『身近にささっと鑑賞を—子どもたちをとりまく環境を活かした鑑賞実践事例集—』神戸市立小磯記念美術館

牧野香子・勅使河原君江他（2014）『身近にささっと鑑賞を—神戸ゆかりの画家たちの作品から—』神戸市立小磯記念美術館

文部科学省（2018）『小学校学習指導要領（平成29年告示）解説　図画工作編』日本文教出版

（勅使河原君江）

鑑賞	**24. 子どもたち（小学校中学年）が取り組んだ「二人の少女」**

－対話型美術鑑賞の対話例－

Points 対話型美術鑑賞の実践と可能性，子どもの鑑賞過程の分析

小学校４年生の取り組み（pp.221-222）の中から特色のある９人の子どもの事例を取り上げて，対話型美術鑑賞の可能性について，みていきたいと思います。まず，子どもの導入時の発言に注目し，次に展開段階の様子，そして全体の流れから鑑賞の進み方等の考察を鑑賞過程の分析とし，ワンセットとして，個々の子どもの特徴をとらえていきたいと思います。

（1）描かれている人物についての子どもの発言例

A　絵からこちらを恥ずかしそうに見る女の子

子どもＡの導入での発言　「左の女の子はこっちを見ていて，私たちと目があうよ。ちょっと恥ずかしそうにこっちを見ているね」

子どもＡの展開での発言　「自分が写真を撮ってもらう時に，「写真撮るよー，こっち向いて」ってお父さんやお母さんに言われてこっちを見ているみたい」

子どもＡの鑑賞過程の分析　子どもＡが「絵の中の女の子がこっちを見ている」という見方に注目したいと思います。子どもＡは，絵のモデルをしている女の子の視線に関心を寄せて，絵の世界と絵を見ている自分たちの世界を交差させて考え始めています。発言した子ども自身が写真を撮ってもらった経験と重ねあわせて話を展開させています。この作品は小磯が戦後すぐに娘たちを描いた作品であり，この絵を描いた父親である小磯の姿を想像することができます。小磯は，おそらく無事に終戦を迎えられたことへの安堵と新しい時代を生きていく娘たちへの希望を感じながら描いたと思われます。

B　女の子たちのカーディガン

子どもＢの導入での発言　「女の子のカーディガンはボタンが引っ張られて，弾けそうできつそうだなー」

子どもＢの展開での発言　「去年や一昨年に買ってもらった服だと，自分が大きくなってしまうので服がすぐに小さくなってしまう。この子もそうなのかな？」

子どもＢの鑑賞過程の分析　子どもＢは，カーディガンのボタンとボタンの間から下に着ているピンクのシャツが見えているところに注目しています。カーディガンが引っ張られ，少しきつめに見えます。その服を着ている子の着心地といった気持ちにまで想像して発言しています。この作品が制作された戦後まもない時代は，衣類の物資が不足しており，女の子たちも何年も同じ服を着ていたとも考えられます。また，このカーディガンは女の子たちのお祖母さんが作ってくださった物であったと言われています。鑑賞後の発展授業で，このようなエピソードを調べることで，戦後まもない日本の生活やお祖母さんが孫たちにカーディガンを作ってくれた気持ちを考える活動にも展開できるでしょう。

C　姿勢・ポーズ

子どもＣの導入での発言　「左の子は，壁に寄りかかって少しダラってしていて，首をかしげていて，右手がふわっとしているね」

子どもＣの展開での発言　「この子たちは，すごく近くにいるし，左の子は手の感じが柔らかいから安心している感じがする。二人は仲良しだと思う。仲良しじゃなかったら，こんなに近くにひっついていないから」

子どもＣの鑑賞過程の分析　子どもＣは，女の子の姿勢やポーズに着眼しています。そして二人の距離の近さに驚いています。一層実感を味わうには二人の少女のポーズを真似してみる活動を取り入れてみるのも良いでしょう。自分の体で同じポーズをとることで，体の重心やひねり具合や筋肉の緊張やゆるみを理解することができます。ポーズを真似ることからモデルの女の子たちの気持ちにより近づくことができるはずです。

A
絵からこち
らを恥ずか
しそうに見
る女の子

C
女の子（左）
の 姿 勢・
ポーズ

B
女の子たち
のカーディ
ガン

D
女の子（右）
のほっぺた
の膨らみ

E
色違いのス
カート

D　女の子のほっぺたの膨らみ

子どもDの導入での発言　「右の子の
ほっぺがぷっくり膨らんでいて真剣
に本を読んでいる」

子どもDの展開での発言　「左の子は，
ちゃんとポーズをとってこっちを見
ているのに，右の子は自分がしたい
ことに熱中しちゃっている」「マイ
ペースな感じ」

子どもDの鑑賞過程の分析　顔 の 表
情から，子どもDはこの子が熱中し
て本を読んでいると考えています。
また，左の子の様子と比べて，右の
子のマイペースな性格にまで想像を
巡らせています。絵は単なる形だけ
の世界から人物の生きている世界へ
と豊かさを増しています。

E　色違いのスカートと二人の関係

子どもEの導入での発言　「二人は色違いのスカートをはいているね。右の子はリボンとスカートが赤でお
揃いにしているからおしゃれさん」「左の子は少し長めの黒いスカートをはいていて髪の毛も一箇所にく
くっていて落ち着いた感じの服装をしているから，右の子よりも年上に見える」「左の子はお姉さんで右
の子は妹かな？」「えー，仲良しの女友達でお揃いの服装にしているかもよ。妹がこんなに寄っかかって
きたらケンカになりそう…」

子どもEの鑑賞過程の分析　子どもEは，二人はお揃いのカーディガンとスカートの服装をしていても，
右の子は明るい赤い色で揃えているので，おしゃれな性格だと予想しています。また，二人のスカートの
長さの違いや服装の色使い，髪型の違いから二人の関係性についての話しに発展し，二人は姉妹なのか，
友達なのかといった異なった意見が出ました。

■ 子ども独自の見方・考え方

　それぞれの発言をした子どもの経験から生まれた言葉が発せられています。推測や予想の力が，絵の中
の意味を豊かに受け取る鑑賞を引き出しています。子どもの対話型鑑賞の素晴らしさは，経験や心的力量
を総動員して鑑賞しようとする意欲の大きさだといえるでしょう。

（2）絵の中に描かれている物についての子どもの発言例

F　緑色の壁の模様

子どもFの導入での発言　「女の子たちの後ろに緑色の龍の模様がある！」

子どもFの展開での発言　「これは，壁の模様かな？でも，緑の木の生垣にも見えるよ。っていうことは，外かな？」

子どもFの鑑賞過程の考察　子どもFは，背景の壁紙の模様に龍の形を見つけるという，ファシリテーターにとって思いがけない発言をしています。しかし，よく見ると確かに緑色の龍の形にも見えます。ファシリテーターが，予想していなかった発言も大切にしたいと思います。このようなファシリテーターの受け止める態度で，子どもたちは「絵をよく見て，根拠のある発言をきちんと受け止めてくれるんだ」という安心感につながります。その安心感は対話の活性化につながります。また，この発言から「なんでこんなところに龍の形があるのかな？」という疑問を導き出し，「壁に描かれている模様かな？」「ここは壁紙に龍が描かれている室内かな」という，この絵の場所についての対話へとつながるでしょう。

G　色とりどりな物が置いてある台

子どもGの導入での発言　「左はじにある木の台の上に色とりどりの物が置いてあるよ。チョコレートやローソクの飾りがついたケーキみたいに見えるなー」

子どもGの鑑賞過程の考察　この木の台は，絵を立てかけるイーゼルですが，子どもGは，自分たちの身近にある木の台と見ています。その上にある物をデコレーションケーキと言い，自分が知っている物に照らし合わせて発言しています。

F
緑色の壁の模様

H　長い傘

G
色とりどりな物が置いてある台

H　長い傘

子どもHの導入での発言　「何でこんなところに傘が置いてあるのかな？女の子の腰まである長い傘だから，大人用の傘かな」

子どもHの展開での発言　「傘が置いてあるってことは，家の中に傘は置かないから，ここは屋外なのかな」「傘の留め金が解けているから，この傘を使ってポンと玄関に置いてある感じかな？」「でも，玄関で本を立って読まないよー！」

子どもHの鑑賞過程の考察　何気なく描かれている傘ですが，子どもHの上の発言から室内に傘が置いてあることに違和感を感じていることがわかります。女の子の状況と，周りにある物と関連付けて空間への省察を行っていますが，場面の設定に矛盾が生じています。このような発言が，後に室内なのか屋外なのかといった対話へとつながります。

（3）導入と展開後の思いがけない子どもの発言例

対話型美術鑑賞で導入から展開へと対話が進み，ファシリテーターが全く思いがけなかった方向に子どもたちの対話が進んだ例を紹介します。

それまで，子どもたちは，絵を観察し，観察した人物や描かれている物から見つけたことから感じたり考えたりしたことを総合的に見る活動へと進んでいった時の子どもⅠの発言です。

「そうか！この絵は，家族でファミリーレストランに来て，席に案内されるまで外で待っている時に写真とっている様子だ！」と言いました。
この発言にファシリテーターもびっくりして「なぜそう思ったの？」と問い返した後の子どもⅠの解釈を紹介します。

レストランの植え込み（緑色の背景）
子どもⅠの発言　「後ろの緑のところは，レストランの出入り口あたりの植え込みで，二人はその前に立っているところ」

壁に寄りかかる女の子（左）
子どもⅠの発言　「左側の女の子は，何となく体がダラッてなって寄りかかって，目もトローンとしていて「お腹すいたなー。早く席についてご飯を食べたいな」って思っている。

待ち時間に読書する女の子（右）
子どもⅠの発言　「右の子は，待ち時間の時間つぶしに本を持ってきていてそれを読んでいるうちに夢中になっている感じ。自分も待ち時間によくこんなふうに携帯ゲームで遊ぶことがある」

レストランの設備（木の看板立て）
子どもⅠの発言　「よくレストランの前に置いてある木の看板立てにオススメのお料理の紹介パネルが置いてあったり，料理の見本が置いてあったりする」

レストランでの順番待ち
子どもⅠの発言　「外で，レストランの順番を待っている間に小雨が降ってきたから，大人用の傘に二人で入って待っていた。でも今は雨が止んだから閉じてある」

上の子どもⅠの理解を聞くと，それまでの導入から発展で出された他の子どもの発言を取り入れ，その子なりに総合的に考え，この絵への解釈をしているのがよくわかります。絵を見て経験に基づいて発言をしています。Ｉさんの解釈は，この作品が持つ由来とは異なる内容ですが，小学校中学年の子どもなりに根拠付けて考えた発言であり，この対話型美術鑑賞が持つ作品を観察し，感じて考えたことへと思考を深めるという目的に沿っていることがわかります。

子どもは，絵の中に入って考え，思いをめぐらし，自分の解釈を出そうとしてくれました。自分は何ら関わらず，場外におかれるのでなく，絵画と深く関わろうとしてくれています。本当の鑑賞態度を育てるとは，文化の積極的な理解者を育てることであり，文化の豊かさを人生の中に引きつけることではないでしょうか。その後，子どもたちは，この絵の由来を自ら知りたいという意見が出て，この絵の由来を調べる活動へとつながっていきました。

（勅使河原君江）

鑑賞 **25. 我が国の美術・文化財，世界の美術・文化財**

Points 我が国の美術・文化財，世界の美術・文化財への興味・関心を高める授業をつくっていこう

　平成29（2017）年3月改訂「文部科学省 学習指導要領 図画工作 第3指導計画の作成と内容の取扱い1の（2），2の（8）」では，「B鑑賞」の指導については，「A表現」との関連を図るようにし，とりわけ指導の効果を高めるため必要がある場合には，児童や学校の実態に応じて，独立して行うようにすることとあります。また，児童や学校の実態に応じて，地域の美術館などを利用したり，連携を図ったりするとも記しています。

　これらの学習指導要領の全体構成を見ると，低学年では，自らの表現活動での作品や材料の良さを感じ，中学年，高学年となると，徐々に鑑賞の範囲を拡げていくような展開になっています。もちろん，そこは柔軟な内容と展開が許される訳ですが，本書「第1章 6．グローバル，グローカルの視点と造形教育」をふまえるならば，ローカルな内容からグローバルな内容へ自然に拡げていこうという意図が感じられます。

　児童をローカルな世界からグローバルな世界へ，逆にグローバルな世界からローカルな世界へ導くことも，そこには込められていると考えられます。ローカルであり，同時にグローバルであること，すなわち，グローカルな内容にしていくには，教師は，どのような視点を持って内容を組み立てたらよいのでしょうか。ここでは，そのヒントとなるような事例をいくつか紹介していきたいと思います。

（1）東大寺執金剛神立像をめぐって

　奈良市 東大寺 法華堂（三月堂）《執金剛神立像》（国宝，奈良時代〈8世紀前半〉，塑像，像高約173cm）は，法華堂の厨子（戸棚形の仏具）に安置されており，年に1度だけ公開される秘仏です（図1）。甲に身を固め，金剛杵という法具を持って仏法（仏の説いた教え）を守る姿の塑像です。口をかっと開いて，いまにも怒号とともに金剛杵をふりおろそうとしているようです。

　塑像とは，粘土・油土・ろうなどを肉付けして造った像のことです。金剛力士（仁王）は，このような仏法を守る神将が発展して生まれたといわれています。この執金剛神像はこの神将のうちでも古来最も著名なものです。

図1　東大寺 法華堂 執金剛神立像
出典：浅井和春責任編集，浅井和春ほか（2013）『東大寺・正倉院と興福寺』，小学館，p.17
（カラー図版 p.172）

　この像は，怒った顔の様子，隆起する体全体の筋肉の動き，よろいに包まれた体の造りによって，迫力を感じることでしょう。誇張をおさえたリアルな造りでありながら，ダイナミックな緊張感を見る者に与えており，奈良時代天平文化の彫刻のうちで，最も高度な写実表現と言われています[1]。

　この像をよく見てみると，所々に朱色や赤色，黄色のような色彩があり，元々は，色が施されていたことに気付くことでしょう。この気付きも大切な鑑賞活動です。仏像全般にそうなのですが，「最初につくられたときには，どんな色や形だったのだろうか」といった想像力を働かせながら鑑賞するのも仏像をみるときの楽しみの一つだからです。

① 元々は極彩色！？

そのような関心を一層かき立ててくれる研究報告がありました。東京藝術大学と東京理科大学の研究チーム（代表　籔内佐斗司・東京藝術大学大学院教授）が，執金剛神立像の彩色をコンピューターグラフィックス（CG）技術で再現し，2013年12月8日に東大寺で発表したのです（図2）。

図2　東大寺　法華堂　執金剛神立像CG
出典：東京藝術大学大学院美術研究科文化財保
　　　存学専攻　保存修復彫刻研究室
　　　（カラー図版 p.172）

この研究チームは2011年から2012年にかけて，厨子から出した像に蛍光X線分析などを実施し，特定した顔料や肉眼による調査から彩色を復元し，CGデータに落とし込んで像が造られた当初のカラフルなイメージを作りました。

材料分析からは，高価な鉛白（炭酸水酸化鉛（Ⅱ））を使った純白の下地に，群青や緑青など純度の高い顔料を塗り，非常に鮮やかな色彩だったことが判明しました。これまで石とも考えられてきた目には鉛ガラスが使われていたそうです[2]。

CGでは，よろいの金箔の上の雲文や唐草文，腰回りの小札（よろいの小さな板）の孔雀の羽根や対葉花文が鮮やかに再現されています。

もちろん，CGの質感と実際の質感は違うということを念頭におきながらも，図1と図2を比べてみましょう。図1は，古びた感じや重厚さ，体の動きが感じられます。その一方，図2は，鮮やかで現代的な印象があるかもしれません。超人性が見られ，まるで，ゲームやアニメのキャラクターのように感じる方もいることでしょう。現存の仏像と造られた当初の仏像の色や形，このギャップに向き合い，楽しむことも仏像鑑賞の楽しみです。

② 文化財修理について

もう一つ，別の仏像を取り上げたいと思います。それは，阿修羅像です。文化財修理のあり方について考えるシンポジウム「阿修羅像を未来へ－文化財のこれからを考える」（興福寺，朝日新聞社主催）が，2017年2月25日に東京で開催され，その概要が朝日新聞誌上で報告されました[3]。

奈良市　興福寺　国宝館の《八部衆　阿修羅像》（奈良時代　天平6（734）年，国宝，脱活乾漆造，像高約153cm）は，三つの顔（面）と六本の腕（臂）を持っています（図3）。

「阿修羅」は，古代インドの神話に出てくる，戦いを好む魔族アスラ（Asura）で，元々は仏教のものではないのですが，天の神様（インドラ：帝釈天）と戦った末に負けてしまい，心を改めて仏教を信じるようになりました。そして，お釈迦様の教えを守る「八部衆」という8人の神様の一人になったのです。

木などの骨組みに粘土をつけて形を作り，布を貼り付けて漆を塗り，穴をあけて中の土を取り除く脱活乾漆造という方法で作られています。主に漆と粘土でできており，中は空洞のため，重さは15kgほどに抑えられています。興福寺は何度も火事にあったのですが，阿修羅像が焼けずに残ったのは，この軽量のためにお坊さんが抱いて逃げることができたからとも言われています[4]。

シンポジウムは，この阿修羅像を中心に据えて行なわれましたが，興福寺の多川俊映貫首（代表）は，宗教者の立場から，「お経には『仏像には完全な身体を持つ』と言う言葉もある。腕が欠ければ補いたい。」などと願うのは，当たり前の感想だとして，現状維持とする文化財修理の基本原則に疑問を投げかけました。もし，仮に今，手が欠けた状態で寺から見つかれば，それ以上の修復された姿にはできないので，合掌する姿は今後見られないというのです。そして仏像は，礼拝の対象であることを考えれば，それは残念だという

図3　興福寺 阿修羅像
出典：小川光三ほか著（1986）『阿修羅　魅惑の仏像1』，毎日新聞社，p.12

のです。

　ここから，文化財修理は，色あせたり，欠損部分があったとしても，発見されたときの状態に戻すまでにとどめることが基本原則ということが分かります。この理由について，先の執金剛神立像CG再現チームの代表でもあった籔内氏は，自分自身の顔写真に様々なメイクを施した複数の写真を示しながら，修理スタッフによって感性や技量は違うため，現状維持という枠を外すと，取り返しのつかないことになる危険性を指摘しました。また，調査の結果，どんな顔料を塗っていたかが分かっても，選ぶ粒子の大きさで人の目に見える色は変わると指摘し，「結局選ぶのは，アーティスト。やはり修理は慎重にした方がいい。」と訴えました。

　また，岡田健氏（東京文化財研究所）は，仮に足がなくて立たない状態で発見された場合は，足を付けることを検討することもあることを示しました。そして今の研究で分かっていることは，ごく一部でしかないため，分かっていることを基に確実に修理し，将来，新しいことが分かれば，それに基づいて修理するような地道な繰り返しが，文化財保護の方向性と話しました。

　これらの議論に対して，イラストレーターのみうらじゅん氏は，仏像ファンの立場から，現状維持の阿修羅と現代の技術で再現した最初の色や形の阿修羅の両方をつくって提示することが，面白くなるのではないかと提案しました。

　もちろん，この問題は，すぐに解決できることではありませんが，児童に文化財について考えさせたり，文化財にも表現があることに気付かせる契機になる議論だと思います。これをふまえ，図画工作科のみならず，社会科や理科の学習と連動させながら，題材づくりをしていくと，きっとワクワクした授業になることでしょう。

（2）「風神雷神図屏風」をめぐって

　俵屋宗達《風神雷神図屏風》（国宝，江戸時代〈17世紀前半〉，紙本金地著色／二曲一双，各154.5×169.8cm，京都市建仁寺蔵，京都国立博物館寄託）は（図4），所蔵する建仁寺が寄託者となり，京都国立博物館を受寄者として保管を依頼し，現在に至っています[5]。

　屏風は白鳳時代（645～710）に，中国から日本に伝わったと考えられています。また奈良時代（710～784）以降は，主に宮廷や寺院の盛大な儀式の調度としても用いられ，室町時代（1336～1573）になると紙の蝶番が発明されました。そして現在私たちが見慣れている「く」の字型が連続して蛇腹状に折り曲げて畳める，屏風の形式が確立したそうです。

　横にいくつも連なった屏風の面のうち，一つの面を指して「扇」と呼びます。また，折れ曲がった扇の数によって，屏風の形状を指し示しますので，風神雷神図屏風は，向かって右側，左側ともに「二曲」ということになります。そして，二曲の屏風が二つで一組になっていますので，二曲一双と呼ぶわけです。さらに，向かって右側だけをさす場合には，右隻，左側だけをさす場合には，左隻と言います[6]。

　向かって右端に風神，左端に雷神が向き合い，その間に大きな空間があります。ともに鬼に似た

図4　俵屋宗達　風神雷神図屏風
出典：京都国立博物館, 日本経済新聞社（2015）『琳派誕生400年記念 特別展覧会 琳派　京を彩る』, p.96

姿のようです。屏風の曲げる角度によっても，雰囲気は変わりそうです。また，金箔がとても鮮やかで，なにかリッチな気分に浸ることができるのも魅力かもしれません。

　緑（緑青）の体の風神は，大きな風袋（かざぶくろ）を持ち，見開いた目で，視線の先には雷神があるように見えます。また歯を見せて，笑って飛んできたようにも感じます。一方，胡粉（ごふん）を用いた白い体の雷神も目を見開いてはいますが，風神と違い目線をやや下にしているようです。風神に比べれば真剣な感じを受けますが，どこかユーモラスな雰囲気も漂わせます。この胡粉とは，白色の色彩をもち，水などの溶剤に溶けない微粉末のことを言い，もとは貝殻を焼き，砕いて粉末にしたものです。その成分は炭酸カルシウム（$CaCO_3$）で，室町時代以降に用いられたとされています。

　風神，雷神ともに，腰の裳裾（もすそ）や天衣（てんえ）（天上界の神仏たちが着ている細長い薄い衣）は，空中で揺れ動き，画面にダイナミズムを与えているようです。それぞれが乗っているようにみえる雲は，少し分かりにくい部分もありますが，金箔（金を打って紙のように薄く延ばしたもの）の地に銀泥（ぎんでい）（銀粉を膠（にかわ）に溶き混ぜた顔料）と墨を加えて，たらし込みで描かれ，金地に陰影のアクセントをつけています。

　膠は「煮皮」の意で，獣魚類の骨皮などを石灰水に浸してから煮て濃縮，冷やして固めたもので，褐色ないし暗褐色をしています。また，たらし込みは，色を塗ってまだ乾かないうちに他の色をたらし，そのにじみによって独特の色彩効果を出すものです。自覚的に用いたのはこの宗達が初めだと言われています。

　雲は，左右両画面からはみ出しているように描かれているので，一層動きを感じるのでしょう。これが，それぞれもっと中央に寄っていたら違う印象となるでしょう。

　宗達は，本阿弥光悦（ほんあみこうえつ）（1558〜1637）とは共同の制作もしている間柄ですが，生没年不詳です。光悦の方は芸術家を集めた芸術村を作り，現代で言えば，作家であると同時に総合的プロデューサーの役割を果たしました。

　宗達の作品の多くは，古典の作品に学び，これを引用しつつも，大胆に配置を変えたり，省略したりして独自の画面構成にしています。この作品も，発想の根底には，京都の北野天神縁起絵巻に出てくる雷神や三十三間堂の風神雷神などがあると言われています[7]。

① 風神，雷神にまつわる過去の作品との関連性
　讒言（ざんげん）（偽って他人を陥れる告げ口）によって配所（罪で流された場所）で亡くなった菅原道真（845〜903）の霊を天神として祀る北野天満宮の草創の由来とその霊験譚（れいげんたん）（神仏が示す不思議な現象や恩恵の話）を集めた「北野天神縁起絵巻」は，社寺縁起絵巻の中でも，最も流布したもので，遺

品も多くあります（図5）。

このうち、「弘安本系」絵巻の中の「清涼殿に落雷を落とす雷神（菅原道真の怨霊）」が、引用元ではないかと言われています。図5は、《**北野天神縁起絵巻 甲巻 弘安本 断簡八図**》（重要文化財、鎌倉時代〈13世紀〉、紙本著色、30.6×155.1cm、東京国立博物館）です[8]。

図5　北野天神縁起絵巻 弘安本
出典：小松成美編著（1978）『北野天神縁起 日本絵巻大成21』、中央公論社、p.78

また、京都市 蓮華王院本堂（三十三間堂）《**風神 雷神**》（国宝、鎌倉時代〈13世紀半ば〉、寄木造 彩色 玉眼、像高111.5cm、100.0cm）も、その一つとされています（図6）。三十三間堂には、二十八部衆に風神・雷神を加えた30体の等身大の尊像が千体観音像の前の前に安置されています。

これらは、全て、千手観音の眷属（従者）です。宗達の作品と違って、体つきは絞られていて迫力があり、怖そうです[9]。

このほか、京都市 清水寺本堂の風神雷神像という説もあります。雷や風を神格化したもので千手観音の眷属ですから、宗達は様々な所から学んで引用する可能性があったのでしょう[10]。

さて、宗達が引用したのとは別に、風神雷神が、一対に表される例は、古くは、6世紀の中国敦煌に見られます。中国甘粛省 敦煌市莫高窟《**第249窟 窟頂西面**》（世界遺産 西魏時代〈6世紀頃〉）には、須弥山（仏教の宇宙観において世界の中央にそびえる山）の前に立つ四つの目と四本の腕（臂）を持つアスラ（阿修羅）の左右に、宗達の風神雷

図6　三十三間堂 風神 雷神
出典：小川光三ほか著（1987）『風神・雷神 魅惑の仏像16』毎日新聞社、p.1

神のような怪人が描かれています（図7）。風神・雷神に加え、阿修羅もグローバルなものと言えます。

阿修羅の向かって右に描かれる怪人は、鳥獲と記されていますが、袋のようなものを背負い、風神のようであると言われています。また、向かって左に描かれる雷神の動きは激しく、まわりに描かれる空を飛んでいく雲のような形が、太鼓の回転している様子を良く表しているといいます[11]。

② すぐれた作品からの豊かな着想

宗達は、日本で見られる範囲の作品を参考に、独自の造形表現に仕立て上げたようです。そして、その宗達の「風神雷神」に刺激を受け、これを模写したのが、尾形光琳（1658～1716）でした。《**風神雷神図屏風**》（重要文化財、江戸時代〈18世紀〉、紙本金地著色／二曲一双、各166×183cm、東京国立博物館）がそれです。さらに、光琳が模写したその屏風の裏面に酒井抱一（1761-1828）が自らの代表作《**夏秋草図屏風**》（重要文化財、江戸時代〈19世紀〉、紙本銀地着色／二曲一双、各164.5×181.8cm、東京国立博物館）を描きつけました。

光悦から宗達を経て光琳によって完成された装飾的傾向の強い画風は、時代を超えて受け継がれ、琳派と呼ばれています。琳派の系譜を象徴的に表すこの記念的な両面屏風も、画面の損傷から守るべく、近年表裏を分離してそれぞれの一双屏風に改められました[12]。もちろん、酒井抱一《**風神雷**

図7　敦煌市　莫高窟　第249窟　窟頂西面
出典：敦煌文物研究所編，〈中国石窟・敦煌莫高窟〉編集委員会監修
（1980）『中国石窟　敦煌莫高窟』第1巻，平凡社，p.110

神図屏風》（江戸時代〈19世紀〉，紙本金地着色／二曲一双，各170.7×170.2cm，東京・出光美術館）も残されています。抱一は諸派の画風を遍歴したあげく光琳の絵画に傾倒し，琳派の伝統を江戸の地に定着，開花させました。それぞれ模写から自分なりの独自性も探っています。模倣と創造を考える上で興味深いことです。

　このように，「風神，雷神」一つをとっても，様々な時代，国にみることができます。表現は，時代や国をこえてしまうのです。テレビCMでみる風神キャラクターもその末裔と思うとワクワクしますね[13]）。

　現代は，時代や国を超えた作品がたやすく見られる時代になりました。児童を中心に据えながらも，世界にも目を配り，グローカルな視点をもって，授業づくりをしていきましょう。

註
1) 奈良市　東大寺HP，2017.4.20確認。
 http://www.todaiji.or.jp/contents/function/buddha6.html
 松浦正昭（1991）「奈良Ⅱ（白鳳・天平）時代」辻惟雄監修『カラー版　日本美術』美術出版社，41-42
2) 松山尚幹記「朝日新聞　朝刊」2013.12.2付
 「日本経済新聞　電子版」2013.12.8付　2017.4.20確認。http://www.nikkei.com/article/DGXNASFK0802A_Y3A201C1000000/
3) 渡義人記「朝日新聞　朝刊」2017.3.21付
4) 奈良市興福寺HP，2017.4.20確認。
 http://www.kohfukuji.com/property/cultural/001.html
 『新潮　世界美術辞典』新潮社，1985，20.「もっと教えて！ドラえもん」「朝日新聞　朝刊」2016.12.4付
5) 京都国立博物館HP，2017.4.20確認。
 http://www.kyohaku.go.jp/jp/syuzou/meihin/kinsei/item10.html
6) 滋賀県立近代美術館公式ブログ2017.4.20確認。
 http://d.hatena.ne.jp/shiga-kinbi/20110304/1299196884
7) 佐々木丞平（1977）「風神雷神図屏風」町田甲一・永井信一編『日本美術小事典』角川書店，322．奥平俊六（1991）「桃山・江戸Ⅰ時代」辻惟雄監修『カラー版　日本美術』美術出版社，124-126
8) e國寶（国立博物館所蔵　国宝・重要文化財）HP，http://www.emuseum.jp/top?d_lang=ja，2017.4.20確認。
9) 蓮華王院本堂（三十三間堂）HP　2017.4.20確認。http://sanjusangendo.jp/b_2.html
10) 林進（2016）『宗達絵画の解釈学』敬文社，286-298　関連HP，2017.4.20確認。http://www.sotatsukoza.com/
11) 敦煌文物研究所編（1980）『中国石窟　敦煌莫高窟』第1巻，平凡社，112，243
12) 前掲e國寶HP，2017.4.20確認。
13) 大阪市カイゲンファーマ株式会社HP（2017年4月20日確認）

本節の語句の一般的な意味については，松村明編（2006）『スーパー大辞林　第3版』三省堂，を参照した。

（宇田秀士）

[鑑賞] **26. 旅する鑑賞人**
**－グローバル・グローカル社会に自立的で新鮮な感性を
みがいていく鑑賞者をめざして－**

様々な機会を捉えて，自己の感性の世界を自立的に広げ，成長を続けていく人を「旅する鑑賞人」とよんでみたいと思います。旅は，マンネリ化された日常から人の心を解き放ち，停滞しがちな心を自由にします。旅には，生活場面を見直す身近な旅（ライフレベル）から，地域の良さを知っていく旅（ウォーキングレベル），我が国・諸外国への旅もあります。時空を越えて歴史の旅をすることもできます。身近な生活や地域などを自分の五感で感じたり（直接体験），調べ学習（調査研究）をして関わっていきましょう。

■ **Let's try 1** 「生活の中の身近な旅」：生活の中から自分の遊び心や美の世界を見付けましょう。
例：ハンカチ，コップ，茶碗，スプーン／小物，フィギュア，ケース，壁紙など

■ **Let's try 2** 「まちは，美術館」：住んでいるまちをゆっくり歩いてみて，思わぬ特徴や造形美を見付けましょう。街に思わぬ文化・伝統あり。
建物（駅，寺院（伽藍））／橋，道，学校／環境の彫刻・造形物，橋，照明，ポスト，電柱，マンホール／プロダクトデザイン：自転車，電車，自動車，飛行機，船／日本の建築様式　日本瓦：万十（饅頭）軒瓦（まんじゅのきがわら），一文字瓦／切妻屋根（きりづまやね），寄棟屋根（よせむねやね），入母屋屋根（いりもややね），方形屋根（ほうぎょうやね），平入りと妻入り

■ **Let's try 3** 「地域発見の旅」：身近に日本の良さを感じられるところをリサーチし，行ってみましょう。
例：白川郷合掌造り（岐阜県飛騨），神明造（伊勢神宮）と大社造（出雲大社），庭：池泉回遊式庭園（金閣寺，枳殻亭〈街中・京都駅から徒歩15分〉），石庭（枯山水：竜安寺，大徳寺，光明院〈オールオーバーな石庭〉），築山林泉庭園，坪庭 ◎比較してみよう＞世界の庭：スペイン式（アルハンブラ宮殿など，イスラムの流れ，パティオ（中庭）・噴水，柑橘類などを植える）・イタリア式（カスケード（段々滝））・イギリス式（自然の景観美，コテージガーデン）・フランス式（平面幾何学式，カナール（大きな水路））・ドイツ式（菜園）など。ネットワーク調査：①日本料理との統一（北大路魯山人）②波佐見焼とは？③鉄川与助の建築の魅力。中井正清の城デザイン。

■ **Let's try 4** 作っている場所に足を運んで実際に見てみよう！調べ学習にもチャレンジ！
職人方が作っている現場や地域の雰囲気を味わいに行こう。例：陶芸（手びねり，ろくろ成形など），木工芸（道具・家具づくり），織り・染色

■ **Let's try 5** 我が国の美術・文化遺産を学ぼう！
ここでは，日本の桃山・江戸時代の絵画と彫刻家をピックアップして紹介しています。インターネットや図書館で調べて発表しましょう。
【安土桃山時代】・狩野永徳（かのうえいとく）「唐獅子図屏風」狩野派の棟梁，安土城，大阪城などの障壁画を制作／・長谷川等伯（はせがわとうはく）「松林図屏風（水墨画）」，「楓図」日本の水墨画を確立【江戸時代】・俵屋宗達（たわらやそうたつ）国宝「風神雷神図屏風」・尾形光琳（おがたこうりん）「赤白梅図屏風」，「燕子花図」，「琳派」・装飾的大画面の絵画／・菱川師宣（ひしかわもろのぶ）「見返り美人図（絹本着色）」最初の浮世絵師・・鈴木春信（すずきはるのぶ）「夜の梅」錦絵創始期の第一人者，六大浮世絵師の一人／・喜多川歌麿（きたがわうたまろ）「ポッピンを吹く女」大首絵／・伊藤若冲（いとうじゃくちゅう）「紫陽花双鶏図」・曾我蕭白（そがしょうはく）「雲龍図（165cm×約10m水墨画大作，ボストン美術館）」／・円山応挙（まるやまおうきょ）「孔雀牡丹図」円山派の祖，写生を重視／・東洲斎写楽（とうしゅうさいしゃらく）「三世大谷鬼次の奴江戸兵衛」，役者の大首絵，デフォルメを駆使／・葛飾北斎（かつしかほくさい）「富嶽三十六景」／・歌川広重，安藤広重（あんどうひろしげ，錦絵）「東海道五十三次」・彫刻家【近現代】荻原守衛，朝倉文夫，イサムノグチ（石彫家）など／現代美術家　岡本太郎 ◎比較してみよう＞【世界近現代】／ベルニーニ（バロック）／ロダン，マイヨール，ブールデル，ジャン・アルプ，ジャコメッティなど

■ **Let's try 6** 諸外国の美術・文化遺産を学ぼう！
例：アジアの美術文化：ミャンマーのバカン，カンボジアのアンコールワット，インドネシアのボルブドール，インドのタージ・マハル／メキシコの文化遺産：テオティワカン，エル・タヒン，ケツァルコアトル神殿，メキシコ自治大学シケイロスらのタイル壁面等

（村田利裕）

やわらかな感性を育む
図画工作科教育の指導と学び
──アートの体験による子どもの
感性の成長・発達──

2018年3月31日　初版第1刷発行　　　　　　　〈検印廃止〉

定価はカバーに
表紙しています

編 著 者	村 田 利 裕
	新 関 伸 也
発 行 者	杉 田 啓 三
印 刷 者	中 村 勝 弘

発行所　株式会社　ミネルヴァ書房

607-8494 京都市山科区日ノ岡堤谷町1
電話(075)581-5191／振替01020-0-8076

© 村田・新関ほか, 2018　　　　　中村印刷・藤沢製本

ISBN 978-4-623-08080-9

Printed in Japan

教職をめざす人のための　教育用語・法規

広岡義之 編　　　　　　　　　　　　　　　　　　四六判312頁　本体2000円

　190あまりの人名と，最新の教育時事用語もふくめた約860の項目をコンパクトにわかりやすく解説。教員採用試験に頻出の法令など，役立つ資料も掲載した。

事例で学ぶ学校の安全と事故防止

添田久美子・石井拓児 編著　　　　　　　　　　　　B 5 判156頁　本体2400円

　「事故は起こるもの」と考えるべき。授業中，登下校時，部活の最中，給食で…，児童・生徒が巻き込まれる事故が起こったとき，あなたは──。学校の内外での多様な事故について，何をどのように考えるのか，防止のためのポイントは何か，指導者が配慮すべき点は何か，を具体的にわかりやすく，裁判例も用いながら解説する。学校関係者必携の一冊。

すぐ実践できる情報スキル50　　学校図書館を活用して育む基礎力

塩谷京子 編著　　　　　　　　　　　　　　　　　　B 5 判212頁　本体2200円

　小・中学校 9 年間を見通した各教科等に埋め込まれている情報スキル50を考案。学校図書館を活用することを通して育成したいスキルの内容を，読んで理解し，授業のすすめ方もイメージできる。子どもが主体的に学ぶための現場ですぐに役立つ一冊。

教育実践研究の方法──SPSS と Amos を用いた統計分析入門

篠原正典 著　　　　　　　　　　　　　　　　　　　A 5 判220頁　本体2800円

　分析したい内容項目と分析手法のマッチングについて，知りたい内容や結果から，それを導き出すための統計分析方法がわかるように構成した。統計に関する基礎知識がない人，SPSS や Amos を使ったことがない人でも理解できるよう，その考え方と手順を平易に解説した。

──────── ミネルヴァ書房 ────────

http://www.minervashobo.co.jp/